Susanne Schäfer
Sterne, Äpfel und rundes Glas

Susanne Schäfer

Sterne, Äpfel und rundes Glas

Mein Leben mit Autismus

Verlag Freies Geistesleben

Die erste, schwedische (und kürzere) Ausgabe dieses Buches erschien
1996 im Bokförlaget Cura AB, Stockholm unter dem Titel
«Stjärnor, linser och äpplen».

ISBN 3-7725-1679-3

1. Auflage der deutschen erweiterten und aktualisierten Ausgabe 1997
Verlag Freies Geistesleben
Landhausstraße 82, 70190 Stuttgart

Inhalt

Dieses Buch ist geschrieben worden für diejenigen, die so ähnlich wie Susanne sind, für alle, die irgendeine Form von Autismus haben und für deren Eltern und Familien.

Mit großem Dank an meine Eltern, Saaki und Oma Iserlohn, die alle auf verschiedene Weise Susanne «trainiert» und geholfen haben, so gut es eben möglich war, ohne eine korrekte Diagnose gehabt zu haben.

Es war nicht ihr Fehler, daß sie nicht immer wußten, was am besten zu tun war, aber sie haben Susanne das Leben so vorbereitet, daß es verhältnismäßig gut funktionieren konnte, wie es das bis heute getan hat. Einfach war das sicher nicht.

Vielen Dank auch an meine «psychischen bodyguards» Ines und Christoph und Bettina und Petra – und extra dicke Grüße an die Mannschaft vom Zentrierraum!

Und mein ganz besonderer Dank gilt denjenigen, die den Autismus erforschen und darüber geschrieben haben, allen voran Kari Steindal, Bengt Hagström und Christopher Gillberg, die Susanne verstanden haben, noch bevor die Familie das konnte.

Susanne

Vorwort

von Professor Christopher Gillberg

Wenn ich vor einem großen Auditorium in einem großen Saal eine Vorlesung halte, versuche ich immer Kontakt zu den Zuhörern zu bekommen – durch Augenkontakt und «Ablesen» ihrer Reaktionen.

Gewisse Personen im Publikum ziehen besonders das Interesse des Vortragenden auf sich. Teilweise hängt dies mit den persönlichen Eigenschaften des Referenten zusammen, aber es gibt auch zweifellos eine Kategorie besonders interessierter Zuhörer, an die sich der Referent bevorzugt wendet.

Trotzdem kann ich mich später nur in Ausnahmefällen detailliert daran erinnern, wie die einzelnen Menschen, sogar die interessiertesten, in der Gruppe der Zuhörer aussahen oder sich verhielten.

Als ich einmal vor einigen Jahren in einer norwegischen Stadt eine Vorlesung über Autismus vor mehreren hundert Menschen hielt, wurde ich ziemlich bald auf eine Person im Publikum aufmerksam, die sich auf eine besonders eigenartige Weise verhielt und zuhörte.

Es dauerte dann noch eine Weile, bis es mir auch mit den Augen gelang, zu erkennen, um welchen Menschen es sich handelte.

Sie saß fast genau vor mir, und es fiel mir auf, daß sie gegen die Decke schaute, auf eine ungewöhnliche Weise. Es erweckte jedoch nicht den Eindruck, daß ihr das mißfiel, was ich sagte. Sie zeigte mit keinerlei Miene, wie sie auf das, was ich sagte, reagierte, aber sie nahm mehrmals im Verlaufe des Tages ungewöhnliche Körperhaltungen ein. Ich weiß noch, daß ich darüber nachdachte, ob sie ein Mensch mit Autismus oder einem anderen psychischem Handicap oder blind sein könnte – eine Person, die vielleicht in Begleitung eines Angehörigen oder Pflegers zur Vorlesung gekommen war. So etwas kommt ja recht oft vor.

Es sollte sich herausstellen, daß diese junge Frau Susanne Schäfer hieß und weit gereist war (aus Deutschland), hauptsächlich um mich sprechen zu hören. Während einer Pause informierte sie mich über eine andere Zuhörerin, daß sie mich zu sprechen wünschte.

Ich schlug vor, daß Susanne bei einer späteren Gelegenheit nach Göteborg zu einer persönlichen Konsultation kommen sollte. Dies wurde der Auftakt zu einem Kontakt ganz spezieller Art. Susanne kam während der folgenden Jahre mehrmals nach Göteborg.

Nach einer mehrstündigen Konsultation stand es bereits beim erstenmal klar fest, daß sie die typischen Symptome und Schwierigkeiten hatte, die man beim Autismus antrifft. Aber Susanne, im Alter von 25 Jahren, hatte nie eine Diagnose erhalten. Nach weiteren Konsultationen bestand kein Zweifel mehr: Susanne hatte Autismus und dies schon seit ihrer frühen Kindheit.

Ihre Begabung liegt eindeutig innerhalb des Normalbereiches, ist jedoch sehr unregelmäßig. Sie hat, über den Autismus hinaus, außerdem noch Katatonie – ein Phänomen, das nicht ganz ungewöhnlich bei jungen Erwachsenen mit dem, was man «*high-functioning autism*» nennt, ist. Es war die Katatonie, die bewirkte, daß sie so viele merkwürdige Körperhaltungen annahm, die mir im Zusammenhang mit jener Vorlesung aufgefallen waren.

In ihrer Umgebung hatte man Susanne als anders, schwierig, merkwürdig und «komisch» erlebt. Sie arbeitete als Prüferin von Glaslinsen in einem Betrieb, der Teile für optische Instrumente herstellt. Sie liebte die Glaslinsen auf eine intensive Weise und freute sich, Exemplare, die defekt oder aus irgend einem anderen Grund nicht mehr für die Herstellung brauchbar sind, mit nach Hause nehmen zu dürfen.

Bei all ihren Interessen und Fähigkeiten wunderte ich mich am meisten darüber, daß sie perfekt Norwegisch spricht und schreibt.

Susanne ist Deutsche und hat ihr ganzes Leben lang in Deutschland gewohnt. Unsere Gespräche werden auf Norwegisch und Schwedisch geführt. Ich habe den Verdacht, daß Susanne nur durch den Kontakt zu mir und einigen schwedischen Redakteuren nun auch noch Schwedisch gelernt hat. (Ich habe außerdem auch Susannes Mutter getroffen; mit ihr sprach ich Deutsch, während Susanne Einwürfe mir gegenüber auf Norwegisch und ihrer Mama gegenüber auf Deutsch machte.) Nachdem Susanne und ich uns mehrere Male getroffen hatten, schlug ich ihr vor, daß sie über ihr Leben schreiben solle. Ich stellte mir vor, daß sie ein kleineres Buch schreiben könnte, das vielleicht von anderen Menschen mit «high-functioning Autismus» und ihren Angehörigen gelesen werden könnte.

Sie schrieb ein Buch auf Norwegisch, ein Buch, das länger und «zugänglicher» wurde, als ich zu hoffen gewagt hatte. Das Buch über Susanne ist ein ungeheuer wichtiges Dokument. Es ist direkt von einem Menschen geschrieben worden, der von Kindheit an Autismus gehabt hat. Es ist nicht redigiert, nicht bearbeitet. Susanne gibt auf eine begreiflichere Weise als irgendein Lehrbuch einen tiefen Einblick dahinein, wie es ist, «Autismus zu haben».

Ich hoffe, daß das Buch von all denen gelesen wird, die in Kontakt mit Autismus kommen – sei es im Privatleben oder professionell.

Christopher Gillberg
Professor für Kinder und Jugendpsychiatrie
Göteborg, Schweden

Vorwort zur deutschen Ausgabe

Eigentlich hatte ich ja die Nase voll vom Schreiben, nachdem es sich über vier Jahre hinzog, bis aus meinem ersten Manuskript das fertige Buch *Stjärnor, linser och äpplen* wurde. Damals hätte ich nie gedacht, was so eine Schreiberei alles nach sich ziehen würde. Ich dachte, okay, ich schreibe den «Aufsatz» für Christopher, und damit ist die Sache fertig für mich, aber so war es dann keineswegs.

Nach den großartigen Erfahrungen bei der Veröffentlichung meines Buches in Schweden, nach den Aufforderungen und dem Interesse unserer Bekannten an einer deutschen Fassung, mache ich mich nun an die Aufgabe, mein eigenes norwegisches Manuskript in meine Muttersprache zu übersetzen und dabei gleichzeitig zu aktualisieren und mit einigen Zusätzen zu ergänzen.

Schon jetzt bin ich meiner Mutter total dankbar, daß diesmal sie diejenige ist, die die Arbeit des Reinschreibens auf dem Computer übernimmt.

Es ist so vieles anders als damals, 1992, als ich – frisch diagnostiziert – den ersten Teil des Buches schrieb, ohne daß zu Hause jemand davon etwas ahnte, ja, als sie noch nicht einmal von meinen Reisen nach Göteborg wußten.

Heute ist es soviel besser; wir können über all dieses sprechen.

Die Fachwelt ist sich bis heute immer noch nicht ganz im klaren darüber, wie Autismus entsteht und wo genau im Kopf er beheimatet ist. Ich habe mich schon aus rein medizinischem Interesse oft gefragt, wo das bei Susanne herkam.

Die Forscher sagen, es gibt viele *mögliche* Ursachen, die aber alleine nicht unbedingt zu Autismus führen müssen. Manchmal findet man gar keine Auslöser. Oft gibt es mehrere Ursachen, die zusammen wirken. Zwei der am häufigsten genannten könnten auch im Fall Susanne zutreffen, eine erbliche Veranlagung und irgendein kleiner Schaden bei der Geburt.

In unserer Familie gibt es nämlich einige Leute mit mehr oder weniger ausgeprägten «autistischen Zügen», und was die Geburt ihres ersten Kindes Susanne angeht, so hält es die Mama heute, rückblickend, für durchaus möglich, daß es dabei kurzzeitig zu einem Sauerstoffmangel o. ä. gekommen sein könnte.

Damals im Krankenhaus hatte man die unerfahrene junge Mutter ausgelacht, weil sie angeblich zu früh Alarm gab, das Baby käme. Und als es dann tatsächlich kam, war der Arzt nicht sofort zur Stelle. Heute kann keiner mehr herausfinden, was dem Kind passiert ist, als es sich seinen eigenen Weg freikämpfen mußte. Es ist nun nicht mehr zu ändern. Kämpfen muß ich heute immer noch, um zu überleben. Aber inzwischen habe ich diejenigen, die damals nicht für mich da waren: die Menschen, die mir helfen.*

Möge das Beispiel von Susannes Geschichte auch anderen Menschen mit Autismus helfen, etwas weniger mißverstanden zu werden!

Susanne, Juni 1996

---

* *Zu meinem persönlichen Schutz, vor allem dem meines Arbeitsplatzes, wurden die Namen meines aktuellen Wohnortes und einiger Personen verändert.*

Steckbrief

Susanne, geboren am 18. November 1966 in Düsseldorf, an einem stürmischen Tag mit grauem Himmel. zu der Zeit muß der Leoniden-Meteorschwarm sein Maximum erreicht haben.

Ich habe einen Bruder, der Roland heißt, den ich aber nur «Saaki» nenne, und der sieben Jahre jünger ist. Seit dem Abitur studiert er Japanologie und vergleichende Sprachwissenschaften und ist auch sonst ein richtiges intellektuelles Allround-Talent. Meine Mutter ist 1942 geboren, hat Geburtstag am Jahrestag der ersten bemannten Mondlandung. Sie ist Hausfrau mit Abitur, Kaufmanns-Ausbildung und einer Menge Freizeitaktivitäten – und außerdem inzwischen Expertin über Autismus. Mein Vater ist 1940 geboren, seit 1985 selbständig als Unternehmensberater und macht fast nichts anderes als arbeiten. Früher war er bei verschiedenen Firmen angestellt und hat dort auch irgendwas im Bereich Verkauf gemacht.

Ich selbst bin 164 cm groß, wiege je nach Jahreszeit 46 – 51 kg, habe braune Haare, braune Augen und gelbe Hände (letzteres wegen 6.319 µg/l Carotin im Blut), rechts einen Ohrring und bin alles andere als elegant in meinen Bewegungen oder Kleidungsstücken.

Religion: Naturanbeter.

Meine Blutgruppe ist «0 Rh positiv (D positiv) – CCD.ee (Kell negativ) – HPA_1 negativ» – und da bin ich sehr stolz drauf.

Meine Hobbies sind: Astronomie und (Astro)fotografie, Äpfel pflücken und aufessen, Backen, Schlafen, Blut- und Thrombozytenspenden und Musik.

Ohne Musik könnte ich mir mein Leben nicht vorstellen. Ich habe inzwischen fast 600 CDs mit vorzugsweise elektronischer Instrumental-Musik, einer Menge ausgewählter Pop-Musik (vor allem aus den 80er Jahren, Filmmusik und einige Klassik, die Saaki mir immer so schön auf dem Klavier vorgespielt hat, vor allem Debussy und ähnliche Komponisten. Selbst spiele ich Schottischen Dudelsack und versuche mich nun auf dem Didgeridoo. Außerdem schwimme ich viel, dies aber mehr aus therapeutischen Gründen, und ich bin ein Trekkie, d.h. ein Fan der Serie *Star Trek*.

Ab 1966 in Düsseldorf-Stadt gewohnt.

1970 Umzug nach Unterbach am Rande von Düsseldorf, Grundschule von 1972 – 1976, Gymnasium 1976 – 1982 (das war im Stadtteil Gerresheim, wohin man mit einem mit Schülern vollgestopften Bus fahren mußte).

1982 Umzug nach Arolsen in Nordhessen wegen Arbeitsplatzwechsel des Vaters. (Dort wohnt die Familie noch heute in einem gemieteten Haus mit Garten, direkt am Wald. Die Nachbarn haben zwei herrliche Apfelbäume, an denen man im Herbst prima mopsen gehen kann. Der Nachthimmel über Arolsen ist viel klarer als der über Düsseldorf, weil es weitab der Großstädte viel weniger Luftverschmutzung gibt.)

Abitur 1985 mit viel Glück und Spickzetteln und mittelmäßigen Zensuren; Schwerpunktfächer Mathematik, Physik und Fotografie.

1985 Umzug (allein) nach X-Stadt in eine kleine Wohnung zum Erlernen meines Wunschberufes Feinoptiker (nur Astronom wäre schöner gewesen, aber unerreichbar), bei einem Betrieb, der Glaslinsen für Foto- und Kino- objektive und viele bunte, runde Glasfilter herstellt.

Um X-Stadt herum gibt es kaum Wald, dafür eine Menge Weinberge. Die Zugreise nach Arolsen dauert mit Umsteigen in Mainz, Frankfurt und Marburg oder Kassel 5 – 6 Stunden.

Nach Abschluß der Ausbildung ein Jahr Arbeit als Linsenkontrolleurin.

1989 – 1990 Freiwillige Sozialarbeit in Norwegen. (Dort ist der Himmel *noch* klarer, und es gibt beeindruckende Fjell und Fjorde rundherum, und es ist alles viel ruhiger dort.)

1990 bis heute wohne ich wieder in X-Stadt und arbeite in der Optisch' – nach einem Riesenchaos und einer wahren Odyssee durch die verschiedensten Abteilungen – im Zentrierraum. (Dort mache ich schöne Linsen rund und kann mich so richtig im Öl suhlen.)

Dies war mein äußerer, «formeller» Lebenslauf, dem man nicht ansieht, daß mein Leben keineswegs so normal war, wie es vielleicht den Anschein hat. Der andere Lebenslauf, der persönliche, der nun folgt, war weitaus abenteuerlicher. Es war ein verdammt langer Weg, bis ich am 2. März 1992 von Professor Gillberg in Göteborg die Diagnose «Autismus» erstellt bekam, ein Weg, den ich fast nicht mehr geschafft hätte. Spannend war die Entwicklung der folgenden Jahre.

Prognose für die Zukunft: lebenslänglich.

Erinnerungen

(geschrieben im Juni 1992, Zusatz 1996)

Ich werde nun versuchen, die Gedanken und Erinnerungen, die in meinem Kopf herumkreisen, zu sortieren. Christopher hat gesagt, ich soll mein ganzes Leben aufschreiben, so daß andere, die vielleicht ähnliche Erfahrungen haben, dies lesen können. Er hat mir Mut gemacht, daß ich einen solchen Mammut-Aufsatz schaffen könnte. Aber nun fällt mir soviel auf einmal ein, und ich weiß, daß es mir oft schwer fällt, zwischen wichtigen und unwichtigen Sachen zu unterscheiden.

Oder besser gesagt: Oft gibt es Dinge, die ungeheuer wichtig für *mich* sind, die aber die anderen überhaupt nicht interessieren. Aber welche dies sind, das kann ich doch nicht wissen.

Zuallererst soll gesagt sein: Das, was nun folgt, sind mein *eigener* Blick auf mein Leben und meine *eigenen* Erinnerungen und Gedanken (ausgenommen die Tagebuch-Zitate). Es sind oft Dinge, die ich bisher mit oder ohne Erfolg (eher ohne) versucht habe, vor den anderen zu verstecken. Ich habe nie bewußt unwahre Worte gemacht, aber ich habe oft etwas verschwiegen, daß es sich fast wie Lügen anfühlt.

Ich werde versuchen, zu dem zu stehen, wer und was ich bin, obwohl das, was ich nun zu berichten habe, absolut nicht schmeichelhaft für mich ist. Die, die Autismus haben, die sind nämlich nicht gerade so fein ... aber gerade jetzt habe ich keine Lust, mich darum zu kümmern, was intolerante Menschen dazu meinen.

Jetzt, da ich einiges über Autismus gelesen und mehrere Male mit Christopher gesprochen und Briefe ausgetauscht habe, da bin ich verwundert, daß ich nicht früher «diagnostiziert» worden bin. Aber das liegt sicher daran, daß die Forschung auf dem Autismus-Gebiet noch nicht so weit gekommen ist (und erst recht noch viel weniger weit gekommen war, als ich noch klein war). Vor allem wissen ja die meisten Menschen nichts darüber, nicht einmal ausgebildete Psychologen, und weiterhin existieren eine Menge «Mythen» darüber.

Ein anderer Grund könnte sein, daß meine Familie nicht sehr viel von Ärzten hält (und besonders nicht von Psychiatern). So kam es, daß obwohl sie mir oft mit einem Psychiater drohten, schon lange, bevor ich überhaupt wußte, was ein «Tüchtiger Ater» (so hörte ich dieses Wort als Kind) war, sie diese Drohung nie ausführten. Und so etwas würde ich auch nie mitgemacht haben.

Es ist eigentlich sehr amüsant, daß ich mich später dann selbst «auslieferte», ganz freiwillig – und das an einen der hervorragendsten Autismus-Forscher überhaupt. Und ein noch größerer Witz ist es, daß gerade dieser sagte, daß es mein großes Glück gewesen sei, daß ich nie zu irgendeinem Psychiater gebracht worden bin, um irgendeine Art «Behandlung» zu erhalten!

Außerdem ist meine Mutter ein sehr «optimistischer» Mensch, die gern nur das sieht, was sie sehen *will* und unbehagliche Wahrheiten verdrängt. Aber sie hat mir viel geholfen, trotzdem. Sie hat oft vor den anderen verborgen, wie schwer das eigentlich war, was sie mit Susanne erlebte. Zum Glück war der Vater oft länger wegen seiner Arbeit verreist. Es war schlimm genug, wenn er zu Hause war und merkte, was alles nicht stimmte.

Und ich habe meinerseits nie etwas von dem erzählt, was ich draußen, außerhalb von zu Hause, erlebte. Die Mutter sagte dann, daß Susanne sicher nur so komisch sei, wenn sie zu Hause sei oder wenn die Mutter in der Nähe wäre. Sie sagte: «Du schaffst es besser, wenn ich nicht dabei bin.» Nichts war so falsch wie diese Annahme.

Neulich fragte ich sie, wie sie damals eigentlich auf diese Idee kommen konnte, und da antwortete sie, «daß es eben bei allen

Kindern so sei». Ich fragte dann, ob sie jemals diese Sache in Susannes Fall überprüft habe, und da antwortete sie nur «nein». Wie konnte sie glauben, daß ich es besser draußen schaffen könne? Ich habe immer alles nirgendwo besser bewältigt als zu Hause, relativ gesehen. Ich meine, wenn, dann wirke ich zu Hause am normalsten, weil ich dort alles genau kenne und mich sicher fühlen kann.

Als ich Kind und Jugendlicher war, schimpften sie mich oft, «autistisch» zu sein, ohne daß sie jedoch viel darüber wußten. Dies nur, weil ich Streicheln und Schmusen nicht ausstehen konnte und «steif wie ein Stock» stand, wenn sie mich zu umarmen versuchten. Manchmal vielleicht auch, weil ich den Leuten nicht ordentlich in die Augen sah. Die Mutter nannte mich manchmal eine «Schleiereule», weil sie meinte, ich hätte einen verschleierten Blick (aber ich suchte vergeblich nach diesem Schleier im Spiegel), und auch, weil ich ein «einsamer Nachtvogel» sei.

Sie behauptet, daß es sehr unhöflich ist, wenn ich vergesse, den Leuten in die Augen zu sehen. Aber das meine ich nicht böse, das ist nur eine Frage der Konzentration. Wenn ich darauf achte, in die Augen zu sehen, dann kann ich mich dafür nicht auf etwas anderes konzentrieren, z.B. über was die Leute sprechen.

Was für eine Ironie, daß sie recht hatten, als sie mich «Autist» schimpften, obwohl gerade diese beiden Züge keine unbedingten Kardinalsymptome für Autismus sind.

Aber ich konnte doch nicht Autismus haben: Ich konnte doch sprechen, manchmal sogar richtig elegant, und ich war augenscheinlich recht intelligent. Außerdem konnte ich lachen, ging nicht auf den Zehen und schaffte es später auch, in die Schule zu gehen – obwohl dies eine einzige Folter für mich war.

Ich wünschte, daß sie gewußt hätten, was es wirklich bedeutet, was das Kernproblem ist, wenn man Autismus hat. Aber es gab zu jeder Zeit Entschuldigungen dafür, daß Susanne so «unmöglich» war: Zuerst mal war es der Fehler der Mutter, der es nicht gelang, das Kind zu erziehen. So schimpfte der Vater, ebenso Verwandte und Bekannte. Die Mama berichtet, daß es geschah, daß fremde Frauen hinter ihr herliefen und sie ankeiften, wenn wir im Park waren und ich so gewaltig brüllte. Die Mutter fand jedes Jahr eine neue «Erklärung». So waren sie entweder zu streng oder zu nachgiebig mit Susanne. Oder der Grund war, daß die Eltern in den Urlaub gereist waren und Susanne bei den Großeltern mütterlicherseits gelassen hatten (und danach den Eindruck hatten, sie sei in schlechterer Verfassung und erkannte die Eltern nicht wieder).

Dann waren es «Vortrotzperioden», dann das Trotzalter. Danach war es der Umzug nach Unterbach schuld, dann waren es nur Anfangsschwierigkeiten unter all den neuen Kindern im Kindergarten. Später war es die Geburt des Bruders, die Grund für Susannes weiterhin bestehende Schwierigkeiten war, dann war es der Lehrerwechsel zwischen der zweiten und dritten Klasse. Danach war es die «Vorpubertät», gefolgt vom Wechsel auf das Gymnasium. Die nächsten Gründe waren Susannes chronische Nagelbettentzündungen, die Pubertät, der Umzug nach Arolsen und dann der Abitur-Prüfungsstress (aber ich kümmerte mich gar nicht ums Abitur; *dies* war kein «Stress» für mich). All dies waren angebliche Ursachen für Susannes Verhaltensstörungen.

Heute sagt die Mama, daß sie andere Kinder beobachtet und mit Susanne vergleicht. Jetzt fallen ihr die Unterschiede auf, sagt sie, jetzt sieht sie alles mit «anderen Augen». Sie sagt auch, daß wenn der Bruder das erste Kind gewesen wäre, so hätte sie dann später bei Susanne alles ganz anders betrachtet als bei dem so sehr gewünschten Erstgeborenen.

Als ich ein Kleinkind war, schrieb die Mutter ein Tagebuch, und in diesem steht viel über Susanne. Daraus habe ich nun etliche Ausschnitte entnommen. Ich selbst erinnere mich an einen Teil von Ereignissen aus dieser Zeit, aber sie sind schwierig mit Worten auszudrücken und naturgemäß unvollständig.

Ich erinnere mich an viele Details der Zimmer, besonders

wie sich der Fußboden anfühlte, wie das Muster meines Bett-
zeuges aussah, daß ich es mochte, an der weißen Badezimmer-
tür zu schaukeln, und daß ich bereits damals eine große Vorliebe für Wiederholungen hatte und daß alles immer so sein
sollte, wie es immer gewesen war.

Ich erinnere mich an Nächte, in denen ich wach war, und
wie sie mein Bett jede Nacht vom Schlafzimmer ins Wohnzimmer schoben. Ich erinnere mich, wie sie mit furchtbaren Puppen kamen, aber ich konnte so gut mit Kleinkram wie Steinen
oder Schrauben spielen, ohne daß es mir langweilig wurde. Zu
jener Zeit spielte ich unglaublich gern mit Wasser, sowohl in
der Badewanne oder am Wasserhahn als auch auf dem großen
Wasserspielplatz im Park. Das waren schöne Erlebnisse.

Ich erinnere mich daran, wie es war, auf einem großen Platz
voll rotbraunem Staub Dreirad zu fahren, und ich sehe nur den
Boden, nichts von der Umgebung, bis die Mutter mich mit
sich nach Hause nimmt. Ich erinnere mich daran, daß ich,
selbst als ich gelernt hatte, ohne Hilfe zu gehen (worin ich
ziemlich spät gewesen war), so unsicher in der Balance war,
daß ich mich auf die Knie fallen ließ, um über die allerkleisten
Hindernisse zu «klettern», die im Weg waren, z.B. die flache
Schwelle zwischen Parkweg und Rasen.

Es gab viel Geschrei und Verzweiflung anläßlich Essens- und
Toilettenangelegenheiten – das war fürchterlich. Und ich weiß
ganz sicher, daß ich niemals mit anderen Kindern spielen wollte. Zu der Zeit kam ich wohl nicht darauf, daß man sie dazu
gebrauchen konnte, um mit ihnen zu spielen. Es gab viel Geschrei und Verzweiflung im Zusammenhang damit, und ich
kann mich nicht einmal an den Grund dafür erinnern, weil ich
dazu keine bewußten Gedanken habe, die man mit Worten
niederschreiben könnte.

War es Angst oder waren die Kinder einfach nur Störfakto-
ren? Vielleicht war es nur ein grenzenloses Nichtverstehen.

Aber im großen und ganzen … das Leben war gar nicht mal
so schlecht.

Aus Mamas Tagebuch

Zusätzliche Erklärungen für Außenstehende schreibe ich in Klammern dazu.

21.1.67 Sie lächelt immer, wenn sie auf der Kommode liegt ... immer in die rechte Ecke. Da kann man sprechen und locken wie man will ... sie hat dort oben ihren (unsichtbaren) «Lachpartner». Ich werde anfangen, mit Susanne zu turnen. Der Arzt sagt, sie sei bewegungsfaul, da sei es gut zu turnen.

1.2.67 Über dem Babykorb hängt der rote Fisch an einem dünnen Faden – den liebt sie und schaut ihn immer an. – Sie mag Singen sehr gern.

20.2.67 Protest gegen das Anziehen für draußen, besonders bei der Mütze.

23.2.67 Am Abend spiele ich ein Lied auf der Mundharmonika – da lächelt sie ganz süß.

18.3.67 Starker Lutschtrieb – nach dem Essen hält sie sich eine Hand vor das Auge, an der anderen lutscht sie.

24.4.67 Sie will immer hochkommen, wenn sie auf meinem Arm liegt, aber wenn sie im Korb liegt, da rührt sie sich nicht, um hochzukommen. (Dies wird in der Fachliteratur als eines der frühesten möglichen Symptome von Autismus angegeben: «Das Kind streckt der Mutter nicht die Arme entgegen, um hochgehoben zu werden.»)

6.5.67 Wir sind zurück (nach einer Reise) – die Kleine kam uns fremd vor.

29.9.67 Wir sind zurück (nach Ferien) – ich weiß wirklich nicht, ob sie uns wiedererkannt hat.

10.10.67 Wenn ich in der Küche bin, kommt sie angekrabbelt und öffnet und schließt den Topfschrank. Sie fällt viel hin, weint aber nie deshalb. Wir wollten sie bei uns im Schlafzimmer schlafen lassen, weil die Heizung im Wohnzimmer an ist, aber wir können uns kaum umdrehen, ohne daß sie dabei unruhig wird und aufwacht.

19.10.67 Maria (eine Freundin der Mutter) kam – Susanne krabbelte weg in die Diele und sah mißtrauisch um die Ecke und blieb dort liegen.

21.10.67 Sehr mißtrauisch in Iserlohn – wollte nichts mit den Großeltern zu tun haben, wies Kekse ab.

8.11.67 Hat Uli (den Vater – nach einer Reise) nur mit Mißtrauen empfangen. (Sicher hatte ich es damals schwer, bekannte Gesichter wiederzuerkennen).

16.11.67 Heute ist mir aufgefallen, daß sie alles aufhebt, was auf dem Fußboden liegt, und es auf den Sessel oder das Sofa legt.

20.11.67 Beim Arzt – großes Geschrei schon bei der Ankunft – tobte und hing mit dem Arm im Stethoskop – Spielzeug, vom Arzt herbeigeholt, fegte sie böse vom Tisch.

15.12.67 Freut sich über die Kerzen und hat sich schon verbrannt.

1.2.68 Habe ihr eine Ringpyramide gekauft – Superspielzeug – sie spielt ganz intensiv damit, setzt alle Ringe auf den Stab. Wenn er voll ist, dreht sie ihn um und fängt wieder von vorne an.

21.2.68 Sie versteht viel, verwechselt aber ähnliche Wörter – gerade sagte ich z.B., daß wir jetzt *turnen* wollen, da fing sie an, einen *Turm* zu bauen.

28.2.68 (bei den Großeltern) Brüllt nachts stundenlang, Angst wegen fremder Umgebung, Essen aller Art wird mit einem kräftigen «nein, nein, nein!» weggefegt.

8.4.68 Heute nahm sie die Blumen aus der Vase und steckte sie wieder rein – immer wieder.

15.4.68 In der Wohnung geht sie ohne Angst, draußen schafft sie das noch nicht. Sie hat richtige Trotzanfälle. Wenn ich nicht in die Richtung gehe, in die sie will, wirft sie sich einfach auf den Boden und brüllt.

17.4.68 Sie läuft überall weg, ich muß immer aufpassen. Sie hört auch nicht, wenn ich rufe. Die Leute gucken schon blöd deshalb. Neuerdings interessiert sie sich für *Details* an Bildern, z.B. Kamin am Haus, kleine Tiere im Hintergrund, Feder am Hut – und für Buchstaben; jeden einzelnen Buchstaben müssen wir ihr sagen – sie erkennt alles wieder, wenn sie gefragt wird – auch die Buchstaben. Wir haben wieder eine Tischdecke auf dem Tisch liegen; sie hat aufgehört, daran zu ziehen, im Gegenteil – als ich sie neulich wegnahm, weil wir dort essen wollten, wollte sie die Decke absolut wieder auf den Tisch legen.

April 68 Wenn sie an der Hand laufen soll, beißt sie solange, bis ich sie loslasse – aber dann läuft sie brav nebenher. Im Hause tobt sie ständig herum und kann nicht eine Minute ruhig sitzen. – Morgens ist sie meistens sehr quengelig; wenn man nur eine Kleinigkeit zu ihr sagt, die ihr nicht paßt, so heult und schreit sie und wirft alles vor Wut hin; z.B. auch den vollen Eßlöffel. Ich lasse sie einfach toben, bestrafen hilft nicht; es muß wohl so eine Art Vortrotzperiode sein.

Andererseits bringt es viel Freude, weil sie überall bewundert wird, weil sie so süß aussieht – die Leute sehen ihr nach, und manche sprechen mich an, was für ein niedliches Püppchen sie ist. Sie rutscht gerne die Rutsche herunter, läßt sich aber von anderen Kindern wegschubsen und schreit laut.

26.4.68 Sie ist ganz wild auf den Windmesser an der Wetterstation (des Opas) – da ruft sie schon lange, bevor wir hinkommen «Messer!», auch wenn sie ihn noch gar nicht sieht. (Dieser Windmesser sah aus wie drei im Sonnenlicht blinkende Kugeln, die um eine Stange rotierten, umso schneller, je mehr Wind es gab.)

8.5.68 Sie will nicht essen, beginnt zu weinen, wenn sie bloß den Teller sieht.

20.5.68 Sie macht eifrig in die Hose und sagt nicht mal «a-a», spielt immer mit dem Essen herum und kleistert das kleine Loch im Wärmeteller zu, wirft den Brei über den Rand und schmiert meine Arme voll. Ich werde wütend, aber das hilft ja nichts.

27.5.68 Wir haben uns vorgenommen, nicht mehr zu schimpfen und auf die Hände zu schlagen, das hilft ja nichts und macht sie noch wütender.

Juni 68 Susanne ist sehr mißtrauisch gegenüber anderen und schreit, wenn ihr einer zu nahe kommt – bei Kindern ist es schlimmer als bei Erwachsenen, bei Männern nicht so schlimm wie bei Frauen.

(Zu Besuch bei verwandten Zwillingen:) Die zwei sind irgendwie fröhlich und lustig anzuschauen. Susanne konnte natürlich nicht das Spielzeug teilen und brüllte, wenn eine ihr zu nahe kam. Hoffentlich gibt sich das bald einmal.

1.7.68 Sie sitzt am liebsten auf dem Drehstuhl. Da darf dann keiner drauf sitzen, sonst wird sie wütend. Heute hat sie ein «blaues» Auge. Sie wollte wieder weglaufen und fiel hin. Die Knie hat sie oft kaputt, weil sie oft hinfällt, aber sie weint dann nicht einmal.

25.7.68 Wenn andere Kinder in ihre Nähe kommen, gibt es immer noch großes Geschrei, sogar wenn Martin angekrabbelt kommt (Sohn einer Freundin der Mutter, den kannte Susanne noch am besten).

31.7.68 Gestern abend sah sie den Mond und freute sich riesig, so daß sie vor lauter Aufregung nicht einschlafen konnte. (War das der Anfang meiner Liebe zur

Astronomie?) Sie mag auch Regen gern. Auf dem Wasserspielplatz hat sie auch viel Spaß; sie ist immer klitschnaß und will gar nicht mehr dort weggehen. Oft macht sie mich wütend. Ein neuer Tick ist auch, daß sie nur eine *große* Scheibe Brot oder einen *ganzen* Keks will. Wenn ein Stückchen fehlt, so wird es nicht angerührt und heftig protestiert. Die Banane nimmt sie nur, wenn die Schale noch dran ist. Wasser hat noch immer eine große Anziehungskraft. Sie schafft es, alleine den Hahn im Bad anzustellen und spritzt dann herum.

11.8.68 Oft muß ich für sie singen; dann singt sie die letzten Worte nach. Sie sagt einzelne Worte aus dem Lied, das sie gerade hören will. An ihrem Tisch zu essen ist ganz indiskutabel, sie will nur auf dem Balkon gefüttert werden ... sie verlernt dabei sicher, selbständig zu essen, aber ich bin froh, daß sie überhaupt etwas da draußen ißt. Habe heute mit dem Lesespiel nach Professor Lückert begonnen, aber nicht nach Vorschrift, da hatte sie kein Interesse.

18.8.68 Regenwetter – kaufte Gummistiefel – sie wollte sie nicht anziehen, großes Gebrüll. Sie glaubte wohl, sie könne damit nicht gehen und blieb steif stehen.

1.10.68 Widerstand, weint, wenn ihr etwas nicht paßt. Sie geht niemals an fremde Sachen, wie es die anderen Kinder tun, nicht einmal an ein fremdes Förmchen im Sandkasten. Das hat sie auch als Baby nicht in fremden Wohnungen getan. Sie spielt sehr gut, immer noch am liebsten mit den Hohlwürfeln und der Ringpyramide, aber auch mit Autos.

2.10.68 Wutanfälle – bei der Freilichtbühne warf sie sich mehrere Male hin, so daß die Knie kaputt waren. Sie brüllte, bis sie ganz blau wurde. Wenn wir dann noch etwas sagten, um sie zu beruhigen, ging es wieder los.

3.10.68 Sie trinkt nur noch aus einem einzigen bestimmten Glas. Sie spielt wirklich mit großer Ausdauer. Die Ringe der Pyramide setzt sie nun in der richtigen Reihenfolge auf.

7.10.68 Am Bett muß ich immer ein paar Lieder singen, meistens «Der Mond ist aufgegangen».

10.10.68 Sie hat eine Vorliebe für komische Wörter und lacht, wenn ich sie sage und spricht sie nach.

16.10.68 Seit ein paar Tagen ist wieder der Teufel los. Man traut sich kaum noch zu ihr zu sprechen, da tobt sie und bekommt Wutanfälle – das fängt schon früh am Morgen an. (Zank z. B. wegen Essen usw.) Sie tobt so, daß die Wände wackeln. Wenn sie eine blaue Strumpfhose statt der roten anhaben will, hält sie sich die Beine und sagt, daß sie weh tun und daß sie die andere anziehen muß. So könnte man dauernd weitererzählen, alles stört sie. Ich versuche oft, ihr gut zuzureden, zu erklären, warum dies und das besser ist, aber meistens nützt das nicht viel.

Heute hatte sie einen großen Auftritt, (weil die Mutter den falschen Weg gehen wollte, aber das wußte sie wohl damals nicht), auf dem Spielplatz. Sie warf sich hin und blieb vor Wut liegen, sogar als 10 Kinder um sie herum standen und das schreiende Bündel betrachteten. Sie wäre wohl noch länger dort liegengeblieben, wenn ich sie nicht geholt hätte. Sie ist am liebsten, wenn sie Lieder hört.

18.10.68 Habe ein neues Buch über Kindererziehung gekauft. Ich will es nun wirklich mit Geduld und Liebe versuchen und ohne zu schlagen.

25.10.68 Sie läuft immer weg. Bei Baby-Kochs war sie verschwunden, und nach aufgeregter Suche fanden wir sie in einer Ecke in einem Raum hinter dem Geschäft. Dasselbe passierte auch im Zoo-Park und bei Otto Mess.

3.11.68 Sie kann nun ganze Sätze sprechen, ganz vernünftig gedachte, vieles ist nachgesprochen und klingt lustig, das ruft sie alles in meinem eigenen Tonfall.

18.11.68 Sie bekam ein Puzzlespiel von uns und hat schnell begriffen, wie es gelegt werden muß. Jeden Morgen (zu Besuch bei der Oma) läuft sie in Omas Schlafzimmer und schaltet die Lampen ein und aus und zählt dabei, wieviele jeweils an oder aus sind. Dann springt sie durchs Zimmer und quiekt vor Freude. Das neue Liederbuch mag sie sehr. Sie weiß schon auf den ersten Blick, welches Lied dort steht.

20.12.68 Obwohl sie viel trinkt, muß sie nur dreimal am Tag auf den Topf. Sie meldet sich oft, indem sie vor sich hin murmelt «mußt du doch?» oder «nach dem Essen», da weiß ich schon Bescheid. Die Wutanfälle sind fast ganz weg. Wenn man sie in Ruhe läßt, wenn sie gereizt ist, klappt das schon. Sie kann inzwischen 45 Wörter lesen. Wir machen bald weiter.

22.12.68 Man merkt, daß ich in der Weihnachtszeit weniger Zeit für sie habe. Sie ist ziemlich träge und spielt stundenlang mit ihrer Kramtüte. Sie ißt schlecht, Fleisch mag sie gar nicht. Jeden Tag erinnert sie mich an die Kalktablette, die sie gern ißt. Sie ist immer gut für Tobereien zu haben. Abends schläft sie selten vor 21 Uhr ein, obwohl sie um 19.30 Uhr ins Bett gebracht wird. Sie erzählt und singt noch vor sich hin.

7.1.69 Sie spielt intensiv mit den Holzklötzen, dem Puzzlespiel und der Eisenbahn. (...), immer hintereinander mit der gleichen Begeisterung.

29.1.69 Wir haben herausgefunden, daß sie alle Texte der Kinderlieder, die ich im Laufe der Zeit für sie gesungen habe und die auf der Platte sind, auswendig kann, sogar mehrere Verse. Mit dem Dreirad will sie überhaupt nicht mehr fahren. Sie schreit schon, wenn ich es hervorhole. Einen Grund dafür gibt es nicht.

4.2.69 Heult oder wird wütend, wenn etwas nicht mit ihren Vorstellungen übereinstimmt.

20.2.69 Auf dem Spielplatz gibt es noch immer viel Geschrei wegen der anderen Kinder, es ist immer noch nicht besser geworden. Sie verzichtet lieber aufs Klettern oder Rutschen, als daß sie sich zu den anderen Kindern gesellt.

10.3.69 Ihr Gedächtnis ist oft verblüffend. Sie erzählt manchmal Sachen, die Monate zurückliegen. Für Schmusen und Küßchen ist sie immer noch nicht zu haben. Sie ruft «Küßchen weg», quietscht dann «weg ist es». Sie spricht über sich selbst immer noch in der 2. Person, seltener in der 3., und «ich» sagt sie eigentlich nur, wenn ich es ihr vorsage.

15.3.69 Sie läuft immer noch weg, besonders in den Läden oder auch in der Wohnung. Wenn ich rufe, versteckt sie sich meistens im Kleiderschrank. Wenn wir Bekannte im Park treffen, führt sie sich furchtbar auf, z.B. hält sie sich die Augen zu und brüllt: «Die kennst du nicht!», «Die gehen nach Hause!» oder «Die sind böse!», auch gegenüber fremden Leuten. Das ist richtig peinlich. Als Ingo (der Cousin) letzte Woche hier war und in ihrem Bett lag, tobte sie lange und hätte ihn am liebsten rausgeworfen. So geht es mit all ihren Sachen. Zur Zeit will sie nicht mehr selbständig essen, ich muß sie entweder füttern oder an ihrem Arm festhalten. Wenn sie Flamenco hört, wird sie ganz wild und tanzt unter lautem Getöse herum. Ostern beim Eiersuchen stellte sie sich ziemlich dumm an. Sie wollte nichts anrühren, man mußte ihr alles aufdrängen. Seit einiger Zeit geht sie wieder selbständig die Treppe herauf. Ich darf dann nicht einmal hinter ihr gehen. So halten sich manche Eigenheiten über Monate hinweg.

20.6.69 Das Spiel mit Steinen ist immer noch sehr beliebt.

(Die runden Kiesel waren, ebenso wie die Räder der Spielzeugautos, die Vorläufer zu meinen Glaskugeln.)

21.6.69 Beim Arzt benahm sie sich unmöglich. Ich bekam sie nur mit Gewalt herein, soviel Angst hatte sie.

22.7.69 Gestern während der Mondlandung (im Fernsehen) fragte sie: «Ist es gefährlich auf dem Mond, müssen die Männer dort an die Hand?»

8.8.69 Wasserspielplatz und Sandkasten – immer noch kein Kontakt zu anderen Kindern.

5.9.69 Im Zoo-Park immer noch Angst wegen der anderen Kinder. Manchmal bin ich ärgerlich deshalb. Bei anderen kriegt sie den Mund nicht auf, obwohl sie doch schon so vernünftig sprechen kann. (Fragt sich bloß, wieviel von dem «Vernünftigen» nicht bloß nachgeplappert war; siehe frühere Einträge.)

22.9.69 Viele Schwierigkeiten – trotzig – schreit wegen der allerkleinsten Änderung einer Handlung. Beim Anziehen schmeißt sie alles fort, und ich muß wieder alles zusammensuchen. Es gibt so eine Menge Kleinkram, der mich wütend macht. Beim Essen läßt sie oft etwas auf den Teppich fallen, schnell und heimlich. Wenn wir uns unterhalten, sagt sie: «Papa und Mama sollen nicht sprechen, Susanne will sprechen.» Sie liebt Äpfel und ißt mindestens 2–3 Stück pro Tag.

1.10.69 Auf dem Spielplatz jagt sie die Kinder weg, die gucken wollen, was sie macht. Neulich hat sie einen kleinen Jungen dabei umgeworfen. Sie quatscht viel. Ab und zu bin ich richtig leid, das zu hören. Oft sind es sehr lange Sätze mit «ob» und «wenn».

10.10.69 Mit Puppen spielt sie nie, obwohl sie eine hübsche neue bekommen hat.

Ende 69 (Aus einem Brief an Freundin Rita:) «Ich hatte etwas Spielzeug mitgenommen, als wir ausgingen. Susanne spielte ganz still vor sich hin, so daß alle staunten.

Mit anderen Kindern spielt sie immer noch nicht. Allmählich ist mir das egal. Es wird nicht besser, wenn man sich darüber aufregt. Sie hat immer noch ein Windelpaket, obwohl sie nun 3 Jahre alt wird, aber was soll man machen? Gleichzeitig ist sie ja manchmal so vernünftig, und man kann vieles mit ihr sprechen. Aber man muß soviel Geduld haben ... Die ich-Form ist immer noch mit der du-Form verwechselt. Ich bin froh, wenn das endlich aufhört, denn manchmal halte ich das nicht mehr aus, dem zuzuhören. Sie spricht auch so viel. Und diese Fragerei ... sie macht sich alles so kompliziert. (...) Ich weiß nicht, wie ich das Kind für Puppen begeistern kann. Ich habe extra eine neue, hübsche mit einem lieben Gesicht gekauft, aber sie spielt nicht damit.»

12.12.69 Sie fängt an zu schreiben (...). Das Wort «zu» hat sie so gerne, daß sie es aus allen Texten heraussucht. Neulich beim Einkaufen war sie ganz glücklich, «zu» in «Backzutaten» zu finden.

März 70 Sie kann sich immer noch sehr gut alleine beschäftigen. Puppen sind immer noch uninteressant.

Mai 70 Sie geht endlich mit dem Kindersitz auf das große WC, aber an einem fremden Ort ist das ganz unmöglich.

Juni 70 Lieblingsspiel ist nun das Schaukeln. Es ist ein Kampf, sie von der Schaukel herunterzubekommen. Sie macht nicht Platz für andere Kinder, nicht einmal, wenn Erwachsene sie darum bitten.

Sept. 70 (Urlaub auf Elba) Problem Nr. 1 für Susanne: die Toiletten. Außerdem hat sie kaum etwas gegessen – und nie etwas im Restaurant. Knatschig; sie hatte wohl Heimweh, denn alle Dinge, die sie malte, hatten mit zu Hause zu tun. Im Wasser war sie immer munter, und sie hatte keine Angst vor den Wellen.

Juni 71 Es ist oft peinlich für mich. Die Hand geben und

grüßen, bitte und danke sagen, das macht sie nie. Das mag auch die Verwandtschaft nicht.

Febr. 72 Will nie fernsehen, lieber spielen. Zeichnen und Spiele sind im Moment «out», will am liebsten herumtoben.

April 72 Ingo ist hier. Jeden Tag haben wir hier eine Schlägerei. Susanne brüllte bloß und verteidigte sich nicht, als Ingo mit Beißen etc. anfing. Da sagten wir ihr, daß sie sich gegen ihn verteidigen solle, obwohl er jünger ist.

(Leider hörte die Mutter hier auf, Tagebuch zu führen. Schon seit Ende 1969 schrieb sie nur noch wenig und in immer größeren Abständen etwas auf.)

Und ich selbst möchte hier an alle Eltern und Lehrer von Kindern mit Autismus schreiben: «Wenn das Kind schreit, nicht hört oder «trotzig» wirkt – es ist nicht immer so, wie es den Anschein hat. Versuchen Sie herauszufinden, was die wirkliche Ursache für dieses Verhalten ist, und stellen Sie die Ursache ab. Dann wird auch das Kind ruhiger.

Bedenken Sie dabei auch, daß Menschen mit Autismus oft dort Angst haben, sich nicht sicher fühlen oder das Chaos wahrnehmen, wo «Normale» dies gar nicht nachvollziehen können. Fragen Sie sich: Was könnte dem Kind Angst machen? Welches Ritual wurde vielleicht gestört? Wo könnte ein Mißverständnis entstanden sein, weil das Kind Mimik und Körpersprache nicht versteht und Worte nur wortwörtlich nimmt?»

Paradies Unterbacher See

Vom neuen Lebensabschnitt an, der mit dem Umzug nach Unterbach im Alter von dreidreiviertel Jahren beginnt, erinnere ich mich an mein Leben fast lückenlos. (Zwar erinnere ich mich auch an viele konkrete Ereignisse davor, nicht jedoch an bestimmte Gedanken dazu.)

Würde ich jetzt darüber schreiben, was den *größten* Teil meines Lebens von Kindheit an ausgemacht hatte, so würde dies hier ein Astronomie-Buch werden. Aber es soll ja ein Buch über ein Leben mit Autismus werden, und in diesem Zusammenhang muß ich besser über andere Dinge als Astronomie schreiben, speziell über Susannes Beziehung oder Nicht-Beziehung zu Menschen und ihre Erlebnisse in der Gesellschaft.

Auch wenn ich mich nicht dort aufhielt, wo andere, besonders die Gleichaltrigen, Spaß, Spannung und *action* erlebten – habe ich mein Leben immer als ein einziges großes Abenteuer empfunden. (Dies kann sowohl positive als auch negative «Abenteuer» einschließen.)

Der Umzug nach Unterbach an sich schuf wohl keine größeren Probleme für mich. Es ist immer schlimmer, wenn kleinere Dinge sich verändern, kleine Details in ihrem Ablauf gestört werden. Ich glaube, ich könnte auf die andere Seite der Erde oder auf einen fremden Planeten umziehen, wenn ich dabei nur das behalten könnte, was ich *drinnen* in der Wohnung habe, und wenn ich meine Gewohnheiten im Tagesablauf beibehalten könnte.

Sobald ich an einen neuen Ort komme und der Aufenthalt länger als ein paar Stunden dauert (besonders bei Übernachtungen an fremden Plätzen), richte ich mich sowieso ein (bzw. rücke mir automatisch alles so gut wie möglich zurecht), wie ich es immer haben muß, z. B. Anordnung der Gegenstände auf dem Tisch, des Schlafplatzes usw., bis ich mich wohl fühle.

Ich bewältige ja auch gewisse Ausnahmesituationen, z. B. eine Zugfahrt nach Göteborg, wenn nur das Ziel oder das Motiv wichtig genug ist und die Situation nicht zu lange andauert.

Ich mochte das Gebiet um Unterbach, besonders den Baggersee dort. Der Badestrand war vom 1. Mai bis 15. September geöffnet, und zu jener Jahreszeit nahm die Mutter mich fast jeden Tag mit dorthin, außer an sehr warmen Sonntagen, weil dann zuviele Leute dort waren. Das Leben am See war herrlich. Ich badete dort schon am Anfang der Saison, wenn das Wasser 9 °C Temperatur hatte. Ich fror nie; zumindest bis zum Einsetzen der Pubertät hatte ich, wenn überhaupt, nur ein sehr schwaches Kälte- und Schmerzempfinden. Die Mutter glaubte das nicht, deshalb gab es oft Zank, weil ich nicht aus dem Wasser kommen wollte.

So ging es das ganze Leben hindurch. Angeblich war ich auch nie «passend» gekleidet; meistens war ich zu «dünn», dann wieder einmal zu «dick» angezogen, wurde angemotzt, wenn ich z. B. bei warmem Wetter eine Winterjacke an hatte. Aber wenn ich geplant habe, etwas Bestimmtes anzuziehen, dann nehme ich keine Rücksicht auf das Wetter.

Auch später, als ich im ersten Jahr alleine wohnte, vergaß ich die Heizung anzustellen, als es Winter wurde. Erst als ich im Dezember im Rest meines Umzugsgepäckes ein altes Thermometer fand und sah, daß die Zimmertemperatur auf 11 °C gefallen war, fiel mir ein, daß die Mutter doch Recht gehabt haben könnte und ich die Heizung zumindest auf Frostschutz stellen sollte.

Aber egal ob ich mit nassen Haaren im Durchzug sitze o. ä. – ich erkälte mich nie, im Gegensatz zu anderen.

In Unterbach gab es mehr Bäume, Büsche, Bäche und wilde

Wiesen als in der Stadtmitte von Düsseldorf, und ich streifte gerne in der Wildnis umher oder saß auf Bäumen, gerne stundenlang, oder in anderen Verstecken. Das war viel ruhiger als im Zoo-Park.

Leider mußte ich in den Kindergarten, was ich gar nicht mochte. Der war nämlich voller Kinder, und es war sehr laut dort. Der Fußboden war schwarz und sehr glatt. Ich konnte mich nie an auch nur eines der anderen Kinder dort erinnern, weder an Gesichter noch an Namen – nur daran, daß ich mich danach sehnte, mit dem Kindergarten aufzuhören und mit der Schule anzufangen.

Da ich angeblich «intelligent» genug war, durfte ich bereits mit fünfeinhalb Jahren eingeschult werden. Damals ahnte ich noch nicht, daß die Freßtüte, die es zum ersten Schultag gab, soweit das einzig Erbauliche an der Schule bleiben würde.

I – Dötze* und Glas-Dötze

Es gibt noch eine Neuigkeit aus dieser Zeit zu erzählen. In der Nachbarschaft gab es einen Jungen, der nur ein halbes Jahr älter war als ich und mit dem ich einen gewissen Kontakt hatte. Deshalb sorgte die Mutter auch dafür, daß wir in die gleiche Klasse kamen. Harald war ein ruhiger Typ, und er machte alles mit, was Susanne bestimmte. Die Mutter kritisierte oft, ich solle auch auf Haralds Wünsche Rücksicht nehmen und ihn nicht «wie ein Spielzeug behandeln, das man je nach Bedarf benutzen oder stehenlassen kann», aber sie war trotzdem wohl froh, daß Susanne endlich einen Spielkameraden gefunden zu haben schien.

Wie wäre es wohl ohne Harald gewesen? Ich hatte nämlich überhaupt keine Kontakte zu denen, die in meine Klasse gingen. Ich hätte sie nicht mal wiedererkannt, wenn ich sie auf der Straße getroffen hätte.

Die Lehrerin der ersten Klasse war zufrieden, wie ich den Lehrstoff bewältigte, aber das war nur so zu Anfang, da ich noch von dem Wissensvorrat zehrte, den mich meine Mutter gelehrt hatte. Früher wollte sie auch mal Lehrerin werden, hat sie mir erzählt. Die Mutter hatte mir das Lesen und etwas auch das Schreiben beigebracht, und Rechnen war sowieso leicht. Der «Mathe-Lehrstoff» der 1. Klasse beinhaltete die Mengenlehre, und beim Sortieren von den kleinen Übungsplättchen nach Farbe, Form und Größe war ich ja voll in meinem Element. Kleine Dinge ordnen, das habe ich mein Leben lang zum Überleben gebraucht.

* I-Dötze: rheinisches Wort für Erstkläßler

Geordnete kleine Dinge wirken dem Chaos im Großen entgegen. Wenn ich meine kleinen Details kontrolliere, dann ist es nicht ganz so schlimm, daß ich das Gesamte nicht überblicken kann.

Vielleicht war ich noch am ehesten «normal» in der ersten Klasse, denn da war der Unterrichtsstoff so einfach, daß ich der Lehrerin gar nicht zuzuhören brauchte. Ich hätte es auch gar nicht *gekonnt*. Ich konnte zwar wunderbar auswendig alles wiedergeben, was ich je gehört hatte. Nur: Was man gar nicht erst gehört hat, das kann man auch nicht behalten. Die Lehrer hörte ich nur selten, meistens nur die ersten Worte, bevor alles im allgemeinen Hintergrundgetöse unterging.

In der Schule benutzte ich das Wort «ich» ganz sicher. Daß Kameraden/Freunde fehlten, fiel nicht so auf, weil ich ja Harald hatte. Damals glaubte ich nicht, daß es egoistisch sei, wie ich mit ihm umging: Er machte doch alles, was ich wollte, er sagte nichts dagegen; so war es wohl in Ordnung?

Aber wehe, wenn Harald einmal krank war und nicht zur Schule kommen konnte! Zuallererst war es gegen alle Regeln des Morgens, daß ich ihn nicht abholen konnte – und dann bekam ich die *anderen* in der Schule zu spüren.

Es war, als hätte ich den Großteil von ihnen nie zuvor gesehen, aber einige reagierten nun auf das allein dastehende Kind, das keine Idee hatte, wohin es seine Bewegungen steuern sollte. Es waren vor allem ein paar Mädchen, die mich auf verschiedene Weise angriffen, oft völlig überraschend. Ich weiß bis heute nicht den Grund dafür. Ich begann mich vor den Pausen zu fürchten. Auch wenn Harald wahrhaftig kein Kämpfertyp war, allein seine Anwesenheit reichte meist als Schutz aus.

Nein, «sozial» war ich kein bißchen mehr als zur Zeit des Gebrülls im Zoo-Park.

Ich war noch genauso abgegrenzt von den anderen wie früher, bloß daß ich Harald mit in die Isolation gezogen hatte. Dies fiel sogar der Lehrerin auf, aber da sie ansonsten nicht über Susannes Leistungen klagen konnte, machte sie mir keine weiteren Schwierigkeiten. Und Klein-Susanne fuhr fort, das erste von letztendlich 13 sinnlosen Schuljahren tagträumenderweise «abzusitzen».

Ich spielte auch während der kurzen Harald-Zeit gern alleine. Ich hatte viele kleine *Matchbox*-Autos, die ich in langen Reihen auf der Marmor-Fensterbank aufzustellen pflegte. Am liebsten mochte ich es, einfach nur deren Räder zu drehen oder die Autos nach verschiedenen Merkmalen zu sortieren. Ich weiß noch, wie merkwürdig ich es fand, andere Kinder mit Autos spielen zu sehen, wie sie die Autos hektisch hin- und herschoben und dabei «määhhm – määhm» oder «brumm-brumm» brüllten. Da war vor allem ein jüngerer Nachbarsjunge, der mir stark auf die Nerven ging. Wenn ein Flugzeug am Himmel zu sehen war, dann zeigte er mit dem Finger darauf, fuchtelte aufgeregt in der Luft herum, damit auch alle anderen sahen, was er toll fand. Bis *ich* das kapiert hatte, daß ich die Linie seines Fingers verlängern sollte, statt nur auf die fuchtelnde Hand zu gucken, war das Flugzeug in der Regel weg. Ein seltsamer Junge, dachte ich – dabei war *er* es, der ein ganz normales Kleinkind war – und Susanne war es, die nicht normal war.

Ich selbst pflegte die Auto-Schlange derart zu bewegen, indem ich das erste Auto ein Stück vorwärts bewegte, dann das zweite, dann das dritte usw. jeweils das kleine Stück nachfolgen ließ, bis die ganze Schlange ein paar Zentimeter vorwärts gekommen war, um dann wieder von vorne zu beginnen. Mit Geldmünzen spielte ich auf die gleiche Weise. *Wenn* ich etwas zum Beschäftigen gefunden hatte, dann tat ich das ganz intensiv.

Die Erwachsenen fanden es toll; ein beschäftigtes Kind macht im Moment keinen Ärger. Meine Mutter ging irrtümlich davon aus, wenn Susanne sich so lange mit so wenig abwechslungsreichen Dingen beschäftigen konnte, weise das auf eine reiche Fantasie hin: Was mochte sich ein Kind alles dabei denken, wenn es einen ganzen Tag lang auf ein paar runde Kiesel schauen konnte, die es hin und her schob? Mutterlogik! Die Antwort gebe ich heute: Das Kind denkt sich *nichts* dabei, außer, daß es die Steine kontrolliert und daß es sich dabei sicher fühlt; wenigstens die *Steine* hat es im Griff.

Ich bekam etwas Taschengeld, aber statt etwas davon zu kaufen, hortete ich die Münzen bloß. Ich hatte Geld so gerne, aber nicht wegen des materiellen Wertes. Die kleinen runden Scheibchen hatten es mir angetan, vor allem, wenn sie noch neu waren und glänzten. Ich liebte es, sie anzusehen, sie zu sortieren oder hübsche Türmchen daraus zu bauen oder sie auf dem Tisch kreiseln zu lassen – am liebsten mehrere gleichzeitig – das hatte etwas Berauschendes an sich.

Oft lag ich auf dem Boden und ließ die Münzen von einem Turm zum nächsten springen oder baute lange Schlangen aus ihnen.

Seit dem Alter von 6 – 7 Jahren hatte ich ein besonderes Lieblingsspielzeug, und das waren meine Glaskugeln, auch Murmeln oder Dötze genannt. Eigentlich war es total normal, daß Kinder mit Murmeln spielten; damals war es gerade in der Schule in Mode, mit den Murmeln kleine Kuhlen im Boden zu treffen. Das Kind, das am besten traf, gewann dann alle Kugeln, die gerade im Spiel waren. Ich hätte da nie mitspielen können. Ich hätte es nicht ertragen können, auch nur *eine* meiner lieben Glaskugeln zu verlieren!

Ich hatte eine große Sammlung davon in verschiedenen Farben, Formen und Größen, und ich konnte sie alle voneinander unterscheiden. Die Mutter erzählt noch heute davon, wie Susanne sie damals durch sämtliche Kaufhäuser in Düsseldorf gejagt hat, weil sie eine bestimmte Sorte marmorierter Dötze suchte, die in der Sammlung noch fehlten. Ich spielte damit wie mit den Geldstücken: sortieren, erneut umgruppieren je nach Eigenschaften der Kugeln, oder ich sah sie einfach nur an, ließ sie rollen. Und noch etwas war anders im Vergleich zum Murmelspielen der anderen Kinder: Susanne hörte nicht damit auf, bis sie ca. 15 Jahre alt war. Und wenn ich mir meinen heutigen Job betrachte, so muß ich eingestehen, daß ich nie aufgehört habe, mit rundem Glas zu spielen.

Optische Linsen sind ja «Glaskugeln» von edelster Art, und ich bin von ihnen mindestens genauso fasziniert wie in meiner Kindheit. Die Drohung, mir die Murmeln wegzunehmen, das war eines der wenigen Dinge, mit denen man mich bestrafen konnte. Sowas wie Fernsehverbot, Hausarrest oder ohne-Essen-ins-Bett (wie Nachbarskinder oft bestraft wurden), das hätte bei Susanne nicht gewirkt – nicht einmal Taschengeldentzug, solange ich das behalten durfte, was bereits in meinen Besitz einsortiert war.

Regelrechte «Prügelstrafe», das war etwas, was meine Eltern eigentlich vom Prinzip her ablehnten. Daß ich mir dennoch hin und wieder mal saftig eine «fing», lag wohl daran, daß ein Kind wie Susanne Eltern dazu treiben kann, die schönsten «pädagogischen Vorsätze» zu vergessen. Da ich aber nur wenig Schmerzgefühl empfand, konnten sie höchstens meine Ehre verletzen, aber das langte mir auch schon. Zumal, ich war mir in der Regel nie bewußt, etwas Unrechtes getan zu haben. «Ich hab doch gar nichts gemacht!» war meine Standard-Reaktion. Trotz allem, die meisten anderen Kinder, von denen ich weiß, bekamen mehr Prügel, und das nicht nur im elterlichen Affekt.

Einmal, als ich in die 4. Klasse ging, nahm der Vater mir die ganze Murmelsammlung weg. Ich weiß gar nicht mehr, für welche Untat meinerseits. Er sagte, er hätte sie den vier Kindern eines Kollegen geschenkt, und natürlich glaubte ich das auch. Ich glaubte immer alles, was mir die Leute sagten. Das war aber ein Riesentheater, und es kam ununterbrochen Salzwasser aus den Augen. Obwohl ich die Dötze, die der Vater nur versteckt hatte, später wieder zurückbekam, werde ich niemals diesen furchtbaren Tag vergessen.

Noch eine andere Lieblingsbeschäftigung war, vor dem Waschbecken zu stehen und Wasser in einen Luftballon laufen zu lassen, in den ich 20 – 30 kleine Löcher gepickt hatte. Es war so herrlich, auf all die rieselnden Wasserstrahlen zu blicken.

Die schulische «Glanzzeit» der ersten Klasse währte nicht lange. Nur allzu bald wurde deutlich, daß die anderen (auch die, die weniger intelligent waren als Susanne), sich anders entwickelten und Susanne nach und nach überholten. Wohlgemerkt, dies gilt nicht für die Schulnoten; die konnte ich noch eine Zeitlang recht gut halten.

Damals dachte ich noch nicht soviel darüber nach. Ich wurde nur immer stiller, und die wenigen sozialen Kontakte, die ich hatte, nahmen im selben Maße ab. Während der 2. Klasse zog Haralds Familie in eine andere Stadt. Obwohl wir doch so oft zusammen gewesen waren, tat mir das nicht weh. Als unsere Eltern ein paar Monate später ein Treffen organisierten, wußte ich nicht, was ich mit Harald anfangen sollte. *Er* hatte inzwischen am neuen Wohnort eigene Freunde gefunden. Das war sicher besser so für seine eigene Entwicklung.

Inzwischen hatte ich auch längst mit etwas anderem begonnen, was viel wichtiger für mich war: Da ich ja nun fließend lesen konnte, konnte ich all die Bücher lesen, die mich so sehr interessierten, aus denen ich Wissen über den Mond, die Planeten, die Sterne und alles andere, was man am Nachthimmel beobachten kann, sammeln konnte.

Zuerst besaß ich nur wenige Bücher, die ich immer und immer wieder las. Im Laufe der Jahre wurde eine kleine Bibliothek daraus.

Ich wußte mehr über Astronomie als alle anderen, einschließlich der Erwachsenen. So wenig ich auch über andere Dinge erzählte, hatte ich manchmal den übersprudelnden Drang, den anderen im Maschinengewehr-Tempo über astronomische Themen «Vorlesung» zu halten. An einem 29. April war einmal eine partielle Sonnenfinsternis, die ich unbedingt beobachten wollte, obwohl es kein sehr spektakuläres Ereignis für den Normalmenschen ist. Leider war das zu einer Uhrzeit, in der wir Unterricht hatten. Da schwärzte die Mutter eine ganze Schachtel voll Dia-Glasplättchen, die ich mit in die Schule nahm, so daß die ganze Klasse hinausgehen konnte, um zu sehen, wie sich ein kleines Stück des Mondes vor die Sonne schob.

Kleiner Bruder Saaki

Als ich 7 Jahre, 1 Monat und 19 Tage alt war, wurde mein Bruder geboren. Ich hatte ihn gern, er war so klein. Er konnte mir nichts Böses tun, und ich spielte mit ihm.

Die Mutter hatte manchmal Treffen mit anderen Müttern von Kleinkindern aus der Nachbarschaft, sogenannten «Baby-Kaffeeklatsch». Während sie quatschten, spielte ich mit allen Babies, auch wenn meine Eltern immer quengelten, ich solle lieber mit «Meinesgleichen» spielen. Aber der Abstand zu den Gleichaltrigen wurde immer größer, das fiel sogar mir allmählich auf. Später, als die Kleinen vom Baby-Kaffeeklatsch größer wurden, verlor ich auch den Kontakt zu ihnen.

Christopher hat mir viele Jahre später gesagt, daß sogar normale Drei- bis Vierjährige auf gewissen Gebieten bessere Fähigkeiten als normal-intelligente Erwachsene mit Autismus haben können. Ob das der Grund war, daß sogar die Freunde meines so viele Jahre jüngeren Bruders begannen, Susanne als «anders» anzusehen?

Als ich 15 war, hörte ich einmal einen von Saakis Kumpeln fragen: «Ist deine Schwester immer *so*?!» (Da war wohl gerade mal wieder irgendein Affentheater gewesen.) Ich war irgendwie froh, Saaki antworten zu hören: «Tja, *gestern* war sie es nicht.» (Da hatte ich nämlich mal einen ruhigen Tag gehabt und ihm, weil er etwas krank gewesen war, aus meinen Büchern vorgelesen.)

Klar, daß Saaki ein dankbares Opfer für meine Astronomie-Attacken (d.h. Lektionen) war. Ich brachte ihm bei, diverse astronomische Fakten aufzusagen. Er ließ es zumindest während seiner ersten Lebensjahre geschehen, aber es irritierte mich, daß er sich solche Daten nicht so gut merken konnte wie ich. Später, als er selbst lesen konnte, gab ich ihm oft mein großes Astronomie-Lexikon. Er hörte mich ab wie beim Fremdsprachen-Vokabellernen: Er nannte eines der Stichwörter, und ich spulte den zugehörigen erklärenden Text ab, wortwörtlich, wie er im Lexikon stand. Ich wünschte, Lateinvokabeln und Geschichtsdaten wären mir genauso «zugeflogen», aber ich habe keine Macht darüber, was ich mir zu 100% merken kann und was gar nicht.

Saaki war anders als Susanne. Viele Dinge, die mit Empathie u. ä. zusammenhängen, die meisterte er bereits mit 4 Jahren besser als die damals 11jährige Susanne, und bald begann er – alle Geschwisterliebe in Ehren – mich gelegentlich zu veräppeln, ohne daß ich das kapierte. Manchmal kam er auf Geschichten, die gar nicht stimmten, die ich ihm aber glaubte. Wie sollte ich verstehen, was eine blühende menschliche Fantasie sich alles ausdenken kann?

Einmal, als die Eltern beide unterwegs waren, sagte Saaki, er hätte aus einer Chemikalien-Flasche im Bad getrunken; er zeigte mir sogar konkret, welche Flasche es gewesen sei. Ich bekam voll die Panik, wußte ich doch, daß er davon sterben würde! Und ich, die «große» Schwester, die doch so vernünftig sein sollte, sah nur das Chaos! Frau Günter, eine gute Nachbarin, die einzige, die mich ein bißchen zu kennen schien, griff mich zufällig auf, als ich verzweifelt mit Saaki im Treppenhaus herumrannte. Ich habe bis heute nicht begriffen, wieso sie keinen Arzt gerufen hat, weil sie erkannt hatte, daß Saaki überhaupt nichts Giftiges getrunken hatte. Nachher gab er das auch zu. Als die Mutter später nach Hause kam und die Story von Frau Günter hörte, gab sie mir einen ganzen Beutel Milchbonbons mit Honigfüllung «für den Schock».

Saaki war «offener» als Susanne, zumindest als er klein war. Er war auch mehr fürs Schmusen zu haben, war ein richtiger kleiner Schelm, wie die Erwachsenen sagten. Kontakt zu

Kindern bekam er wie von selbst. Er war flink im Witzemachen. Na ja, was man so Witze nennt. *Ich* versteh' sie sowieso meistens nicht. Manchmal übertrieb er seine Scherze auch: Wenn die Mutter sich im Wohnzimmer aufhielt, Saaki in seinem und ich in meinem Zimmer, dann schlug er sich selbst auf die nackten Schenkel und brüllte: «Aua, Mama, die haut mich!» Kam die Mutter dann angeschossen, behauptete er, die Susanne sei gerade eben erst abgehauen. Also, wie ich noch oft später im Leben erfahren sollte: Manchmal ist die Wahrheit abenteuerlicher als jede Dichtung!

Ich mußte erst einige leichtere Kopfnüsse einstecken, bis die Mutter merkte, daß, wenn es in Saakis Zimmer klatschte, es nicht *immer* Susanne war. Andererseits kannte Saaki auch keine Hemmungen, aus des Vaters Schreibtisch die köstlichen kugelförmigen Apfelbonbons zu klauen. Da gab er mir immer welche ab. Saaki heulte, wenn er sich weh tat, er wollte getröstet werden, und er erzählte zu Hause, was er draußen erlebte.

Susanne suchte niemals Trost, weil sie gar nicht ahnen konnte, was das war. Ich habe auch nie das Prinzip des Petzens verstanden. «Ähhh, das sag ich meiner Mama!» heulten die Kinder draußen oft, wenn ihnen jemand Böses tat. Was hatte denn eine Mutter damit zu tun?

Saaki legte auch Wert auf Aussehen, Kleidung und Körperpflege, besonders als er älter wurde. Etliche Male sagte mir die Mutter, ich solle mir ein Beispiel daran nehmen. Trotz der Unterschiede hatte ich Saaki immer sehr gern, außer während meiner Jugendlichenzeit, als ich nicht mal mehr Kontakt zu *ihm*, der bis dahin von allen anderen Menschen das meiste von mir kannte, hatte.

Ich verstand auch manchmal nicht, warum er so «treulos» war, indem er den Kontakt zu Gleichaltrigen suchte, statt mit Susanne zu spielen. Die Eltern meinten dagegen, Susanne würde viel zu sehr an Saaki kleben. «Trennen!» riefen sie oft dazwischen, wenn Saaki, der deutlich weniger «hart im Nehmen» war als Susanne, bei unserem Lieblingsspiel «Spaßkampf» erste Verschleißerscheinungen aufwies. Ich fand immer, er war etwas zu weich. Er konnte sein eigenes Blut nicht sehen, hatte eine regelrechte Insektenphobie, vor allem bei Spinnen. Er hatte sogar panische Angst vor Pilzen und angefaulten Tannenzapfen im Wald.

Ich dagegen schleppte oft alle möglichen Kleintiere von Insekten über Fröschen bis zu Entenküken mit mir herum. Ein sensorisches Erlebnis ganz besonderer Art gab es mir, die bloßen Arme und Beine voll mit fetten Weinbergschnecken oder Nacktschnecken zu bestücken und sie herumkriechen zu lassen. Die Erwachsenen sagten manchmal, Saaki hätte das Mädchen und Susanne der Junge werden sollen.

Obwohl ich ziemlich klein, dünn und dappich in meinen Bewegungen war, so konnte ich, wenn es sein mußte, sehr wild, stark und von einem phänomenalen Stimmvolumen sein. Einmal sagte ein Mädchen aus der Grundschule zu mir: «Susanne, du könntest glatt für einen Jungen gehalten werden, wenn du bloß nicht soviel weinen würdest.» (Denn immer, wenn ich etwas absolut nicht verstehe, wenn die Menschen so fremd sind, wenn Chaos ist, dann kommt reichlich Salzwasser aus den Augen, und zwar umso mehr, je weniger ich es will. Ich sollte mir die entsprechenden Drüsen herausoperieren lassen!). Seltsamerweise fühlte ich mich draußen irgendwie sicherer, wenn Saaki dabei war. Während ich oft hilflos war, wenn ich selbst angegriffen wurde, so konnte ich aber umso wilder losschlagen, wenn ich meinen kleinen Bruder bedroht sah. Und wenn er auch noch so klein war, er schien diese Welt besser zu verstehen als ich.

Mein ewig-kurzes Haar ließ mich auch äußerlich wie ein Junge aussehen. Kurzes Haar ist leichter zu pflegen. Ich wollte mir nämlich nie die Haare bürsten, erst recht nicht bürsten *lassen* – das will ich heute noch nicht. Die Mutter rannte jeden Morgen vor dem Schulweg mit der Haarbürste in der Hand hinter mir her, was dann zu etlichem Lärm im Treppenhaus bzw. auf der

Straße führte … und die Günter-Kinder lachten sich eins. So war es jeden Morgen, bis ich von zu Hause wegzog. So ist es noch heute, wenn ich bei der Familie zu Besuch bin.

Es gibt auch noch immer Zank wegen meiner Kleidung: Ich finde, Klamotten müssen sich gemütlich anfühlen, schön weich und nicht zu eng; der Rest ist unwichtig. Ach, ich könnte mich am liebsten den ganzen Tag lang in reine Baumwolle, weichen Fleece und flaumige norwegische Pol-Socken hüllen. Es gibt heutzutage viel angenehmere Stoffe als zu meiner Kindheit, als wir noch kratzige Pullis, lästige Röcke (ich *hasse* Röcke und Kleider), harte Jeans und stickige Schutzkleidung aus Vistram trugen.

Da geht es mir heute doch wesentlich besser, und auch die Mama läßt mich etwas mehr in Ruhe als früher. Neulich hat sie mich aber ausgeschimpft, weil ich in meinem grauen Arbeitskittel (der dazu noch voll Öl und Kitt war und nach Arbeit roch) im Zug von Kreuznach nach Arolsen gefahren war.

Das Würmchen und Nells verlorene Zwillingsschwester

Während der 3./4. Klasse hatte ich eine eigenartige «Freundschaft» zu einem Mädchen namens Ines, die genauso alt wie Harald war. Aber es war ganz anders mit Ines als mit Harald. Ines war eine von denjenigen gewesen, die mich früher über den Schulhof gejagt hatten, wenn Harald nicht da war. Sie wirkte auf mich immer groß und kräftig, und sie war schlagfertig und schnell.

Sie nahm mich mit, sie war diejenige, die das Kommando hatte. Mir machte das nichts aus. Wenn ich selbst gerade keine Initiative fühle, dann bin ich froh, wenn jemand anders für mich entscheidet. Ich versuchte auch, bei manchen Spielen von Ines mitzumachen, auch wenn die mich überhaupt nicht interessierten, z. B. wenn ich mit ihr und ihren Barbie-Puppen spielen sollte. Ätzend!

Aber manchmal waren wir auch draußen, um herumzutollen, auf Bäume zu klettern oder wilde Birnen und Haselnüsse zu pflücken. Das gefiel mir schon besser. Solange es etwas wildere Spiele waren, konnte ich sogar ertragen, wenn noch andere Nachbarskinder dabei waren; die waren sowieso alle jünger. Aber es ging überhaupt nicht mit Gesellschaftsspielen wie z. B. «Mensch, ärgere dich nicht» oder andere Brett- und Kartenspiele, bei denen sogar die Erwachsenen die Lust verloren, mit Susanne zu spielen. Ich meinerseits habe nie begriffen, was der Sinn dabei war, so etwas zu spielen.

Ich mußte entweder Daten über meine speziellen Interessen in meinem Kopf anhäufen oder etwas produzieren, mit den Händen arbeiten, z. B. Beeren und Äpfel pflücken oder endlos

Stoffe auf meinem 40 cm breiten Webrahmen produzieren. Die Mutter nähte die Weblappen zu sinnvollen Teilen zusammen, zu kunterbunt gemusterter Kleidung von Kopf bis Fuß für mich, zu Wandteppichen und Kissenbezügen.

Das Problem war immer, wenn Susanne einmal Gefallen an etwas gefunden hatte, so fand sie kein Ende. Hatte ich die Weberei-Tour, so konnte ich Tag und Nacht weben. Hatte ich ein neues Astro-Buch, so konnte ich es immer wieder lesen, obwohl ich es längst auswendig kannte. Hatte ich eine Lieblingskassette, so hörte ich sie, bis sie auseinanderfiel – um dann mit der vorsorglich hergestellten Kopie dieser Kassette weiterzumachen.

Ines war das einzige Mädchen für mich, das man, wenn überhaupt, annähernd als «Freundin» bezeichnen konnte. Für mich war es vor allem eine «Überlebens-Strategie»: Ein Minimum an Kontakt war nötig, um sowohl in der Familie (die mich immer bedrängte, ich solle endlich wie die anderen werden) als auch in der Schule, in der die Nähe von Ines einen guten Schutz bedeutete, zu überleben. Ich hatte panische Angst, daß man mich, wie angedroht, wirklich zum «Tüchtigen Ater», zum Psychiater, schleppen würde, wenn sie herausfänden, daß ich keine Kontakte hatte. Dies war mein einziges Motiv dafür, daß ich mich, wenn auch nur halbherzig, um Kontakte bemühte. Ich sehnte mich nicht nach Freunden, weil ich es aus mir selbst heraus wünschte. Ich wollte nur in Ruhe gelassen werden, kein Mobbing in der Schule, keinen Druck der Lehrer und vor allem keine Angst mehr, in ein Internat, ein Heim oder ein Irrenhaus gesteckt zu werden.

Ich bekam nach und nach immer mehr das Gefühl, ich hätte etwas zu verbergen – das, was ich heute «mein wahres Ich» nennen würde. Sie durften nicht wissen, *wie* anders ich war. Deshalb mußte ich vortäuschen, Kontakte zu haben. Ich mußte mich selbst verleugnen, außer wenn ich ganz für mich war, allein mit dem Weltraum, nachts, wenn es dunkel war, oder an grauen Tagen, wenn ich draußen im Nebel laufen konnte und in meiner ganz eigenen Sprache sprechen und singen konnte. Ich glaube, ohne solche Oasen wäre ich wirklich verrückt geworden.

Ines war ein guter Beschützer, aber auch sie war gut darin, mich zu foppen. Sie nannte mich «Anton, der Tolpatsch», nach den bekannten Mainzelmännchen im ZDF, weil ich trotz meiner geringen Körpermasse so plump war und öfter stolperte als andere Kinder. Bezeichnenderweise benannte sie Saaki nach «Edi, dem Schelm». Sie selbst war «Der schlaue Det» – ob deshalb, weil sie wie Det eine Brille trug, oder weil sie schlau war, weiß ich nicht.

Später nannte sie mich nur noch «Würmchen». Unter diesem Namen wurde ich ab der 5. Klasse auf dem Gymnasium geführt. Sogar manche Lehrer nannten mich gelegentlich so. Sie meinten, Susanne «gucke wie ein armes Würmchen aus der Wäsch'». Ines konnte manchmal die tollsten Geschichten erfinden; ich glaubte sie alle. Das ist auch so, wenn andere etwas erzählen.

Sie sind so schwer zu durchschauen. Man weiß nie, was kommt als nächstes, wie werden sie reagieren? Was soll ich sagen, damit sie *gut* reagieren? Was ist der Unterschied zwischen Ironie und Lüge? Lügen ist, unwahre Worte zu sagen – aber ein Witz, der stimmt ja auch nicht. Dennoch gelten Lüge und Witz als zwei völlig verschiedene Begriffe. Wenn jemand etwas ironisch sagt, dann ist der Satz gerade andersherum gemeint als er sich anhört! Wie soll man das herausfinden? Die anderen merken das sofort, wenn ein Satz andersherum gemeint ist.

Ines hatte immer den Überblick. Ich fühlte mich sicherer, wenn sie dabei war. Sie entwickelte auch verblüffende Fähigkeiten, *meine* Geburtstage zu organisieren. Die Mutter war immer hinter mir her, ich solle doch eine *Menge* Kinder einladen, aber ich wußte nicht, wen und wie ich welche in der Schule fragen sollte, ob sie Lust hätten, zu kommen. Das übernahm Ines. Mir graute es vor diesen Kinderfesten, die in der

Regel für mich derart zu enden pflegten, daß Salzwasser aus den Augen kam, wenn ich nicht «sozial» sein konnte, wenn alles zuviel für mich wurde.

Ich war weder daran interessiert, Geschenke in Empfang zu nehmen und mich dafür bedanken zu müssen, noch mochte ich Gruppenspiele. Dabei gab die Mutter sich sicher viel Mühe, all das zu organisieren. Aber Ines war eifrig dabei, die Tür zu öffnen, wenn die Gäste klingelten. Sie nahm sogar für mich die Geschenke an und öffnete sie neugierig. Ich fand das okay, da hatte ich Ruhe. (In meiner Familie gibt es heute noch zu Weihnachten Geschenke, und noch immer kann ich es nicht ausstehen, wenn mir jemand beim Auspacken zusieht.)

Das einzige, auf das *ich* mich am Geburtstag freute, war der Abend. Wenn es dann dunkel war, veranstaltete der Vater ein wunderbares Feuerwerk für mich, bei dem er viele bunte Sterne aus seiner Signalpistole an den Himmel schoß. Ich habe Feuerwerk immer geliebt, ebenso mit Feuer zu kokeln oder mit Licht zu spielen. Ich hatte auch ein ganzes Sortiment bunter Taschenlampen, mit denen ich nachts am Fenster saß (wenn es nichts Interessanteres am Himmel zu sehen gab) und Bahnen und Blitze in die Dunkelheit und an des Nachbars Spundwand zeichnete.

Ich habe nie besonders viel nächtliches Schlafbedürfnis gehabt; da ist die Mutter schon mehr als einmal dran verzweifelt.

Ab der dritten Klasse bekamen wir eine neue Lehrerin, die ich noch weniger mochte als die davor. Sie forderte ständig mündliche Mitarbeit im Unterricht. Es reichte ihr nicht, wenn ich gut genug bei schriftlichen Arbeiten war. Aber ich konnte nicht mündlich mitarbeiten, weil ich nie richtig mitbekam, was die Lehrerin alles sagte. Nur wenn ich *konkrete, schriftliche* Aufgaben vor mir sah, dann konnte ich sie lösen – meistens jedenfalls. Aber ich wußte nie, *wie* ich das konnte.

Ich hatte immer meine eigene Art, Aufgaben zu bewältigen. Am deutlichsten konnte man das in Mathe sehen: oft kam ich durchaus zum korrekten Ergebnis, aber dabei benutzte ich einen ganz anderen Lösungsweg als den, der im Unterricht gelehrt worden war.

Dies wurde später auf dem Gymnasium zu einem großen Problem. Tolerante Lehrer gaben mir für so etwas eine «1», weil es ein richtiger, origineller Lösungsweg war, während andere mir eine «5» oder «6» gaben, weil sie das als Beweis dafür ansahen, daß ich dem Unterricht nicht gefolgt war. Das war so gemein. Das Wichtigste war doch, daß die Lösung korrekt war!

Aber auch wenn ich Erfolg mit meinen Lösungen hatte, so fühlte ich mich unwohl dabei: Zwar konnte ich manchmal das Ergebnis ins Heft schreiben, wenn ich die Aufgabe vor meinen Augen sah, aber ich hatte keinen *Überblick*, um was das ganze sich eigentlich drehte und auf welche mysteriöse Weise ich auf die Lösung gekommen war.

Es war ein ganz spezieller Mangel an Konzentration, der mir in der Schule zu schaffen machte. Da half keine Willenskraft, ich konnte mich nur kurz auf den Lehrer konzentrieren. Andererseits konnte ich mich intensivst stundenlang auf etwas konzentrieren, wenn es mich wirklich interessierte. Nur, leider kann echtes Interesse nicht aufgezwungen werden.

Ich konnte nicht steif dasitzen und mich auf ein Vokabelbuch konzentrieren. Es war, als ob die Buchstaben wegschwammen, wenn ich darauf blickte, so als ob die Augen vor Müdigkeit ihre Brennweite nicht mehr richtig einstellen konnten. Sicher war ich sehr lernfaul und hatte einen großen Drang zu Tagträumen.

Ich versuchte der Mutter mehrfach zu erklären, daß es für mich ein großes Problem war, zwar viele Aufgaben zu können, aber nichts von dem Zusammenhang zu verstehen. Sie glaubte mir nicht, so wie viele Leute nicht begreifen, daß ich manche schwierigen Aufgaben bewältigen kann, aber dann so scheinbar einfache nicht.

Es fühlte sich so an, als würde man durch ein Chaos schwimmen und das Ziel nur deshalb treffen, weil man Glück gehabt hat, rein zufällig – nicht aber, weil man dies aus eigenen

Fähigkeiten heraus geschafft hätte. (Auf diese Weise gehe ich wahrscheinlich auch durch die Stadt. Ich sehe vor mir, wohin ich gehen muß. Aber frage mich bloß niemand, was *neben* dem Weg lag. Ich war inzwischen schon zehnmal in Göteborg, aber das einzige, was ich von der Stadt kenne, das sind der Bahnhof, die Straßenbahn-Linie 1 und die Annedals-Kliniken).

Wege sind immer sehr wichtig für mich gewesen. Als Kind wollte ich immer alles auf «Landkarten» zeichnen, z. B. den Weg zur Schule, obwohl ich den längst kannte. Anderes wollte ich in Tabellenform aufschreiben. Ich erstellte mir sogar einen «rund-um-die Uhr-Plan» für die ganze Woche, der aussah wie ein Schulstundenplan, nur daß er über jede einzelne Tag- und Nachtstunde informierte.

Für die Ferien gab es dann einen extra Ferienplan, sauber mit dem Lineal gezeichnet, ganz anders als die Zeichnungen in meinen Mathe- und Erdkundeheften. So konnte ich in begrenztem Maße voraussehen, was als nächstes auf mich zukam und mich darauf einstellen. Aber wehe, es kam etwas dazwischen, dann war es vorbei mit der Sicherheit, und je nach Intensität der Störung gab es Krach und Streß.

Auch heute noch mache ich mir solche schriftlichen Pläne, vor allem fürs Wochenende, nur ganz so tabellarisch sind sie nicht mehr. Ich starre immer noch oft auf den Kalender, um mich immer wieder davon zu überzeugen, daß da nichts Unerwartetes steht.

Auf dem Gymnasium sagten sie: «Das Würmchen wird sicher mal Statistiker», weil ich für allen möglichen Krempel Listen und Tabellen anlegte. Ich haßte schlechtgeputzte Schultafeln. Wenn man sie mit einem schlecht ausgespülten Schwamm reinigt, verschmiert man die Kreide bloß, statt sie wegzuwischen. Die Schmierspuren, die der Schwamm hinterließ, die waren so abenteuerlich quer über die Tafel gezogen, daß sie mich von der Schrift der Lehrer ablenkten. So wurde das Würmchen zum selbsternannten ehrenamtlichen Tafelputzer vor der Unterrichtsstunde, indem ich mit sauberem

Schwamm sorgfältig von oben nach unten meine Bahnen zog. «Little-silly-blackboard-cleaner!» rief Ines.

Obwohl wir in dieselbe 5. Klasse gingen, sprachen wir nicht mehr miteinander. Wir entwickelten uns so unterschiedlich: Ines wurde nun eine richtige Teenagerin mit all den Interessen, die Mädchen in dem Alter haben, wie Mode, Parties, Kino, Jungen und alles, was so gerade «in» war. Sie hatte eine Clique anderer Mädchen um sich, die mir immer wie Erwachsene vorkamen. Ja, und ich, ich war das Würmchen und ansonsten noch genau wie immer. Die Erwartungen meiner Umgebung stiegen, je älter ich wurde, aber ich konnte nicht mithalten.

Während der Schulzeit bekam ich oft Probleme mit meiner Handschrift. Während der ersten Klasse war es noch gegangen, da ich einen gewissen Vorsprung hatte und wir Zeit genug erhielten, die Buchstaben zu «malen». Aber dann, als sich das Tempo erhöhte, da wurde es schlimmer. War es, weil ich weder Rechts- noch Linkshänder bin? Ich kann nicht einmal spontan sagen, wo rechts oder links ist – nur, wenn ich auf meine Hand sehe: Auf der linken Hand habe ich eine Narbe, die wie ein «L» aussieht, also ein «Merkzettel» für links. Die Lehrerin der 3. Klasse keifte. «Du schreibst schlimmer als ein Junge! Steh auf und suche in der Klasse, ob du jemanden findest, der eine schlechtere Handschrift als du hat, dann darfst du dich wieder setzen!» Die Aufgabe war unlösbar. Ich lief im Klassenraum herum, und obwohl ich keine schlechtere Handschrift entdeckte (das konnte ich auch gar nicht entscheiden), sagte die Lehrerin nachher, ich solle mich setzen. Ich bekam oft meine Hefte mit saftigen Kommentaren betreff «Ordnung» gespickt zurück.

Schon in der Grundschule bemerkte ich, daß die anderen etwas gegen meine Stimme hatten. So laut ich auch im Affekt schreien konnte, so leise und mausepiepsig war die Stimme, wenn ich eine meiner seltenen Antworten gab. Das konnte man leicht mit Schüchternheit verwechseln, war es aber gar nicht. Wenn ich die Antwort weiß, sage ich sie heraus, egal ob einer oder tausend Leute zuhören. Meistens wußte ich aber nichts, schon gar nicht, ohne erst lange nachzudenken – und dann konnte ich logischerweise auch nichts sagen. Ich halte es für eine falsche Annahme, Kinder mit Autismus würden manchmal nichts sprechen, weil sie nicht *wollten* oder *Angst hätten*. Es ist ein Unterschied, ob man nicht will oder nicht *kann*.

Manche Lehrer sind miese Pädagogen. Ein paar, nicht alle, äfften Würmchens hingepiepste Antworten nach – vor allem ein älterer Englischlehrer, der außerdem noch Ohrfeigen austeilte, obwohl das verboten war. In Fremdsprachen war ich sowieso besonders schlecht. Ein anderer Lehrer benutzte Worte wie: «Du Schwachhirn! Du Windei! Dir ham'se wohl ins Gehirn geschissen!», wenn man was Falsches sagte. Eine Chemielehrerin begann oft den Unterricht mit: «So, wen wollen wir denn heute mal wieder quälen?», wenn sie jemanden abhören wollte.

Der Lateinlehrer brüllte, er würde seine «Hausaufgabenkeule» schwingen, wenn wir nicht endlich ruhig seien. Ich verstand damals nicht, wie er das meinte; denn ich sah nie, daß er eine Keule dabei hatte. Aber ich versuchte einmal, ein Bild einer solchen Keule zu zeichnen – und bekam in Kunst sogar eine «2» für diese «originelle Karrikatur» des Lateinlehrers.

Ein anderes Beispiel für Susannes zu wörtliches Verständnis von Sprüchen war «ins Fettnäpfchen treten», was ich laut Aussagen der anderen oft tat, ohne es zu merken. Das einzige Fettnäpfchen, das ich je gesehen hatte, war das kleine Döschen mit Pflegefett für meine Blockflöte, das in dem Flötenkasten in Schaumstoff eingebettet lag. Ich dachte immer, was reden die Leute für einen Blödsinn: In mein Fettnäpfchen konnte ich nicht *rein*treten, weil es viel zu winzig war. Außerdem war es ja unversehrt, also hatte ich nicht mal *drauf* getreten!

Solche Beispiele könnte ich reihenweise erzählen. Noch heute veräppeln mich Leute damit, daß ich zu dumm bin, manche Witze und Redewendungen zu verstehen.

Meine Stimme, was stört die Leute daran? Manchen ist sie zu laut, manchen zu leise, manchen zu schnell (wenn ich über was Interessantes erzähle), manchen zu langsam (wenn ich erst nachdenken muß). Manche mag auch der Inhalt des Gespräches stören. Als ich einmal eine Kollegin fragte, warum sie so gemein zu mir sei, obwohl ich ihr doch gar nichts getan habe, antwortete sie: «Wenn ich nur deine Stimme höre, könnte ich dir grad eins ins Freß'sche hauen!»

Sogar der Vater mag es nicht, wenn ich mit der Mutter in der Küche spreche; dann macht er die Tür zu. Für ihn ist alles, was ich mache, ein «störendes Geräusch», angeblich meint er es nicht persönlich.

Am schlimmsten ist das mit dem Lachen. Ich habe oft so einen furchtbaren Zwang zu lachen, und das tue ich dann auch, weil es gar nicht anders geht. Das ist genau so wie mit dem Salzwasser-aus-den Augen, nur andersherum. Die Leute reagieren dann blöd. Christopher hat mir erklärt, das ist so, weil sie nicht wissen, *warum* ich lache und weil es nicht an allen Orten und zu allen Zeiten passend ist.

Aber ich kann so schön schallend lachen, egal, ob es in meiner Wohnung ist, im Schwimmbad, auf einer Versammlung oder wenn ich alleine an meinem Arbeitsplatz sitze. Manchmal lache ich über ein lustiges Erlebnis, das Jahre zurückliegt und mir plötzlich wieder einfällt – oder über einen lustigen Gedanken, ein spezielles «Lachwort» oder etwas Komisches in meiner Umgebung, was auf die anderen gar nicht lustig wirkt. Manchmal lache ich auch nur so, weil ich mich lustig fühle, vor allem nach dem Trinken von Cola oder süßem Kaffee. Die *anderen* dürfen ja auch lachen, wenn *ich* nicht weiß, warum!

Bei Susanne kann manchmal ein Lachanfall nur durch ein komisch aussehendes Wort, wie ich es in Gedanken vor mir sehe, hervorgerufen werden. Einige besonders ergiebige Lachworte meines Lebens waren z. B.: Schneckenbohnen, Fettpflanze, Kassandrarufe, schal (im Sinne von «schales Getränk»), Hochwasser, Pilze, Speick (die Seifenmarke), oh-Schimmel!, frisch, Gerümpel, Lutschbonbon, Eierkäfer und Sackratten, gelb, Bio-Müll, Zwieback mit Rüsselkäfern, Scatman, Frau Ringel und das Maden-Ei, Koks etc. etc.

Als Kind konnte ich gut singen. Wenn ich alleine bin, mache ich das immer noch, aber als wir damals zum erstenmal unsere Stimmen auf Cassetten aufnehmen konnten, fand ich meine Stimme irgendwie blöd, und ich sang nur noch für Saaki und später überhaupt nicht mehr für andere.

Am liebsten sang ich in meiner eigenen «Privatsprache», die ich «Duadonisch» nannte und dem Uneingeweihten völlig unverständlich geklungen hätte, obwohl sie deutsche Elemente enthielt. Ich versuchte Saaki dazu zu bringen, auch Duadonisch zu sprechen, aber er kam nie über ein paar Worte hinaus, hörte aber gern zu, wenn ich sie sang. Die meisten Lieder waren monoton und voller Wiederholungen, oft begleitet von einfachen Klangstäben, die ich schlug, so daß sie etwas wie die «Joik»-Gesänge des Volkes der Samen in Nordskandinavien klangen. Dann konnte ich ganze Geschichten auf Duadonisch erzählen, und das war ein befreiendes Ventil für mich. Damals nahmen wir mehrere Cassetten davon auf, die noch heute erhalten sind.

Als ich fast schon volljährig war und nachts in den Wald lief, um im Tal am Aar-Bach herumzutanzen und den Mond «anzubeten», liebte ich es, dann in meiner eigenen Sprache zu singen. Als die Mama und ich neulich den Film «Nell» (mit Jodie Foster) im Kino sahen und danach die alten Cassetten hervorholten, war es einfach unglaublich, wie sehr die «Nell-Sprache», zumindest die der deutschen Synchronisation, dem Duadonischen ähnelte – zumindest der Klang, nicht die Worte. Und Nells Tanzen im Mondlicht oder Nebel am Waldsee, das sah fast so aus wie Susanne im Aartal.

Und so gesehen, auch ich habe mein Leben lang eine Art «verlorenen Zwilling» gesucht, d.h. jemanden, der so ist wie ich!

An jenem Abend, nach dem Kino, lief ich wie besessen hinab ins Aartal und schrie seit Jahren unterdrückte Duadon-Lieder heraus und tanzte so befreit wie schon lange nicht mehr, die Hände so hoch in der Luft wie ich wollte; während mir vor Erleichterung und Wehmut das Salzwasser aus den Augen lief.

«*Theory of mind*» und anderes

Besonders Kinder scheinen schon früh verblüffende Fähigkeiten darin zu entwickeln, selbst kleinste Abweichungen aller Art bei anderen zu entdecken.

Ich habe inzwischen etwas über den Begriff «Theory of mind» gelesen, und ich glaube, ich habe eine vage Vorstellung davon, was das sein soll. Ich wünschte, ich könnte einmal in das Gehirn eines anderen Menschen blicken, um zu sehen, wie groß und welcher Art der Unterschied zwischen unserer Denkweise wirklich ist. Es würde besonders interessant sein, in ein Kindergehirn zu gucken. So genau ich mich auch an die Ereignisse meiner eigenen Kindheit erinnern kann, so weiß ich genau, daß ich damals nichts besaß, auf das der Begriff «Theory of mind» irgendwie zugetroffen hätte. Ich würde gern einmal wissen, wie früh die Kleinen das entwickeln und wie es sich anfühlt, es zu besitzen.

Selbst wenn ich mit Nachbarskindern wie Ines zusammen war, so war ich auch, oder gerade dann allein – so als wenn ich auch äußerlich gesehen alleine gewesen wäre. «Autistic aloneness» nennen das die Fachleute. Die Eltern versuchten alles mögliche, mich mit anderen Kindern zusammenzubringen, drängten mich, etwas «Vernünftiges» zu tun, «sozial» zu werden. Sicher war es nur mit den besten Absichten, aber für mich war es der Horror.

Ich wurde jahrelang auf die Jugend-Musikschule geschickt, zu verschiedenen Kursen, aber es war eine einzige Quälerei. Als ob die normale Schule nicht ausreichte! Ich hatte Angst vor jedem Dienstagnachmittag, wenn Elementar-, später Flöten- und dann Gitarrenunterricht war. Der Lehrer bestellte mehrmals die Mutter, um ihr zu klagen, daß Susanne kein Wort sagte, wenn er mit ihr alleine üben wollte – andererseits aber nur Quatsch machte, wenn sie mit anderen in der Gruppe spielen sollte. Er behauptete, Susanne *wollte* nur nicht, obwohl sie *könnte*. Das mit der Gitarre war sowieso eine idiotische Idee. Ich mit meinen fummeligen «Wurzelfingerchen», wie der Lehrer sie bezeichnete.

Ich fing auch bei zwei verschiedenen Sportvereinen an, trat aber sehr schnell wieder dort aus. Abgesehen davon, daß ich viel zu Anton-tolpatschig war, ordentliche Sportübungen zu betreiben, so erinnere ich mich nicht daran, je auch nur ein einziges Wort mit den anderen Vereinsmitgliedern gewechselt oder gar ihre Namen gelernt zu haben. Sogar im Schwimmverein, obwohl ich es eigentlich sehr liebte, mich im Wasser aufzuhalten, war ich nicht elegant genug, um den Lehrer zufriedenzustellen.

So schwamm ich meine Bahnen entlang dem Beckenrand, plantschte und tauchte, wann ich wollte, und kümmerte mich weder um das Erlernen der verschiedenen Schwimmstile noch um die Kameraden, noch um die Teilnahme an Wettkämpfen.

Während der Schulsportstunden war es schlimmer. Wenn Partnerübungen angesetzt waren, wollte sie niemand mit mir zusammen machen. Susanne war ja schon immer etwas unberechenbar gewesen, was Reaktionen auf Berührungsreize anging. Ich ließ ja nicht mal die Mutter an mich ran, nur fürs Balgen war ich gern zu haben. Als ich noch kleiner war, hatte es bei uns ein all-abendliches Ritual gegeben, was den bei normalen Kindern üblichen «Gutenachtkuss» ersetzte: Die Mutter mußte Susanne mit etwas Spitzem in den Arm picken (als ob man einem Raubtier eine Betäubungsspritze gäbe). Das war unbedingt notwendig zum Einschlafen.

Wenn die anderen ihre Mannschaften für Gruppensport wie z.B. Handball oder Volleyball zusammenstellten, so wurde das Würmchen immer zuletzt in die Reihe gewählt. Dann während des Spiels bekam ich nie den Ball zugeworfen. Ich hatte sowieso Angst vor dem Ball, den ich prompt öfter ins Gesicht bekam, wenn ich nicht schnell genug auswich. Das ging mir alles viel zu schnell und wirkte aggressiv, und die Spieler bewegten sich schneller, als man gucken oder denken konnte.

Mit der Jugendlichenzeit kamen einige Veränderungen, auch in der Beweglichkeit. Ob das Training fehlte, das die Mutter früher mit mir gemacht hatte, oder ob die Pubertät selbst das verursachte, weiß ich nicht; jedenfalls wirkte Susanne nun deutlicher wie eine Schnecke und ein Tolpatsch.

Der Vater sagte, daß «die Leute Depressionen kriegen würden, wenn sie Susanne so herumschleichen sähen». Ein Sportlehrer an der Schule sagte, wenn er Susanne beim Laufen zusähe, müsse er kotzen. Die Sportübungen z. B. am Pferd, Barren und Sprungkasten wurden immer komplizierter, und allmählich bekam ich echt Angst davor. Zum Glück brauchte ich nicht immer teilzunehmen, weil ich eine chronische Nagelbettentzündung an beiden großen Zehen hatte. Es bereitete mir eine seltsame Genugtuung, abends vor dem Schlafengehen mit Stopfnadeln oder Scheren in dem matschigen Zeh herumzupopeln. Insgesamt 15 mal mußten beide Nägel gezogen werden, viermal davon mit versuchter Zerstörung des gesamten Nagelbettes, und ich guckte interessiert zu, wie die Ärzte das machten.

Die Fäden zog ich mir immer selbst. Jedes Mal wuchsen die Nägel wieder ein. Ich lief deshalb sogar im Winter mit Sandalen herum. Was für ein Witz: Den letzten Zehnagel zog ich mir selbst, zu Hause mit einer Geflügelschere ohne jegliche Desinfektionsmittel. Und seitdem ist nie wieder ein Nagel eingewachsen, wenn auch beide arg verkrüppelt aussehen.

Genauso war es mit den Warzen, die zur Pubertät auf den Handrücken auftauchten. Ich habe immer oft auf meine Hände geschaut, und die Warzen störten mich nun sehr. Ich versuchte, sie mit brennenden Räucherstäbchen wegzubrennen, aber sie kamen wieder. In einer Kerzenflamme erhitzte ich ein

Stück gebogenen Wunderkerzendraht, um tiefer brennen zu können, und die Warzen blieben verschwunden. Die runden Narben sieht man teilweise heute noch.

Wenn ich Pickel hatte und sie immer wieder aufriß, bis regelrechte Schürfwunden daraus wurden, schimpfte die Mutter und drohte, da würden häßliche Narben zurückbleiben. «Na und?» antwortete ich. Auf Aussehen habe ich noch nie Wert gelegt.

Ab der 5. Klasse hatte ich gar keine Kontakte mehr. Manchmal war ich in eine Schlägerei verwickelt; das schickte sich aber nicht für ein Mädchen. Kein körperlicher Schmerz hätte mich dazu gebracht, Salzwasser aus den Augen zu verlieren, aber es kam ganz schnell, wenn ich nicht verstand, warum die anderen über mich lachten – und so wurde das Würmchen ein lohnendes Ziel für Mobbing. Aber da muß ich sagen, obwohl wir nicht mehr zusammen spielten oder sprachen: Ines hat mich auch dann noch manchmal in Schutz genommen!

Ansonsten hatte ich ein ruhiges einsames Leben für mich alleine. Ich hatte genug anderes zu tun, als mich um «Kontakte» zu kümmern. Nicht, daß ich alleine war, war schlimm. Der Horror war, wegen dieses Paria-Daseins «verfolgt» zu werden und angedroht zu bekommen, zum Psychiater geschleppt zu werden.

Die Liste der Bezeichnungen und Schimpfwörter, mit denen man mich titulierte, ist lang. Das Wort «Autist» ist nur eines davon, und ich habe es schon in recht jungen Jahren zu hören bekommen. «Beschränkt, bekloppt, behindert, kopfkrank, Kindskopf, unsozial, sozialer Krüppel, Spasti, komisch etc. etc.»

Was mache ich den Leuten eigentlich Böses?! Ich will doch nur in Ruhe *leben*!

Während der Jugendlichenzeit (im Alter von 12 – 18 Jahren) wurde alles schlimmer, nicht nur das mit der Muskelkoordination. Ich hatte Angst vor den Menschen, von denen ich wie aus der Sicht der Außerirdischen dachte. Besonders vor dem Vater hatte ich Angst, daß er mich wegschicken würde, ins Internat oder Schlimmeres. Der Vater war so unberechenbar. Er pflegte seine Ansichten über Erziehung und Lebensweise wellenartig zu wechseln, und er erwartete, daß die ganze Familie mitzog. Die Mutter und Saaki besaßen genug Diplomatie und Geschick, dabei ohne größere Reibereien damit zurechtzukommen. Susanne, das dumme «schwarze Schaf» der Schäfers, war jedoch hoffnungslos überfordert mit einem Menschen, der einmal so, dann wieder um 180° verdreht schien. Ich kann ja langsam lernen und mich auf Neues einstellen und anpassen, aber dieses ständige Hin und Her war pures Gift für meine kleine Autismus-Seele:

War das derselbe Vater, der einmal rauchte wie ein Schlot, dann jahrelang gar nicht (und immer darüber sprach, wie schädlich das sei), und dann wieder rauchte, aufhörte, rauchte? Das gleiche galt fürs Essen: Ich kann mich nicht erinnern, meinen Vater jemals anders als entweder auf Freßtour oder auf Abmagerungskur gesehen zu haben, manchmal 20 kg auf einmal.

Einmal führte er bei uns die Vollwertkost ein, und mühsam freundete ich mich mit dem Frischkorn-Müsli an. Als ich dieses Essen dann nicht mehr missen wollte und es mir auch sehr gut bekam – Vegetarier bin ich sowieso – der Vater aber wieder die Süßigkeiten-Welle hatte, versuchte er, mir diesen «Gesundheitsfanatismus» madig zu machen. Den meisten Zoff gab es immer am Eßtisch: Ein, zwei Wochen lang waren «Tischmanieren» angesagt, und wehe, man benutzte das Buttermesser nicht oder pulte das Brötchen aus (wie ich es immer tat, um das weiche Innere erst zu Kugeln zu rollen und dann zu essen) oder hielt das Besteck nicht richtig – und wehe, es rutschte einem das Wort «Scheiße» oder so raus!

War diese autoritäre Phase vorbei, gab es Narrenfreiheit. Man konnte mit dem Essen herumsauen, wie man wollte, oder gar nicht erst zum Essen erscheinen. Saaki und ich krabbelten unter den Tisch und pappten ausgespucktes Essen auf das Kreuz, das die Tischbeine stützend verband. Da wurde im Unterhemd am Tisch gesessen und gerülpst, während die Woche davor noch im feinen Hemd mit Schlips feine Eßkultur geübt wurde (bei Susanne jedoch ohne Erfolg).

Der Vater hatte immer soviel zu arbeiten und daher kaum Zeit für anderes. Ich weiß noch, wie die Mutter immer sauer war, wenn sie sogar sonntags alleine mit Saaki im Kinderwagen und Susanne nebendran zum Spazieren losschieben mußte. Herr Günter würde immer mit der Familie mitgehen, meuterte sie. Aber man kann eigentlich einem Menschen schlecht übelnehmen, wenn er arbeitet, um seine Familie zu ernähren, oder? Immerhin brauchte die Mutter dafür nicht arbeiten zu gehen. Und *heute* weiß ich, daß der Papa einer der ehrlichsten und zuverlässigsten Menschen ist, den man sich denken kann – nicht immer konsequent und berechenbar, aber was er verspricht, da kann man sich drauf verlassen!

Damals wußte ich das nicht und war sogar froh, daß er sich so wenig um die Familie kümmerte; denn *wenn* er es tat, dann gab es nur Salzwasser-aus-den-Augen. Ich bin sicher, ich hätte sogar in der Schule ein Jahr sitzenbleiben können. Er hätte es nicht gemerkt, wenn die Mutter es ihm verschwiegen hätte. Aber einmal, als ich gerade besonders schlecht in der Schule war und in der 8. Klasse einen blauen Brief nach Hause bekam, da meinte er wohl, er müsse mal in die Kindererziehung eingreifen: Nun wurde alles abgepaukt – Mathe, Bio, Latein, Englisch, Geschichte, Deutsch und was weiß ich nicht alles noch. Ich kapierte gar nicht, was er überhaupt wollte, weil er sich doch sonst nie für meine Schulsachen interessiert hatte. Zum Glück währte auch diese Phase nicht lange.

(Liebe Leser, falls Sie ein Kind wie Susanne haben: Einer der schlimmsten Fehler, die Sie machen können, ist eine inkonsequente Erziehung!)

Auf dem Schulhof standen die Jugendlichen meistens in kreisförmigen Gruppen zusammen und quatschten, und die Mädchenkreise schielten zu den Jungengruppen herüber. Mich interessierte das alles nicht. Außerdem hatte ich keine Lust, mir von den «Pferden» (wie ich die üppig gebauten großen

Mädchen insgeheim nannte) auf die entzündeten Zehen trampeln zu lassen, wenn sie sich abrupt bewegten.

Aber die Lehrer hatten der Mutter am Elternsprechtag gepetzt, daß die Susanne immer alleine über den Schulhof liefe. Wegen dieser Sache bekam ich zu Hause mehr Druck gemacht als wegen jeglicher Leistungsmängel. So versuchte ich, mich zu den Cliquen dazuzustellen, damit die Pausenaufsicht sähe: Susanne steht nahe bei den anderen; sie ist nicht allein; sie ist sozial. Aber irgendwie kam ich nie in den Kreis hinein, obwohl sie mich auch nicht direkt davonjagten. Der Kreis blieb geschlossen, aber wenn *andere* dazustießen, dann öffnete sich der Kreis automatisch, und sofort war der Neuankömmling mitten drin im laufenden Gespräch.

Ich wußte gar nicht, wo ich hätte mitreden können. Die anderen waren ja nur an total langweiligen und unwichtigen Dingen interessiert und nicht an all den interessanten Objekten, die es im Weltraum gab. Meine Klamotten, in denen ich mich wohl in meiner Haut fühlte, schienen aus der Altkleidersammlung zu stammen. Die einzigen Schuhe, in denen ich ausreichend Standbein hatte, waren Bauerntrampel-Quadratlatschen. Die anderen hatten Diskofummel und Stiefel mit hohen Absätzen an.

Keiner der umschwärmten «süßen Jungs» konnte irgendwelche sexuellen Gefühle in mir wecken; nicht mal über das, was im Fernsehen oder Kino lief, hätte ich mich mit den anderen unterhalten können; denn auch das sah ich mir nicht an.

Außerdem verstehe ich nicht die Hälfte von dem, was die Leute sagen, erst recht nicht bei dem immensen Hintergrundrauschen von Stimmen, wie es an Schulen ständig vorherrscht. Ich weiß nicht wieso. Es ist nicht so, daß ich die Worte nicht hören würde …wenn ich mich anstrenge, kann ich alle einzelnen Worte hören. Aber das Gerede, mit dem die Leute den größten Teil des Tages verbringen, das verstehe ich kaum. Am besten geht es noch mit wissenschaftlicher Sprache, z.B. bei naturkundlichen oder medizinischen Vorträgen.

Klar, ich habe in meinem Leben auch einige Redewendungen gelernt, die ich, habe ich sie einmal gerafft, stolz versuche, wann immer es geht, in meine Sätze einzubauen. Damals versuchte ich auch, ein paar Brocken der «Jugendsprache» aufzuschnappen. Aber oft ging es daneben, wenn ich sie zu benutzen versuchte. «Das paßt jetzt nicht hierher», «halt's Maul, du verstehst ja eh nichts davon» o. ä., das waren Standardsätze, die ich oft zu hören bekam.

Ich weiß, ich bin ein dummer Papagei. Manchmal habe ich, um überhaupt etwas sagen zu können, zitiert, was andere in ähnlichen Situationen gesagt haben – in der Hoffnung, es würde «passen». Aber das tat es nicht immer.

Einer meiner jüngeren Mit-Lehrlinge motzte einmal, sie sei es leid, dieses zu hören. «Kannst du dir nicht selbst was zum Babbeln ausdenken?! Man bräuchte dir nur rote Federn in den Arsch zu stecken, dann wärst du ein echter Papagei!» Da lachte ihre Freundin, die dabei stand, während ich selbst ernsthaft darüber nachgrübelte, warum es ausgerechnet *rote* Federn sein sollten und nicht irgendeine andere Farbe.

Im Zentrierraum nennen sie mich auch manchmal «Papagei»; manchmal wegen meiner Kleidung, manchmal, weil Susanne, wenn sie lustig ist, so eine «Stimme macht», die sie an einen Vogelschrei erinnert. Und dann äffen *sie mich* nach!

Wenn ich früher meine Spezialworte dauernd wiederholte, weil ich sie einfach immer nur sagen wollte, dann wurde der Vater wütend. Ich erinnere mich an zwei besonders schlimme Episoden im Alter von ca. 7 Jahren, als ich einmal das Wort «Kugelschreiber» neu entdeckte und dauernd wiederholte oder ein anderes Mal das Wort «vergammeltes Ei» (weil Harald mir an einem Morgen von seinem Frühstücksei erzählt hatte, das «vergammelt» gewesen sei). «Sagst du es nochmal?! Sagst du noch *einmal* «vergammeltes Ei?!» brüllte der Vater, die Hand gefährlich nahe vor meinem Mund. Es war spätabends, und eigentlich wollte ich das gar nicht mehr sagen, weil es schon am Tage Ärger gegeben hatte. Aber ich verstand den Vater so, als fordere er mich auf, das noch *einmal* zu sagen, sonst würde er mich hauen. «Vergammeltes Ei» quetschte ich widerwillig hervor – und hatte im selben Moment die Hand im Gesicht. Oh, es war so ungerecht!

Dasselbe gilt bei kleinen Fehlern in den Bewegungen, die die anderen «Tics» nennen. Ich muß mich so oft unterdücken, darf mich nie so frei und ausgelassen bewegen wie mir ist. Kein Wunder, daß sich meine Muskeln allmählich immer mehr angewöhnt haben, gegen meinen Willen zu versagen. Manchmal passe ich nicht so auf, besonders bei Aufregung, Streß oder überschießender Freude. Dann heißt es gleich, jetzt spinnt Susanne wieder, jetzt kriegt sie wieder «Anfälle» o. ä. Das ist sehr gemein und ungerecht. Und wenn ich nicht schnell und fließend genug in meinen Bewegungen bin, dann liegt das daran, daß ich mir jeden Schritt vorher bewußt überlegen muß. Bis Christopher Gillberg mir dies vor gar nicht allzu langer Zeit erklärte, hatte ich gar nicht gewußt, daß das bei anderen *nicht* so ist. Bei denen funktioniert alles automatisch!

Speziell wenn früher die Mutter mit mir unterwegs war und sie meinte, sie dürfe sich nicht mit dem Kind blamieren, dann hielt sie nicht zu mir, sagte den Leuten, Susanne würde sich nur gerade jetzt so unmöglich benehmen, sonst wäre sie ja ganz anders … und sie sah dabei so merkwürdig aus, so fremd. Auch die Stimme war eine halbe Tonlage zu hoch und irgendwie so ganz anders als wenn sie mit mir sprach, wenn wir alleine waren.

Beim erstenmal, als mir das auffiel, trank sie gerade eine Tasse Kaffee mit einer Bekannten zusammen. Ich glaubte da wirklich, in dem Moment säße da eine andere Person als die Mutter, und es war fürchterlich.

Seitdem assoziiere ich jedesmal, wenn einer, den ich gut kenne, plötzlich einen Stimmungswechsel von «wohlwollend» zu «abweisend-böse» vollzieht, oder wenn jemand nicht ehrlich ist, dies mit dem kaffeetrinkenden Gesicht der Mutter von damals. Und daher nenne ich es «Kaffeegesicht», wenn mir eine vertraute Person plötzlich so falsch und fremd vorkommt.

Aus Susannes Teenager-Tagebüchern

Seit ich 13 Jahre alt war, habe ich eine Art «Tagebücher» über alles, mit dem ich beschäftigt war, geschrieben. Es sind 40 Hefte und 10 dicke Kladden voll. Sie sehen wesentlich sauberer als meine Schulhefte aus. So war es mit all meinen privaten Sachen. Während ich die Schulbücher mit unzähligen kleinen Malereien vollschmierte, Seiten zerfetzte oder Löcher hineinbrannte, so waren meine Tagebücher, Fotoprotokolle und astronomischen Aufzeichungen super-ordentlich.

Ich habe diese Tagebücher nun erneut durchstöbert, um Stoff für dieses Buch hier zu finden, aber da fast nichts über andere Menschen darin steht, kann ich nur wenig davon gebrauchen. Aber gerade dieser Mangel an Aufzeichnungen sagt auch etwas über die Situation damals aus: Ich war viel mehr beschäftigt mit Dingen, die mit Menschen nichts zu tun hatten.

Im großen und ganzen dreht es sich um meine größten Abenteuer, die ich in der Astronomie erlebte. Ich schrieb über das, was ich aus Büchern erfuhr, später über das, was ich am Nachthimmel beobachtete. Ich beschrieb genau jede einzelne Vorstellung, die ich im Stellarium in Düsseldorf-Hochdahl besuchte, so, wie die anderen ins Kino oder in die Disco gingen. Ich lebte praktisch nur so von einem Stellarium-Ausflug bis zum nächsten.

Später, in Arolsen, da schrieb ich über all die Nächte, die ich draußen mit dem Teleskop war, oftmals mitten im Wald, wohin ich das Teleskop samt Stativ auf dem Rücken schleppte, weil dort der Nachthimmel noch schwärzer war. Manchmal machte ich Astro-Aufnahmen von Sonnenuntergang bis zum Morgengrauen und entwickelte die Fotos in der Schule.

Was für eine großartige Zeit war das! Ich kann es nicht sein lassen, davon zu schwärmen.

Manchmal schlief ich im Garten, wenn ich zu faul war, wieder durchs Fenster in meinen Raum zu klettern – aber auch wenn ich vor dem Frühstück und zu meinen wichtigen Morgenstunden zurück war, der Mutter gefiel das nicht.

Die Nacht im Wald ist eine ganz andere Welt als am Tag. Ich fühlte mich nur am Sternenhimmel, wo ich alles genau kannte, wo Ordnung und alles berechenbar war, zu Hause. Die Sterne waren meine Freunde; sie brauchten keine Worte, und sie bedrohten mich auch nicht. Alle Informationen, die wir über die Sterne bekommen, erhalten wir über das Licht – und andere elektro-magnetische Wellen.

Es ist eine wunderbare Schönheit im Universum.

Fast alle Gestirne sind *Kugeln* – und sie bewegen sich auf Kreisbahnen (genauer gesagt, auf annähernd kreisförmigen Ellipsen, jedenfalls auf *runden* Bahnen). Die Monde kreisen um die Planeten, die um die Sterne kreisen, die um das Zentrum der Galaxie kreisen. Die Galaxien bewegen sich um das Zentrum des Galaxienhaufens, dem sie angehören, herum. Die meisten Himmelskörper rotieren außerdem noch um ihre eigene Achse. Ich habe ja immer eine Vorliebe für kreisende und runde und leuchtende oder glänzende Dinge gehabt.

Außer den Murmeln habe ich auch noch alles mögliche andere Runde gesammelt – angefangen von den kleinen Kügelchen, die an der Spitze von Tintenpatronen sitzen, über Karnevals-Pistolen-Munitionsringe, Räder aus Saakis Baukästen und kleine Gummibällchen bis hin zu den durchsichtigen Plastik-Kugeln, die ich in den Deo-Rollern der Mutter entdeckte und zu deren Mißvergnügen herauspulte, noch bevor der Deo-Roller leer war.

Noch im Alter von ca. 13 Jahren konnte ich gerne mein Fahrrad umgedreht aufstellen und die Räder wie ein Spinnrad drehen, während ich büschelweise Gras am Reifen zerrieb. In der Schule spielte ich am liebsten mit dem Zirkel, den ich auf dem Tisch tanzen und regelrechte Pirouetten drehen ließ.

War *das* vielleicht der Grund dafür, daß ich von der Astronomie so gefangen war? Ich dachte oft an rotierende Sonnensysteme und zeichnete unzählige davon.

Ansonsten schrieb ich jeden Herbst ein ausführliches Kapitel über das Pflücken von Äpfeln, Birnen, Brombeeren, Haselnüssen, Walnüssen und Holunderbeeren. Schon in Unterbach, wo es besonders viele Brombeerbüsche gab, fand ich keine Ruhe, bevor ich nicht alle Brombeersträucher in Hausnähe abgeweidet hatte. Ich trug sie eimerweise nach Hause, und die Mutter kochte Marmelade davon. Leider esse ich keine Marmelade, aber Hauptsache, die Brombeeren waren abgepflückt.

In Arolsen und Umgebung gibt es mehr wilde Himbeeren und außerdem ein herrliches Tal mit Apfelbäumen, um die sich kaum einer kümmert. Dieses Tal ist mein ganz persönliches Paradies. Jeden Oktober/November fährt die Mutter mit mir dorthin, und wir pflücken hübsche, reife Äpfel dort. Wir haben lange Stangen mit einem Säckchen an der Spitze, und wir füllen viele Körbe mit Äpfeln, zumal wir noch andere Stellen mit halbwilden Apfelbäumen kennen. Ich werde es nie leid, Äpfel zu essen. Im Herbst ernähre ich mich fast ausschließlich von Äpfeln. Es ist so traurig, wenn dann im neuen Jahr die letzten Vorräte aufgebraucht sind. (Ob das der Grund dafür ist, daß ich mich im Februar/März immer mehr oder weniger deprimiert fühle – im Herbst dagegen so glücklich?)

Dann freue ich mich auf den nächsten Oktober, doch vorher kommt noch die Erdbeer-Zeit. Dann gehen wir auf das Erdbeer-Selbstpflück-Feld. Dort pflückt die Mutter für unseren Eimer, und ich pflücke für meinen Magen. Ich esse dann mindestens drei oder vielleicht auch fünf Kilo Erdbeeren auf einmal. Dann muß ich immer lachen, als hätte ich mich besoffen.

Mein Magen, das Faß ohne Boden – manchmal kann ich fressen und fressen, ohne daß da ein Gefühl der Sättigung eintritt. Daß ich nicht dick dabei werde, liegt wohl daran, daß ich viel schwimme und arbeite und auch Tage habe, an denen ich weniger esse. Ich trinke auch gerne viel (keinen Alkohol!), aber die Mutter meint, soviel sei gar nicht gesund. Früher sagte sie, ich sei vielleicht zuckerkrank, weil ich soviel trinken würde.

Dieses Jahr gab es keine Erdbeeren in Arolsen, weil es so trockenes Wetter war; das war aber traurig. Auch in X-Stadt gibt es viel zum Pflücken: wilde Pflaumen, Äpfel, Birnen, Brombeeren, Schlehen und Walnüsse. Es gibt auch riesige Mengen Weintrauben dort, aber die darf man nicht pflücken, und die mag ich sowieso nicht.

Die Mama sagt, Susanne hätte besser bei den Neanderthalern als heute gelebt. Die Neanderthaler pflückten und sammelten, um sich zu ernähren, und sie hatten kaum eine verbale Sprache, sicher keine komplizierte, falls überhaupt. Sie hatten Rituale und waren wenig flexibel, was Veränderungen und das Lernen von Neuem betraf. Aber aus diesem Grunde starben sie ja wahrscheinlich letztendlich aus.

Ob Autismus eine Remutation zu den Steinzeitmenschen ist?

Ein kleinerer Teil meiner Tagebücher befaßt sich mit genauen Beschreibungen des Feuerwerkes zu Sylvester, Johanni oder meinem Geburtstag. Außerdem gibt es einige Beschreibungen von Urlaubsreisen mit der Familie. Bis zu meinem 16. Lebensjahr fuhren wir jedes Jahr in dasselbe Sommerhaus auf *Tåsinge* in Dänemark.

Dort hatte ich es gut. Es war ruhig und isoliert vom Rest der Welt. Ich schrieb genau auf, wieviel Dorsche und Schollen wir angelten und an welchem Ort, bei welchem Wetter und Wellengang. Die einzigen richtig guten Erlebnisse, die ich je gemeinsam mit dem Vater hatte, fanden auf dem Meer statt, wenn nur wir beide mit dem motorisierten Schlauchboot unterwegs waren und ich steuern durfte – oder nachts, als wir einmal bei klarem Himmel die Milchstraße und Meeresleuchten sahen. Aber in den Ferien gab es auch Probleme, weil der Vater dort viel mehr Gelegenheit hatte, Susanne zu beobachten.

Als Saaki noch klein war, verreisten die Eltern mit ihm jeden Januar für 1 – 2 Wochen nach Bayern, während die Oma Iserlohn auf Susanne aufpaßte. Die Oma war ziemlich vertraut mit Susanne. Wenn sie da war, hatte ich es gut. Sie bereitete die ganze Woche meine Lieblingsessen zu, und wir gingen jeden Nachmittag eine Runde um den See.

Es hieß immer, die Winterferien seien vor allem ein Geschenk für die Mutter zum Erholen. Da wäre Susanne gewiß im Wege gewesen? Ich selbst war auch viel lieber zu Hause in der vertrauten Wohnung, statt in einer ungemütlichen fremden Pension übernachten zu müssen. Das mit der Ferienhütte in Dänemark war da doch eine ganz andere Sache!

Als die Eltern und Saaki mich Jahre später, als ich 15 war, einmal mit nach Bayern nahmen, war die ganze Reise ein einziges Unglück für mich. Das fing schon am Nachmittag vor der Abreise an: Mit voller Absicht hatte ich mich in den breiten Bach am See geschmissen, obwohl es eisig kalt war; einfach nur so, weil ich gerade Bock darauf hatte. Entgegen den Prophezeihungen der Mutter bekam ich keine Erkältung oder Lungenentzündung.

In der Pension fühlte ich mich ungemütlich. Gleich zu Anfang ging das Theater los, als ich auf der Speisekarte nichts Eßbares finden konnte. Etc. etc.... Es gab jeden Tag irgendeinen Zoff. Ich bestand nur noch aus offenliegenden Nerven zu der Zeit. Ein gutes «Ventil» war, saftig auf den Boden zu spukken, doch das wiederum zog neues Gemecker nach sich.

Meine ersten Tagebücher waren merkwürdigerweise noch in der 3. Person geschrieben, aber im Alter von 15 Jahren hatte ich selbst den Eindruck, das sähe komisch aus, und so korrigierte ich meine Schreibweise.

Hier also einige wenige Auszüge, die mit menschlichen Kontakten bzw. Nicht-Kontakten zu tun haben:

13 *Jahre:* Über mein Verhältnis zu den anderen Schülern gibt es nicht viel zu sagen. Um nicht als Außenseiter dazustehen, tat ich ab und zu, als ob ich an deren Gesprächen interessiert sei, weil meine größte Angst war und ist, daß die Lehrer wieder der Mutter erzählen könnten, daß ich die ganze Zeit alleine sei.

In den Pausen versteckte ich mich in den Fluren der Schulgebäude, auf den Toiletten oder draußen in den Büschen. Die anderen sagten, das Würmchen sei kindisch, aber gleichzeitig stand ich weit über ihnen und bewahrte meine Individualität. Die da mit ihrer Mode und ihrer Hammelherdenhaftigkeit! Eigentlich war ich zufrieden, zumindest hatte ich nachmittags meine Ruhe.

Nach dem ersten Besuch im Stellarium: «Ich war wohl der jüngste Teilnehmer der Vorstellung, aber fachlich besser informiert als die Erwachsenen. Unten in der Halle war gerade Disco-Fete mit lauter Musik und Getanze. Ich sah vom Stellarium herab und fand es arg lächerlich, wie die da herumhüpften, und dann auch noch so eng aneinandergedrückt!»

«Gestern hatte ich ein tolles Erlebnis: Es war ein ‹Tag des sekundigen Wetterwechsels›. Ich saß auf dem Birnenbaum, es war sonnig und fast wolkenlos. Von einem Moment zum nächsten wurde es dunkel, und plötzlich war Gewitter.» (Dies war wohl auch ein Zeichen mangelhaften Zeitgefühls, dessen die Leute mich öfter bezichtigen: Wetter wechselt nicht innerhalb einer Sekunde!) «Ich sprang vom Baum herunter, rannte mit dem Gesicht gegen den herrlichen Wind, und vor dem Haus wälzte ich mich in den Matschpfützen, die sich dort gebildet hatten. Ich war sehr froh. Aber die da, die noch im Haus wohnen, die motzten irgendwas. Denen rotz' ich vor die Füße!»

Vor dem Umzug, 15 Jahre: «Eigentlich ist es ja gut, von der Schule hier wegzugehen. Ich werde die Menschen da nicht vermissen. Aber es ist so furchtbar traurig, so weit vom Stellarium weg zu wohnen.»

Neu in Arolsen: «Am Anfang in der Schule wollten sich welche aufdrängen; die kamen sogar bis zum Haus der Familie. Ein Mädchen wollte mich zum Schwimmen abholen. Ich schwimme ja gerne, aber ich wußte nicht, wie das zusammen mit fremden Leuten gehen sollte. Ich wußte nicht, was ich sagen sollte, und so kam Salzwasser aus den Augen. Das Schlimmste war, daß die Mutter das wieder mitgekriegt hat. Jetzt meint sie wieder, ich hätte sie nicht mehr alle und müsse «therapiert» werden.

Die Jugendlichen von nebenan hatten neulich eine Party im Garten. Es waren ganz viele Leute gekommen, lachten laut und machten seltsame Spiele und rollten sich alle auf einem Haufen im Gras. Da konnte ich aber nur noch gaffen. Was für einen Sinn soll sowas haben, und wie soll das lustig sein?

Ich selbst habe mein Leben in der Astronomie gefunden. Das Stellarium ist aber 200km weit weg, doch hier kann ich dafür besser die echten Sterne am Nachthimmel beobachten.

Mit den Gleichaltrigen werde ich wohl nie etwas zu tun haben, weder in Düsseldorf noch in dem Kuhkaff hier. Ich mag es auch gar nicht, weil es so anstrengend ist. Alleine bin ich wohl glücklicher.»

Sommer 1983: «Ferien von den Menschen! Immer, wenn wir nach Dänemark fahren, bin ich die Leute so leid. Die Mitschüler, Nachbarn, die aufdringlichen Freunde Saakis und die Lehrer. Während der Ferien hat man den größten Abstand.» «Diesen Sommer bekam ich nur eine Postkarte von Oma Bubi. Egal. Ich brauche keine Menschen.»

Als die Mitschüler auf zweiwöchige Kursfahrt gingen: «Oh, ich bin so erleichtert! Ich muß nicht mit auf die Kursfahrt! Der Kampf hat sich gelohnt!»

«Dies war die letzte Ferienwoche. Ich hatte es so gut hier. Das einzige, was fehlt, sind noch mehr Ferien. Schule bedeutet nicht nur Zeitverlust, sondern auch, mit den Klassenkameraden zusammenzukommen. Wie soll ich das aushalten, ohne daß die es merken, daß ich anders bin?» (Und dann folgte gleich hinterher eine seitenlange Beschreibung übers Himbeerpflücken und wie viele Gläser Marmelade das ergab. Das war ja viel interessanter als die Schule.)

«Nun habe ich mich einmal in der Nähe der Klassenkameraden aufgehalten, damit die Mutter mir nicht vorwirft, keine Freunde zu haben. Ich muß ständig Angst haben, daß sie jemanden aus meiner Schule trifft, weil hier in Arolsen alles viel kleiner ist und die Wahrscheinlichkeit dadurch größer als in Düsseldorf ist, daß ihr jemand was über mich petzt. Hier sind sogar Saakis Freunde zu «groß» für mich. Überhaupt ist es so ungemütlich alles. Wenn ich nachmittags von den anderen in der Schule weggehe, atme ich erleichtert wieder auf, weil ich dann nicht länger versuchen muß, ein anderer zu sein als der ich wirklich bin. Die merken ja doch, daß ich nicht dazugehöre, aber wenigstens gibt es hier keine Schlägereien.»

16 ½ *Jahre:* «Ich habe meine erste eigene Schallplatte gekauft; elektronische Musik von Jean-Michel Jarre. Solche Musik spielen sie im Stellarium! Die Mutter half mir, die Platte zu kaufen. Sie sagt manchmal, Susanne sei wohl in der Entwicklung zurück, ein «Spätzünder» – dabei zünde ich das Feuerwerk immer pünktlich an. Aber ich glaube, ich bin nun dabei, ein richtiger Jugendlicher zu werden. Jedenfalls fange ich an, mir Platten zu kaufen, und das tun die Jugendlichen normalerweise! Saaki hat schon viele Platten mit Pop-Musik, obwohl er erst 9 ist. Er ist wohl ziemlich früh in der Entwicklung.»

«Nachts ist es so herrlich. Ich denke oft an das Stellarium. Ich wünsche mir nichts so sehr, wie einmal die Erde verlasssen zu können und den Planeten zu finden, von dem ich stamme. Ich bin zu verschieden von den anderen hier, als daß ich auf der Erde geboren sein könnte.»

«Die Mutter meckert immer, ich solle mehr rausgehen. Aber ich gehe nur raus, wenn etwas zu ernten ist. Ich sagte ihr, ich gehe doch nachts raus, aber sie meinte, da würde man nicht braun von. Aber ich gehe lieber nachts als tags raus, außer wenn ich Sonnenbeobachtungen angesetzt habe oder wenn Nebel ist. *Ich* wärme mich nachts am Feuer der Sterne und Galaxien; das reicht aus!»

Ende der 12. Klasse, 1984: «Ich mache nichts für die Schule. Ich habe keine Verbindung zu den ‹Kameraden›. Das ist nur gut, weil es ungeheure Mengen an mentaler Energie kostet, zu versuchen, auch nur halbwegs zu wirken wie die da. In der Pause halte ich mich nun im Gebüsch hinter dem Sportplatz auf.»

«Diese Woche ist wieder die große Kirmes hier. Ich gehe da nur hin, weil die Mutter mir Bonbons kauft und vor allem wegen der Karussells. Am besten sind die, bei denen man auf dem Kopf steht und geschleudert wird! Die Mutter bezahlt mir etliche Fahrten, obwohl es ziemlich teuer ist. Sie sagt, das sei es ihr wert, ‹Susanne mal richtig strahlen zu sehen›. Sterne strahlen, aber Menschen doch nicht! Menschen gibt es in großer Menge auf der Kirmes, und die strahlen nicht; die lärmen und drängeln.»

«Warum interessiere ich mich bloß so gar nicht für das, was die anderen interessiert? Warum verstehe ich nicht, wie die das meinen, was sie sagen? Die sind alle so ‹erwachsen›. Ich bin auch nicht daran interessiert, was die ‹Liebe› nennen. Ich weiß, ich bin ‹klein›, aber andererseits weiß ich soviel über das Universum, viel mehr als die anderen. Da kann ich doch nicht ‹zurückgeblieben-im-Kopf› sein?»

1984/85: «Sylvester saß ich nicht vor dem Glotzophon wie der Rest der Familie, sondern schrieb ein DIN A4-Heft voll mit meiner Astrofoto-Dokumentation für den Kunstkurs. Das war die gemütlichste Beschäftigung für eine Sylvesternacht, die ich mir vorstellen kann. Herrlich war auch das Feuerwerk…»

Nach der Abitur-Prüfung: «Ich hatte nichts für die Abi-Prüfung gelernt, nur mehrfach vorher davon geträumt. Ich hatte so viel zu tun mit meinen Astro-Diafilmen (...), daß ich keine Zeit hatte, Schulstoff zu üben. Egal. Ich hätte sowieso keine *Zeit* gehabt, alle Fragen zu beantworten, selbst wenn ich es vom Wissen her gekonnt hätte. Nun haben sie noch 6 verschiedene Abi-Feten angesetzt; da geh ich aber nicht hin. Ich feiere auf meine eigene Weise.»

Außer diesem Tagebuch führte ich noch ein spezielles «Traum-Buch», in dem ich alles aufschrieb, was ich nachts geträumt hatte. Ich konnte mich immer sehr gut an viele spannende, bunte Träume erinnern, weil ich so einen leichten Schlaf hatte und meist auch zwischendurch dauernd aufwachte. Viele Träume handelten von dem, was ich tags und nachts erlebte und von dem, was ich in Büchern las. Ich schrieb alles auf. Ich schien mein ganzes Leben dokumentieren und konservieren zu wollen.

Manchmal, wenn es bewölkt war, ich aber z. B. eine bestimmte Mondphase unbedingt fotografieren mußte, stand ich jede Stunde auf, um nachzuschauen, ob die Wolkendecke aufriß und um auf des Nachbarn Apfelbäume zu klettern. Diese Aktionen flossen dann in die Träume des folgenden, kurzen Schlafes ein. Manchmal war es schwierig zu erkennen, was man wirklich gemacht und was man geträumt hatte.

Chaos, Paranoia und Verzweiflung

Während aller Zeiten gab es auch schöne Erlebnisse, sogar während meiner Jugendlichenzeit. Ich hatte meine Sterne. Ich liebte die verschiedenen und wiederkehrenden Ereignisse im Jahreslauf: Strandbad von Mai bis September, unsere Dänemark-Ferien, dann die Erntezeit und dann die Adventszeit, in der ich jedes Jahr Kugelsterne aus glänzenden Folien bastelte, einen Freßkalender bekam und es köstlich duftende Plätzchen und Stollen gab. (Wie etwas riecht, das war auch immer wichtig.) Das Weihnachtsfest war nicht so gemütlich, weil das mit dem Geschenkauspacken so blöd war und allgemeine Unruhe im Haus herrschte.

Meine Familie hatte zwar kaum Kontakt zu irgendwelcher sicher vorhandenen Verwandtschaft, ausgenommen zu den Großeltern, von denen heute nur noch die Oma Iserlohn lebt. Aber bereits *eine* zusätzliche Person bringt Unruhe mit sich. Außerdem haßte ich es, im «Rampenlicht» unter dem Tannenbaum musizieren zu müssen, während der Vater im Hintergrund im Dunkeln mit der Kamera lauerte und ätzende Kommentare abgab. Also, romatisch war das nicht gerade.

Dagegen war jede allnachmittägliche Teestunde, die ich mit meinem Wellensittich (den ich von der Oma Bubi erbte, die so genannt wurde, weil sie stets einen Wellensittich besaß, der Bubi hieß), zusammen zelebrierte, ein wahres, besinnliches Fest.

Nach Sylvester gab es allerdings erst mal wenig, auf das man sich freuen konnte, erst wieder auf die Osterferien.

Gewiß, es gab auch gute Momente. Aber die Jugendlichenzeit war oft so schlimm, daß ich mich nur noch an Verzweiflung, Geschrei, den Geruch von kaltem Schweiß (wahrscheinlich mein eigener Angstschweiß) und Salzwasser-aus-den-Augen erinnere. Da bestand ich nur noch aus supraleitenden Nervenbahnen und bekam am Schluß volle Panik, vor lauter Krampf an Sauerstoffmangel zu ersticken. Und erst die Schande und das total ausgelaugte Gefühl mit Kopfschmerzen, wenn alles vorbei war!

Ich wußte selten hinterher, wie das entstehen konnte. Gewiß waren es anfangs irgendwelche unerwarteten Ereignisse oder unverständliche Worte von anderen, die als Auslöser fungierten, die Angst machten. Dann hätte ich mich selbst an die Wand klatschen oder den Arm kaputtbeißen können. Aber irgendwo war dann ein Punkt, an dem es gar nicht mehr um den Auslöser ging. Salopp gesagt, Susanne heulte nicht mehr, weil es um ein konkretes Problem ging. Susanne heulte, weil es ihr schlecht ging, weil sie nicht mehr da herauskam und weil sie das alles nicht erklären konnte.

Ich weiß nicht, es ist so schwierig, darüber zu schreiben. Das Schlimmste ist, mir geht es auch heute noch manchmal so. Ich habe Angst, daß das nie ganz aufhören wird. Das scheint fast so etwas wie ein «Naturgesetz» zu sein. Wenn eine Zeitlang mal Ruhe war, muß sich das irgendwie «entladen». Wohl mir, wenn ich dann gerade zu Hause bin und nicht irgendwo unterwegs!

Ich weiß nicht, ob das damals schon dasselbe war, was Christopher heute «Katatonie» nennt, aber es könnte erklären, warum Fremde manchmal meinten, Susanne sei krank oder habe Epilepsie.

Die Mutter sagt, zu jener Teenager-Zeit war Susanne so «abgeschirmt», daß nicht einmal sie, die Mutter, an sie herangekommen wäre. Damals hatte ich nicht mal positiven Kontakt mit dem Bruder, der mir auch so fremd und kaffeegesichtig vorkam, wenn er mit seinen Altersgenossen zusammen war.

Ich hatte eine Wahnsinnsangst, die Eltern würden mich wirklich in die Psychiatrie stecken, wie angedroht. Da würden die mich sicher festbinden und voll Tabletten stopfen und meine Persönlichkeit zerstören, dachte ich. So wenig ich auch mit meinem eigenen Leben in der Gesellschaft zurechtkam, so wenig wollte ich aber wie die anderen sein.

In einigen Science-Fiction-Romanen las ich über Gehirnwäsche, Gedächtnislöschung und durch irgendwelche Maschinen oder hypnotische Kräfte bewirkte Persönlichkeitsumkehrungen – und ich dachte, so etwas Ähnliches würde mich auch beim Psychiater erwarten.

Oder *hatte* man derartiges bereits in der fernen Vergangenheit mit Susanne angestellt, und war sie deshalb jetzt so anders? Oder kam ich wirklich von Proxima Centauri oder irgendeinem anderen Stern?

Sobald ich irgendetwas hörte von wegen «Kontakt-Handicap», schrillten bei mir die Alarmglocken. Die größte Angst hatte ich, wenn die Mutter vom Elternsprechtag aus der Stadt kam und von den Lehrern gehört hatte, Susanne sei immer alleine und sage außerdem kein Wort im Unterricht.

Selbst wenn ich alleine in der Wohnung war, fühlte ich mich irgendwie beobachtet, so als ob die Eltern geheime Videokameras oder Wanzen in den Wänden versteckt hätten. Außerdem versteckte ich die Tagebücher; denn wenn die jemand gefunden hätte, das hätte mir den Rest gegeben. Ich konnte nie die Menschen durchschauen, aber ich fühlte mich immer, als ob sie *mich* durchschauten, und das versuchte ich zu verhindern. Kaum jemand kann nachvollziehen, wie das ist, ein Leben lang eine fremde Rolle spielen zu müssen, ohne den Text oder die Rahmenhandlung zu wissen! Wie stark ist der Mensch?

Viele, viele Jahre später, 1996 und in einem anderen Leben, fragte mich einmal auf einem Autismus-Kongreß ein Facharzt, ob ich denn nie psychisch krank geworden wäre? Er meinte, diese sekundären Auswirkungen, dieses ewige Verleugnenmüssen der eigenen Identität, dieses Nie-man-selbst-sein-dürfen, dazu die Angst – das sei fast schlimmer als der Autismus selbst, solange er nicht diagnostiziert ist. «Wie hast du das nur ausgehalten?!» fragte er. Da hätte ich diesmal fast vor Erleichterung Salzwasser aus den Augen verloren – weil das endlich jemand mal kapiert hat, wie das für mich gewesen sein muß!

Nun, ich *habe* es ausgehalten; so gerade noch. Die Sterne und meine Musik haben mich getröstet. Aber hätte man mich damals wirklich zum Psychiater gebracht, hätte man sicher «Schizophrenie» oder sowas diagnostiziert. Wenn das auch ganz was anderes als Autismus ist, so kann man es bei oberflächlicher Betrachtung leicht verwechseln. Neulich habe ich etwas über Schizophrenie gelesen, und ich muß zugeben, da hätten mir nur noch die Halluzinationen gefehlt, und das Bild wäre komplett gewesen. (Halluzinationen hatte ich aber nur im Bett.)

Im Alter von 14 Jahren wollte ich abhauen, bevor sie mich «abholten». Aber wo sollte ich hin? «Draußen» war es ja noch viel schlimmer. Von mir aus wollte ich gar nicht von zu Hause weg. Aber ehe sie mich «auslieferten», wäre ich lieber gestorben oder weggelaufen. Wenn ich die Eltern im Wohnzimmer reden hörte, dachte ich immer, es ginge um Susanne.

Manchmal hörte ich auch genau die Worte. Dann ging es wirklich oft um Susanne, so daß man nicht alles auf «paranoide Vorstellungen» schieben kann. Ein bißchen gesunde Paranoia ist manchmal ganz angebracht in dieser Gesellschaft.

Ein Jahr lang schlief ich mit einem kleinen «Überlebenspäckchen» und einer Vorratstasche unter dem Bett, die ich für alle Fälle gepackt hatte, falls ich hastig fliehen müßte. Saaki wußte Bescheid, aber er verriet den Eltern nichts.

Dann bekam ich den Wellensittich, und den hatte ich richtig lieb. Er war ebenfalls ein kleiner Papagei, er flatterte ausgelassen mit den Flügeln herum, und wir stießen um die Wette Vogelschreie aus – darunter auch denselben Schrei, den ich manchmal heute noch in der Firma oder zu Hause in Arolsen loslasse, wenn alles lustig ist. Bis zu seinem frühen Tod (als ich gerade 19 wurde und meine Lehrzeit anfing) war der Wellensittich mein bester Kumpel. Wenn ich hätte fliehen müssen, wäre es mir sehr schwer gefallen, ihn zurückzulassen.

In Arolsen war es ruhiger als in Düsseldorf. Ich hatte in dem neuen Haus, das viel mehr Platz bot als die Wohnung in Düsseldorf, ein Zimmer, das wie geschaffen für mich war. Es lag abseits von den anderen Räumen, mit einem extra abgetrennten Zugang von der Diele her. Ich hatte sogar ein eigenes kleines Duschbad! Die nagelneue Tür zu meinem Raume war allerdings bereits nach vier Wochen kaputt: Als ich mich einmal in meinem Zimmer eingeschlossen hatte, nachdem ich die Mutter wohl aufgeregt gemacht haben mußte, warf sie sich, die überall als sanftmütig und körperlich nicht gerade stark gilt, so heftig dagegen, daß das Schloß aus dem Rahmen brach. Ein schreckliches Geräusch! Ich finde es immer schlimm, wenn was kaputt geht!

Da es im Haus nur Erdgeschoß und Keller gab, konnte ich schnell aus dem Fenster springen, wenn unerwartet Besuch kam oder wenn ich nachts in den Wald ging.

Bei dichtem Nebel lief ich gern draußen umher. Ich liebe die Nebelwelt: Sie ist klein, weil man nicht weit sehen kann (und damit auch keine störenden Dinge) und dennoch unbegrenzt, weil der Nebel keine festen Grenzen bildet. Man kann sich im Nebel verstecken, und es ist dann sehr still im Wald.

Ich wurde ein bißchen ruhiger, wenn es auch immer noch Zoff wegen «keiner-wußte-weshalb» gab. Das heißt *ich* wußte es wohl manchmal, aber das konnte ich keinem erklären; sie hätten mich für verrückt erklärt. Es ist nicht ungewöhnlich, daß Jugendliche Streit mit ihren Eltern oder Schulprobleme haben. Der Unterschied bei Susanne war, daß die *Ursache* für all dies so unverständlich für die Umgebung gewesen sein mußte – genauso unverständlich wie es die Umgebung für Susanne war. Soviel steht fest: Es handelte sich nicht um normale «Pubertätsprobleme».

Es gab auch oft Zank darüber, wie ein Satz korrekt lauten

mußte bzw. Mißverständnisse in diesem Zusammenhang, z. B. verstand die Mutter nie, daß sie sagen sollte: «Heb das da mal vom Boden auf!» statt zu fragen: «Kannst du das nicht mal aufheben?», was ich mit «ja» beantwortete, aber mich sonst nicht weiter rührte. Natürlich *konnte* ich das aufheben, ich war *fähig*, das aufzuheben. – Daß in dem Fragesatz die Anweisung verborgen war, ich *solle* das aufheben, wie sollte ich das ahnen? Wenn man mir deutlich klar macht, was ich tun soll, so mache ich das in der Regel auch, es sei denn, ich bin gerade mit etwas anderem beschäftigt; das muß ich dann zuerst abschließen.

Einmal waren wir bei Oma Bubi, und ich entdeckte Schimmel in ihrer Gießkanne und lachte mich halb kaputt. «Hach, so Omas sind doch Schweine!» schimpfte die Mutter halblaut. Ich, noch immer jubelnd, daß ich wieder einmal eine Sauerei entdeckt hatte (an sowas kann ich mich heute noch köstlich ergötzen), äffte sie nach: «Hach, so Omas sind doch Schweine!» Die Mutter: «Ja, das sag ihr aber bloß mal!» Und ich spritzte sofort los, um der Oma zu sagen, daß sie ein Schwein sei. Die Mutter ahnte wohl, was jetzt folgen würde, fing mich noch rechtzeitig ab und schimpfte, ich solle bloß den Mund halten. Aber sie hatte mich doch extra aufgefordert, der Oma zu sagen, sie sei ein Schwein! Und wie sollte ich «den Mund halten»? Ich konnte mir wohl kaum den Mund aus dem Gesicht reißen und in die Hände nehmen. Grenzenlose Rätsel!

Solche Anekdoten könnte ich hunderte erzählen. Obwohl auch ich einige solcher Rätsel lösen lernen konnte, es kommen fast täglich noch neue dazu. Außerdem war und ist es schwierig für mich, wenn etwas Geplantes *abgesagt* wird oder wenn jemand sagt: «*Vielleicht* werden wir ...», was dann auch heißen kann: «*Vielleicht* aber auch *nicht*.»

Ich will immer wissen, womit ich rechnen muß. Dann kann ich mich sogar auf Ungewöhnliches einstellen, kann Ausnahmesituationen bewältigen, auch wenn ich nicht unbedingt glücklich dabei bin und es viel Energie erfordert. Es gibt Menschen, denen ist es völlig egal, ob sie sich in einer bekannten oder in einer Ausnahmesituation befinden. Es gibt sogar welche, die sagen, sie *brauchen* immer mal was Neues, etwas Abwechslung.

Wenn Riesenzoff war, versuchte mich die Mutter einige Male festzuhalten und zu umarmen, schüttelte mich dabei und schrie: «Du-bist-so-eis-kalt!» oder ein anderes Mal: «Du hast ja nur Sterne und deine Apfelesserei im Kopf!» oder «Sind wir überhaupt existent für dich? Du liebst deine (Astro)bücher mehr als uns!» Aber ich war stärker und konnte mich losreißen. Obwohl der Vater selten zu Hause war und wenig davon mitbekam, sagte er, wenn Susanne sich nicht bald ändern würde, käme sie niemals in der Gesellschaft zurecht.

Er wurde wütend, wenn ich wie üblich im Rahmen der Wohnzimmertür stehenblieb, statt hereinzukommen. Aber ich wußte nicht, was ich dort machen, über was ich reden oder wie ich überhaupt erst anfangen sollte. Sie wollten ja doch nicht hören, was mich interessierte. Ich hatte Angst, etwas falsch zu machen, ohne zu wissen, warum es falsch war. Wenn ich mich vor irgendetwas erschreckte und zusammenfuhr, hieß es gleich: «Leute, die schreckhaft sind, haben ein schlechtes Gewissen!»

Die Mutter klagte, ich solle doch mehr Kontakt zum Vater suchen. Ich könnte alles von ihm haben, was ich nur wollte, wenn ich ihn nur darum fragen würde. Aber ich hatte keine Wünsche an ihn. Außer dem astronomischen Jahrbuch und ein paar leeren Cassetten fielen mir nicht mal zu Weihnachten Sachen zum Wünschen ein. Selbst wenn ich Wünsche gehabt hätte, so hätte ich niemals den Vater darum gebeten. Meinen *Frieden* wünschte ich mir.

Die eben genannten Leercassetten brauchte ich, außer für meine Duadon-Lieder, um die einzige Fernsehsendung, die mich je interessiert hat, aufzunehmen: «Star Trek (Raumschiff Enterprise)!» Ich verfolgte mit großem Interesse solche Geschichten über Telepathie (das war das, was die anderen Leute haben mußten und was ich nicht hatte) und Außerirdische, über Einzelkämpfer, die ausgestoßen waren, weil sie «anders» als ihr Volk waren, und über intelligente Roboter und Androiden. Die Androiden aus den Filmen trafen oft bei Menschen auf ähnliche Reaktionen wie Susanne bei den «Normalen». Sie bekamen ebenfalls nachgesagt, sie hätten keine Gefühle. Aber im Film wurde deutlich, sie hatten welche. Manchmal glaubte ich, ich müsse ein Androide sein. Dafür sprachen auch das geringe Schlafbedürfnis und das Schmerz- und Kälteempfinden. Aber Androiden sind klüger als ich. Sie brauchen sich auch nicht um Eß- und WC-Rituale zu kümmern.

Ich las nie Unterhaltungsliteratur außer einiger ausgewählter Science-Fiction, und ich habe inzwischen eine große Sammlung Star-Trek-Bücher. Damals hörte ich mir die Cassettenaufnahmen immer und immer wieder an, obwohl ich längst jedes Wort auswendig kannte und die akustische Qualität sehr schlecht war. Aber um einen Film richtig zu verstehen, reichte es nicht aus, ihn einmal im Fernsehen zu *sehen*. Es war einfach zuviel auf einmal: die schnell wechselnden Bilder, die Dialoge, die Filmmusik ... Zu jener Zeit war des Vaters bestes Druckmittel, Susanne zu irgendetwas zu bewegen, die Drohung, die Enterprise-Cassetten zu löschen. Aber die Mutter beschwichtigte ihn, das sei *zu* hart, die Cassetten seien doch Susannes «ein und alles».

Als ich 13 war, kam der erste Kino-Star-Trek-Film, und die Mutter fuhr mit mir hin. Hinterher fragte mich jemand, wie denn der Film gewesen sei. Ich antwortete: «Blau. Und die Filmmusik war schön!»

Der Film war wirklich *blau* gewesen. Der Großteil der Handlung spielte sich in einem großen, blau leuchtenden «Nebel im Weltraum» ab – und das war so ziemlich alles, was nach dem ersten Filmgucken bei mir im Gedächtnis geblieben war. Beim nächstenmal schmuggelte ich dann den Cassettenrecorder mit ins Kino. Dann konnte ich mir zu Hause in Ruhe alles anhören, so oft ich wollte. (Auf die gleiche Weise zeichnete ich übrigens auch die Vorstellungen im Stellarium auf.)

Wenn Star Trek im Fernsehen kam, mußte ich das Wohnzimmer für mich alleine haben. Ansonsten hielt ich mich fast nie im Wohnzimmer auf, und wenn, dann saß ich nur auf meinem eigenen Stuhl, den ich von meinem Zimmer extra herschleppte. So ist es auch heute noch, wenn ich zu Hause bin, aber es ist vielleicht nur einmal im Jahr, daß ich im Wohnzimmer sitze.

Schon als Kind war ich wütend geworden, wenn jemand meinen Stammplatz am Eßtisch wegnahm oder wenn die anderen ihre Sitzreihenfolge vertauschten, besonders wenn Besuch kam. Schon zur Grundschulzeit begann ich beim Essen Schutzmauern aus Milch- und Müslipackungen u. a. um meinen Platz herum zu bauen und brüllte «gaff nicht!», wenn mich jemand zu beobachten schien. Als Saaki dies nachzumachen begann, schimpfte die Mutter: « Oh nein, *du* machst das nicht! *Du* bist nicht *so*!» Hatte sie damals schon halb resigniert, dies je der Susanne austreiben zu können, und konzentrierte sie sich darauf, wenigstens noch den Bruder zu «retten»?

Während der Jugendlichenzeit hörte ich dann ganz auf, mit der Familie zu essen, sonst hätte ich sicher ein Magengeschwür bekommen. Ich nahm mir meinen Teller oder die Schüssel mit in mein Zimmer – husch-husch – und konnte in Frieden futtern. Ich bekam sowieso immer extra zubereitetes Essen, da fiel das gar nicht so sehr auf. In der Schule aß ich gar nichts, außer mal einen Apfel oder einen Knabberriegel auf der Toilette. Ich hatte ein einzelnes WC in einem Seitengang des Schulgebäudes entdeckt, das nie benutzt zu werden schien. Dort schloß ich mich in der Pause ein. Ich halte es ansonsten lange ohne Essen aus, aber nicht ohne Trinken; da kriege ich voll den Rappel.

Solange ich denken kann, gab es immer Ärger wegen des Essens. Die Eltern störte es, daß ich zu wenig, zu langsam und zu einseitig aß. Ich zählte eher die einzelnen Erbsen auf meinem Teller statt sie zu verzehren. Bis heute hat es niemand geschafft, mir beizubringen, wie man anständig mit Messer und Gabel speist. Ich kann es nicht sein lassen zu kleckern, weshalb ich immer eine Rolle mit Einwegtüchern in greifbarer Nähe stehen habe. Aber das ist schließlich egal, weil ich ja sowieso nicht zusammen mit anderen esse. In meiner Wohnung habe ich einen Satz Besteck mit superdicken Griffen (gut für dappige Hände) und einen einzigen Teller, das langt. Die sollen sich nicht so aufregen. In Indien oder anderswo ißt man z. B. nur mit der Hand!

Die Mutter hat oft bei verschiedenen Anlässen gesagt: «Man darf das alles gar nicht anderen Leuten erzählen, die glauben ja, du bist bekloppt.» Sie findet es unmöglich, daß ich nicht mit den anderen am Tisch sitzen kann. Das sei «unsozial». Aber ich halte den Streß nicht aus, in der Nähe von anderen zu essen, auch nicht in der Firma, in die ich erst, seit ich meine eigene Pausenecke habe und die Kollegen wissen, daß sie mich nicht stören sollen, wieder Proviant mit hinnehme. Ich kriege Bauchweh, wenn ich beim Essen erschreckt werde, und sei es auch nur durch unerwartetes Ansprechen.

Das mag jetzt seltsam klingen, aber obwohl ich einen Eßtisch immer noch mit Familienzank assoziiere, so spielt Essen eine ganz wichtige Rolle in meinem Leben. Ich halte mich für einen echten Genießer, verstehe nicht, wie die Leute eine Mahlzeit bewußt aufnehmen können, wenn sie dabei von Gesprächen, Zeitunglesen oder der eingeschalteten Glotze abgelenkt werden. Außerdem scheinen die meisten Leute kaum noch einen natürlichen Geschmack zu haben, weil sie sich längst ihre Zunge mit Salz verätzt haben, so stark schmeckt normales Essen nach Salz. Pfui Deibel, ich esse fast gar kein Salz, da muß man ja noch mehr von trinken!

Seit ich alleine essen darf, geht es mir auch viel besser, und mein angeblich so einseitiger Kostplan ist mir bislang bestens bekommen. Wie mir die Mediziner bestätigten, habe ich ein überstarkes Immunsystem, das mich bis jetzt vor jeglicher Krankheit bewahrt hat. Ich esse weder Fleisch noch Fisch, mag aber gerne Milch, fettiges Eis und Käse, am liebsten norwegischen Braunkäse. Ich esse nur Brot, das die Mutter mir aus selbstgemahlenem Weizen und Roggen backt, oder selbstgebackene Kekse. Am liebsten mag ich Äpfel, aber auch andere Pflanzen, immer nur eine Sorte auf einmal, aber dann eine ganze Schüssel voll davon. Ich kann zusammengemischtes, suppen- oder breiförmiges Essen nicht ausstehen. Ich rauche nicht, trinke keinen Alkohol (den vertrage ich gar nicht), höchstens etwas Rum im Gebäck.

Meine Lieblingsgetränke sind Cola light, Tee und seit neuestem auch «Käffchen» aus Eine-Tasse-Kaffee-Portionsbeuteln. Ich brauche kein Ecstasy o. a. Drogen, um den «Kick zu kriegen», denn ich reagiere stark genug auf Coffeinhaltiges, jedenfalls, wenn ich es direkt nach dem Schlafen trinke.

Abi, rundes Glas und Vereinsmeier

Ich wurde 18 Jahre, und wie all die anderen Jahre davor (ausgenommen in der Grundschulzeit) wurde es nicht gefeiert. Für mich bedeutete die Volljährigkeit höchstens zwei Dinge: Jetzt durfte ich selber Feuerwerkskörper kaufen, und vielleicht konnte man mich jetzt nicht mehr so leicht zum Psychiater bringen. Vor der Abiturprüfung 1985 hatte ich keine besondere Angst. Vielmehr erinnere ich mich an etwas ganz anderes, was mir während jener Wochen Sorgen bereitete: Ich wußte nicht, ob ich ungestört meine «Morgenstunden» verbringen konnte. Das Frühstück pflegte ich mir schon am Abend vorher ins Zimmer zu stellen. Da der Unterricht gewöhnlich nie vor 9.30 Uhr begann, ich sehr früh aufstand und die erste Aktivität des Tages der Gang zum Freßnapf war, hatte ich danach eine Menge Zeit zum Ruhen und Kräftesammeln.

Diese Morgenstunden waren insofern das wichtigste «Ritual» des Tages, daß es entscheidend war, nicht dabei durch Klopfen an der Tür o. ä. gestört zu werden – dann war meist der ganze Tag kaputt. Der reinste Psycho-Terror war, wenn der Vater die Zwischentür zu meinem Teil der Diele aufließ und obendrein mit entsetzlich klackenden Schuhen auf dem Steinboden herumlief. Dann konnte ich an nichts anderes denken als an dieses Geräusch und daß die Zwischentür auf war. Ich glaube, hätte man mich dann *wirklich* durch eine versteckte Kamera beobachtet, sie hätten mich sofort zum Arzt gebracht.

Die Mutter versuchte mehrfach, die Klack-Schuhe zu verstecken; denn das waren ziemlich alte Schuhe. Irgendwie schien der Vater sie aber immer wieder hervorzuholen. Damals dachte ich, er macht das extra, um mich fertig zu machen.

Nun hatte sich auch noch der Klempner angesagt, denn der Wasserhahn in meiner Dusche war undicht geworden und sollte repariert werden. Dazu hätte er natürlich durch mein Zimmer gemußt. Was, wenn er so früh käme, daß er noch während meiner empfindlichsten Stunden des Tages durch mein Zimmer ginge?! Ich fragte verzweifelt die Mutter, immer und immer wieder, an welchem Tag und zu welcher Stunde der Klempner kommen würde, bekam aber nur zur Antwort: «an irgendeinem Vormittag im Laufe der nächsten Wochen.» Ich hasse unpräzise Zeitangaben. Es ist sowieso schon schwierig genug, sich Zeiträume vorzustellen! Es war furchtbar, jeden Tag mit dem Gedanken zu beginnen: «Vielleicht kommt heute der Klempner, vielleicht nicht – und dann geht es morgen wieder so los!» Ich hasse das Wort «vielleicht»!

So vergingen ca. 4 Wochen, während derer ich noch zwei Stunden früher als sonst aufstand, um ganz sicher ein paar ungestörte Morgenstunden zu haben, um fertig zu sein, wenn der Klempner käme.

Aber er kam nicht; ich wurde ständig unruhiger. Die Mutter rief erneut dort an, und da hatte er den Termin *vergessen*! Ich drehte fast durch – nun würde es weitere Wochen der Ungewißheit geben. Ich konnte an nichts anderes mehr denken. Schließlich hielt es die Mutter nicht mehr aus und bestellte den Klempner ab – nicht ohne mich auszuschimpfen von wegen geistesgestört und so – und erzählte dem Vater, daß sie selbst den Kran repariert habe. Das stimmte zwar nicht, aber der Vater prüfte das nicht nach, und so tropfte die Dusche solange, bis ich ein halbes Jahr später auszog. Erst dann konnte die Mutter wieder den Klempner bestellen, denn inzwischen wohnte Saaki in meinem alten Zimmer, und den kümmerte es nicht, ob der Klempner käme oder nicht.

Mit viel Glück schaffte ich das Abitur: Der Mathe-Lehrer akzeptierte meine Lösungswege. In Physik schrieb ich wie

immer eine sehr präzise Versuchsbeschreibung, was ein bißchen die Tatsache ausglich, daß ich es nie schaffte, zu interpretieren, was während des Experimentes geschah. Ich habe wohl
wenig Fantasie, nicht einmal wissenschaftliche Fantasie. Leider
gab es auf die Interpretation die meisten Punkte. Außerdem
konnte ich erst, wie bei Deutschaufsätzen, keinen Anfang
finden und dann keinen Abschluß, und wie üblich war ich zu
langsam.

Es muß eine rücksichtsvolle Person gewesen sein, die es mir
ersparte, in die *mündliche* Nachprüfung für Mathe und Physik
zu gehen, obwohl dies meine Noten eigentlich forderten.
Ebenso umging ich die mündliche Prüfung im vierten Fach
und lieferte stattdessen als einzige aus meiner Schule eine
praktische Foto-Arbeit ab, für die ich 8 Stunden Zeit im Foto-
labor bekam. Mit mündlichen Prüfungen hätte ich keine Chance gehabt, das Abi zu bestehen. Bis heute verstehe ich es nicht,
wie ich es immer geschafft habe, mündliche Prüfungen und
Referate, die gerade in der Oberstufe so wichtig waren, zu
umgehen. Ich nahm auch nie an Gruppenarbeiten teil.

Aber am Schluß des Halbjahres, wenn es vor den Zeugnissen
die sogenannten Notendiskussionen zwischen Schülern und
Lehrern gab, da war ich übel dran. Obwohl so ein gewaltiger
Unterschied zwischen meinen mündlichen und schriftlichen
Noten bestand, waren einige Lehrer bereit, in Susannes Fall
letztere höher zu bewerten, damit ich noch eine halbwegs gute
Endnote erhielt – aber da protestierten die anderen, speziell
diejenigen, die nur lallen, aber nicht gut schreiben konnten.

Das Resultat war dann, daß nicht etwa die Reklamierer ihre
Noten verbessert bekamnen, sondern daß Susanne sie herab-
gesetzt bekam, wenn der Lehrer dem Druck der Großmäuler
nachgab. Ich frage mich, was die davon hatten; das Würmchen
konnte doch nie eine Konkurrenz für jemanden sein!

Ich war selten aggressiv in der Schule, wenn auch oft Salzwasser aus dcn Augen kam. Aber ich konnte durch die ganze
Klasse toben, wenn z. B. der angekündigte Termin für cinen

Test plötzlich gestrichen oder auf einen anderen Tag verlegt wurde – oder wenn es störende Geräusche gab, während wir eine Klassenarbeit schrieben.

Ich mußte immer einen Doppeltisch für mich alleine haben, um mich richtig ausbreiten zu können. Mir ist bis jetzt noch jeder Tisch zu klein gewesen, sogar in meiner Wohnung, wo ich zwei große aneinandergeschoben habe. Am liebsten saß ich ganz hinten an der Wand oder am Fenster und war total unglücklich, wenn ich keinen solchen Platz erwischte. Das Fenster riß ich immer auf, egal welches Wetter draußen war, was mir zur Winterszeit nicht gerade Koseworte seitens meiner Mitschüler einbrachte. Meine Gier nach frischer Luft ist riesengroß, aber in Schulen riecht es penetrant nach Mensch.

Wenn ich gezwungen war, den Tisch mit einem anderen Schüler zu teilen, zog ich genau in der Mitte eine Linie mit dem Bleistift oder Taschenmesser und wurde wütend, wenn der andere diese Grenze verletzte, indem er sie mit seinen Büchern oder Ellenbogen überschritt oder sogar etwas von meinen Sachen anfaßte. So war es noch, als ich bereits die Berufsschule besuchte.

Ich wollte mich nach dem Abi nicht noch weiter herumquälen und auf keinen Fall studieren. Allein der Gedanke an die riesigen Uni-Komplexe schreckte mich ab, hatte ich es doch schon kaum geschafft, mich in der Oberstufe der kleinen Schule in Arolsen zurechtzufinden, wo man jede Stunde einen anderen Raum mit anderen Lehrern und Kursteilnehmern aufsuchen mußte, und wo ich oft genug nicht mitbekam, wann mal eine Stunde ausfiel, der Vertretungsplan geändert wurde oder was für Hausaufgaben wir machen sollten. Da stand ich dann wie der letzte Depp da.

Die Mutter meinte, ich solle doch Astronomie studieren, aber der Weg dorthin führt stets über ein Physikstudium – das hätte ich nie bewältigt. Ich konnte nicht einmal die einfachsten Versuche deuten, geschweige denn sagen, worum es sich bei dem aktuellen Unterrichtsstoff gerade handelte.

Ich konnte zwar die kompliziertesten Schaltkreise o. ä. aus dem Gedächtnis nachzeichnen, wußte aber nicht, was eine Diode, ein Transistor oder ein Widerstand ist. Physik-Leistungskurs, wohlgemerkt! Ich konnte ein ganzes Lexikon voll Astro-Daten oder reihenweise Nährstoff-Tabellen in meinem Kopf speichern – oder wie viele hundert Äpfel wir gerade im Keller liegen hatten, aber unsere eigene Telefonnummer oder wieviel Geld ich gerade auf dem Konto habe, sowas vergesse ich in dem Moment, in dem ich die Zahlen nicht mehr vor mir sehe. Mathe-Leistungskurs, wohlgemerkt!

Ich suchte mir unter sämtlichen Lehrberufen, die es in Deutschland gab, die Ausbildung zum Feinoptiker aus, die man nur in wenigen Städten absolvieren kann. Während ich in einem dicken Buch vom Arbeitsamt über all diese Berufe las, gab ein Traum den Ausschlag: Ich träumte von herrlichen glänzenden Glassplittern, die auf einen Haufen von Glaskugeln herabrieselten. Ich habe ja eine Vorliebe für runde Dinge, besonders für solche, die Lichtreflexe aufweisen. Nachdem ich über die Feinoptiker-Ausbildung und die Techniken zur Glasbearbeitung gelesen hatte, wußte ich, daß dies mein Beruf werden sollte. Linsen sind so hübsch (optische Linsen, keine Eß-Linsen)!

Ich teilte der Familie meinen Beschluß mit, indem ich eine Broschüre über die Feinoptiker-Ausbildung auf den Schreibtisch des Vaters legte. Er fragte, warum das Heft dort läge, und ich antwortete, das wollte ich werden. Die Eltern nahmen das erst nicht ernst; für diesen Beruf war nur ein Hauptschulabschluß erforderlich, aber gerade deshalb rechnete ich mir mehr Chancen aus, so eine Lehre schaffen zu können.

Die Eltern bekamen keine weiteren Erklärungen, trotzdem halfen sie mir, einen Ausbildungsplatz und eine Wohnung zu finden. So kam ich nach X-Stadt. Der Vater hatte alles organisiert, von den Adressen optischer Betriebe über Bewerbungsschreiben bis hin zum Vorstellungsgespräch. Mit so etwas hat er ja reichlich Erfahrung. Er sagte mir genau vor, was ich dem Personalchef erzählen sollte, sogar, wie ich erklären sollte, daß

Susanne vielleicht «etwas komisch wirke» – und ich zitierte ihn wörtlich und bekam den Ausbildungsplatz.

Um den psychologischen Test konnte ich mich erfolgreich herumdrücken, weil ich ja so weit weg wohnte. Außerdem waren damals noch Lehrlinge, die sich für *diesen* Beruf interessierten, Mangelware, so daß der Personalchef gar nicht wählerisch sein konnte.

Die letzte Bestätigung, daß meine Berufswahl zu 100 % richtig gewesen war, erhielt ich während der Firmenbesichtigung. Ich hörte nicht, was die Leute alles redeten, aber als der Meister der Optik-Werkstatt einen Schrank öffnete, in dem niedliche, exakt halbkugelförmige Linsen lagen, dazu Prismen, die in allen Spektralfarben schimmerten, und dabei erklärte, so etwas würde ich herzustellen lernen, da wußte ich es: Das war meine Arbeit.

Klar, daß es auch etliche Schwierigkeiten während der Lehrzeit gab, aber es war nicht mehr so schlimm wie auf der Schule.

Weil ich wohl etwas dumm und dappich wirkte, veräppelten mich die anderen Lehrlinge, jedenfalls zu Anfang. Aber als sie merkten, daß ich trotz der langsamen und «falsch» aussehenden Bewegungen gut mit den Händen schaffen konnte und gar nicht eingebildet auf das Abi war, da ließen mich die meisten in Ruhe. Vor allem Petra war ein prima Kumpel, zeigte mir z. B. wie ich mein Prisma schneller ausgeschliffen bekam und reparierte sogar mein Fahrrad, als es kaputt ging.

Mit dem Meister hatte ich weniger Probleme wegen der Werkstücke, dafür umso mehr mit der Sauberkeit am Arbeitsplatz. Gewiß muß bei mir alles seine Ordnung haben, aber *meine* Vorstellung von Ordnung stimmt selten mit der der anderen überein. Der Meister motzte, ich solle gefälligst meine Werkzeuge so griffbereit auf meine Trittbank legen, wie es alle anderen machten. Aber das ging allein schon deshalb nicht, weil ich immer die rechte und linke Hand abwechselte. Unter meiner Trittbank sah es ständig wie im Saustall aus, obwohl ich genau so ausfegte wie die anderen.

Wenn ich Linsen polierte, so pflegte das Poliermittel meine Finger heraufzuklettern, und kleine Polierpech-Stückchen klebten überall vom Gesicht bis zu den Sandalen, während die anderen fast saubere Finger hatten. Die anderen lachten, wenn Susanne sich von den rotierenden Schleifschalen «hypnotisieren» ließ, und weil sie gerne an dem Pech roch, sogar darauf herumkaute! Manchmal gab es einen großen Krach, wenn ich auf rotierende Teile von Maschinen starrte und dem Meister keine Antwort gab – da hatte ich ihn wirklich nicht sprechen gehört.

In der Firma war fast alles rund und drehte sich: die Schleif- und Polierschalen, die Fräser, die Zahnräder und Riementriebe – und das Schönste waren die Linsen selbst. Ich konnte wieder «mit Murmeln spielen», und diesmal wurde ich sogar dafür bezahlt. Als einziger der Lehrlinge trug ich Ohrstöpsel und wurde deshalb manchmal ausgelacht. Seltsamerweise hat mich der trotzdem noch beträchtliche Maschinenlärm ansonsten nie gestört. Er ist gleichförmig, ein permanentes Hintergrundrauschen. Dabei konnte ich sogar in der Arbeitszeit öfters einschlafen, sehr zum Amüsement meiner Mit-Lehrlinge und zum Ärger meines Meisters. In meiner Wohnung regt mich bereits jeder gerade noch hörbare Lärm auf, wenn er unregelmäßig ist und nicht dorthin gehört.

Ich hatte meine eigene Poliertechnik, die recht effektiv war, wenn man das Werkstück schnell «durchsichtig» polieren wollte: Ich legte mich mit meinem ganzen Körpergewicht darauf. Aber die Ebenheit der Oberflächen litt darunter. Der Meister schimpfte: «Deine Flächen sehen aus wie der ganze Kerl: chaotisch, nervös, zerrupft!» oder «Du zerstreuter Professor!» Er nannte auch uns Mädchen oft «Kerl» oder «Lehrbub». Früher hatte es wohl nur männliche Optik-Lehrlinge gegeben. Trotzdem war der «zerrupfte Kerl» am Schluß einer der Besten, wenn auch für jede kaputte Linse Salzwasser aus den Augen kam.

Wenn ich etwas nicht begriff, dann hatte ich eine gute Entschuldigung: Ich verstand den X-städter Dialekt nicht richtig.

In der Berufsschule war es leicht für mich; ich hatte manchmal sogar Gelegenheit, über Astronomie zu erzählen. Der Optiker-Lehrer war der erste nette Lehrer, den ich je getroffen hatte und der mir half, mich in der neuen Umgebung zurechtzufinden. Wenn mal Geschrei oder Salzwasser-aus-den-Augen im Klassenzimmer war und er mich hinterher fragte, ob ich Probleme hätte usw., dann schrillten bei mir die «inneren Alarmglocken» nicht mehr so laut wie früher. Die Eltern waren weit weg. Nun konnten sie sicher nicht beobachten, was für ein nicht-sozialer Außenseiter Susanne war.

Am Anfang war es ziemlich schwierig. Es dauerte ca. ein Jahr, bis ich mit meinem neuen Tagesablauf vertraut war. Ein freier Tag mitten in der Woche konnte mich völlig aus dem Konzept bringen. Es geschah mehr als einmal, daß ich an Tagen wie Himmelfahrt, Fronleichnam, 1. Mai oder Allerheiligen morgens aus reiner Routine zur Firma bzw. zur Berufsschule fuhr und mich erst vor den geschlossenen Toren wieder daran erinnerte, daß wir ja an dem Tag frei hatten. Da stand ich dann immer erst eine Zeitlang herum und wußte nicht weiter.

Alle vier Wochen fuhr ich nach Arolsen, jeweils für ein Wochenende oder für längere Ferien. Um die Zeit bis zum nächsten Besuch bei der Familie überblicken zu können, hatte ich einen «Kalender» ganz besonderer Art: Sobald ich wieder in X-Stadt war, kaufte ich bei ALDI mehrere Fahrrad-Ladungen voll Gemüsekonserven, die ich dann entlang der Wand in einer Reihe aufstellte, eine Dose pro Tag: montags Linsen, dienstags Rotkohl, mittwochs ein Gurkenglas, donnerstags Bohnen, freitags Sauerkraut, samstags Erbsen, und für sonntags ließ ich einen Platz frei, weil ich da frische Pellkartoffeln kochte. Das ganze gab es dann viermal = vier Wochen.

So konnte ich genau sehen, was es wann zum Essen gab, und gleichzeitig, wie lange es noch bis zur nächsten Reise nach Arolsen dauerte. (Zum Glück ist diese «Ära Dosenfutter» inzwischen vorbei. Damals konnte ich jedoch nichts anderes kochen.) Ich freute mich die ganze Zeit über auf die Fahrt nach

Arolsen. Nur wenn etwas mit den Zugverbindungen nicht klappte, wenn ein Zug verspätet war, so daß ich den Anschluß verpaßte, dann war großes Chaos.

Bahnfahren ist wunderbar, solange alles nach Plan läuft. Aber wehe, es kommt etwas Unerwartetes dazwischen. Wenn so etwas geschieht, verliert Susanne leicht die Orientierung. Es kam vor, daß das Bahnhofspersonal mich vom Bahnsteig aufsammelte, und wenn sie irgendwo in meiner Tasche die Telefonnummer der Familie fanden, riefen sie bei der Mutter an und erzählten von der Zugverspätung und Susanne.

Die Mutter sagte mir am Telefon, es sei doch gar nicht so schlimm, und sie würde mich dann später als abgemacht abholen. Weil ich nie ein Telefon benutzt hatte, war es merkwürdig, ihre Stimme so nah zu hören, obwohl ich doch noch am Bahnhof war – und *diese* Stimme hatte alles andere als ein «Kaffeegesicht». Wenn ich in Arolsen zu Besuch war, bekam ich immer noch mein altes Zimmer; das wäre anders unmöglich gewesen.

Ich träumte oft von Zugfahrten. Ich fühlte mich viel wohler im Betrieb als in der Schule, natürlich vor allem wegen der schönen Arbeit. Die anderen Lehrlinge verstanden nicht, wie man so eine «langweilige», monotone und dreckige Arbeit gerne machen konnte und wie man Linsen «lieben» konnte. Für die meisten von ihnen war die Lehre nur eine Notlösung gewesen, weil sie anderswo keine Stelle gefunden hatten. Manche versuchten auch, mich zu foppen, aber es war nicht mehr so gemein wie auf der Schule, ausgenommen ein paar der jüngeren Weiber mit den bösen Klatschmäulern.

Die anderen haben sich wohl daran gewöhnt, wie ich gehe, lache oder mich auf den Maschinen herumlümmele, statt aufrecht davor zu stehen. («Ei, was ist denn das für eine Arbeitshaltung?») Solange ich ordentlich arbeite, ist es okay, wenn es auch Jahre dauerte, bis der Meister mich in Ruhe ließ.

Manche sagen, Susanne könne «gut im Zirkus auftreten», aber ich weiß nicht, wie das gemeint ist. In der Optisch' gibt es nicht nur Gleichaltrige, sondern auch viele ältere Kollegen. Manche von ihnen tun so, als müßten sie mir die Eltern ersetzen, solange ich mich in X-Stadt aufhalte. Einige sind besonders nett. Sie schenken mir oft einen Apfel o. ä., und im Herbst bringen sie mir sogar ganze Tüten voll Äpfel mit, wenn sie im Garten genug haben.

Besonders Frau Böhme, die etwa so alt wie meine Mutter ist, half mir bei vielem, während ich bei ihr in der Kontroll-Abteilung war. Sie erklärte mir, wenn ich nicht verstand, was die gehässigen jungen «Damen» meinten, was ein Witz und was ernst gemeint war und sagte mir, wie ich mich in konkreten Situationen verhalten solle. Heute glaube ich, sie muß ein starker Empath sein. Sie hat keine psychologische Ausbildung o. ä., aber ich frage mich, wie sie soviel darüber wissen kann, wie die Menschen wirklich sind.

Manchmal, wenn sie an meinem Platz vorbei ging, zog sie leicht an meinen Nackenhaaren. Wie konnte sie wissen, daß ich es nur *dort* ertrug, angefaßt zu werden? Nicht einmal die Mutter dürfte mich woanders so weich anfassen.

Oft ist es lästig, wenn die anderen sich in mein Privatleben einmischen, indem sie erzählen, wie ich mich kleiden, das Haar kämmen, was ich essen soll und was ich zu tun habe, um «glücklich» zu werden.

Manche sagen, ihnen täten Susannes «arme Eltern» leid, weil sie so ein Kind wie Susanne haben, das immer gut dafür sei, irgendwelche dummen Dinge anzustellen, egal ob mit oder ohne Absicht. Andere sagen, sie verstehen nicht, daß die Eltern sich so wenig um Susanne kümmerten, daß sie «so ein Kind» überhaupt allein nach X-Stadt hätten gehen lassen. Gut, daß meine Eltern das nicht hören! Was hätte ich denn machen sollen; ich hatte doch keine Wahl! In Arolsen kann man kaum eine Arbeit finden; und außerdem *wollten* die Eltern ja, daß ich ausziehe, damit ich selbständig würde. Ich versuche täglich, sie in diesem Punkt nicht zu enttäuschen, aber manchmal denke ich, es geht nicht mehr.

Natürlich bekomme ich kluge Ratschläge, wie ich mir einen Mann angeln soll. Die anderen in meinem Alter sind längst verheiratet und haben teilweise schon ein bis zwei Kinder. Aber ich habe kein Verlangen danach, weder nach Sex noch nach Hochzeitsfeiern und erst recht nicht danach, die Wohnung mit einem anderen Menschen zu teilen. Manchmal aber war ich traurig, wenn ich meine Stoffe webte oder draußen Beeren sammelte und dachte, daß ich wohl nie Kinder haben würde, für die ich schöne weiche Handarbeiten herstellen würde oder urig-gesunde Nahrung zubereiten könnte.

Das waren alles sehr unrealistische Gedanken: Ich schaffte es ja mit Not, mich gerade selbst zu versorgen – wie sollte ich da noch die Verantwortung für ein Kind übernehmen und mich nebenbei auch noch mit einem Partner auseinandersetzen?

Anfang 1987 war es besonders schlimm. Ich fühlte mich nicht mehr so sehr von den Eltern bedroht, aber dafür dachte ich, während ich über die Sache mit den «sozialen Kontakten» nachgrübelte, daß ich immer älter wurde, ohne daß ich mich irgendwie weiter entwickelte, daß ich kaum anders war als mit 12 Jahren. Ja, es war sogar, als sei während jener schweren Pubertätsjahre irgendetwas verlorengegangen, als hätte ich mich nach einem schweren Schlag vor den Kopf nie ganz wieder erholt, als hätten die Psycho-Folterer aus den Science-Fiction-Romanen mir irgendeinen kleinen Winkel aus dem Gehirn gebrannt – und ich könnte mich nicht einmal mehr daran erinnern.

Ich war ein klein wenig angepaßter; immerhin hatte ich einen Job. Aber dieses Erwachsenenleben forderte sämtliche Kapazitäten; arbeiten und sich selbst mit dem nötigsten versorgen – mehr war nicht möglich. Ich lebte von einer Arolsen-Reise zur nächsten. Die Astronomie stagnierte, der Wellensittich war gestorben. Und dann begann ich zu denken, es sei etwas wirklich ganz und gar nicht in Ordnung mit Susanne. Während ich in der Firma war, hatte ich Beschäftigung. In der kleinen Wohnung mit den lärmenden Nachbarn, die mich halb wahnsinnig machten, kamen die Gedanken zurück. Ich weiß nicht genau, wie sich echte Depressionen anfühlen; aber das da 1987 könnten welche gewesen sein, vielleicht auch das in der Jugendlichenzeit, aber damals war es anders.

Ich konnte nicht mit Menschen zusammen sein, aber ich verlor die Fähigkeit, ganz alleine sein zu können. Was, wenn ich eines Tages nicht mehr nach Arolsen fahren dürfte? Die Energie der Kinderzeit war verschwunden, und meine Muskeln neigten noch eher dazu, zu versagen. Und noch etwas erwarb ich mir im Erwachsenenalter: die zweifelhafte Fähigkeit, *frieren* zu können.

Ich wollte mir und den anderen beweisen, daß ich es doch noch schaffen würde, in dieser Gesellschaft gut zurechtzukommen. Schon seit einiger Zeit hatten der Berufsschullehrer und Petra versucht, mich zu überreden, in den damals neu gegründeten Astronomie-Verein einzutreten. Ich dachte, dort gäbe es vielleicht Leute, die so wie Susanne wären. Ich ging hin und versuchte, sie kennenzulernen, hielt sogar manchmal einen Vortrag, bei dem ich meine Dias und Fotos vorführte.

Susanne «ging unter die Leute». Als die Mutter das zufällig herausfand, konnte sie es erst gar nicht glauben! Aber obwohl es schön war, mal astro-fachsimpeln zu können, konnte ich mit den *Personen* im Verein nichts anfangen. Manche kamen auch nur her, um ihr Bier zu trinken, und wenn die jüngeren Mitglieder sich mal außerhalb der Sitzungen privat trafen, war ich nie dabei.

Es gab noch drei andere Personen, die ich damals zufällig kennenlernte, als der Vogelschutzbund einen Info-Stand in der Fußgängerzone hatte. Ein Lehrer namens Gerhard sprach mich an, als ich mir gerade die Nistkästen, die sie verkauften, anschaute. Ziemlich aufdringlich, dachte ich und hatte Angst vor ihm. Er lud mich auf eine Vogelstimmen-Exkursion ein, und ich, auf dem Höhepunkt der Depression, sagte zu. Die folgenden Monate war ich noch mehrmals mit auf Ausflügen, auf denen wir die Natur betrachteten oder nachts auf ihrer Laichwanderung befindliche Kröten von der Landstraße aufsammelten – oder es gab einen naturkundlichen Vortrag im Vereinslokal.

Über Gerhard lernte ich auch seine Frau Anni kennen, die Psychologin ist (als ich das erfuhr, bekam ich einen Riesenschreck), und den über 70jährigen Herrn Meyer, der die Nistkästen alleine baut, obwohl er nur einen Arm richtig benutzen kann. Ich weiß nicht, ob man diese Kontakte «Freundschaft» nennen konnte. Wie lautet die Definition für diesen Begriff? Es steht nicht im meinem Lexikon, wie oft man sich pro Jahr treffen muß, um das «Freundschaft» nennen zu könnnen.

Zu Hause erzählte ich, ich hätte eine Menge «Freunde» gefunden. Die Mutter war zufrieden; Susanne war beschäftigt und abgelenkt.

Aber diese kurze Phase der «Vereinsmeierei» war nur ein Aufschub. Langsam flaute die Euphorie, daß ich es geschafft hatte, Mitglied in zwei Vereinen zu werden, wieder ab. Mit wem tauschte ich eigentlich mehr als eine Begrüßungsformel aus? Ging es im Astro-Verein nicht eher um ein geselliges Beisammensein als um Astronomie? Was unternahmen die im Vogelschutzverein eigentlich, um der Natur zu helfen? (Ausnahme Herr Meyer mit seinen Nistkästen.)

Und dann dieser Zigarettenqualm in der Vereins-Kneipe, von dem mir immer speiübel wurde! Außerdem war es Streß übelster Art, wenn mir andere Vereinsmitglieder versprachen, mich zu einem Ausflug abzuholen – und dann einfach nicht kamen, was ziemlich oft geschah. Ich konnte es einfach nicht kapieren, daß die Menschen so unzuverlässig sein konnten. Ich stand dann da in der Regel stundenlang wartend vor dem Haus in der Annahme, sie *müßten* einfach kommen; sie hatten es doch zugesagt! Eine alte Dame, die unten im Haus wohnte, holte mich einmal ins Haus zurück und sagte, sie hätte mich drei Stunden lang beim Warten beobachtet.

Ich trat wieder aus den Vereinen aus, das hatte doch alles keinen Zweck! Nur mit Anni, Gerhard und Herrn Meyer hatte ich noch eine Zeitlang Kontakt, meist über Briefe. Auch der Mutter schrieb ich ein- bis zweimal in der Woche und sie zurück, weil wir ja nie telefonierten. Im Brief kann man vieles erzählen und noch mehr verschweigen. Unser Kontakt schien etwas besser zu werden.

Heute ist es schwierig, über vergangene Depressionen oder was immer es auch war, zu schreiben. Die Forscher nennen es «autistic aloneness» oder «Einsamkeit in den Gedanken» aufgrund von Empathiemangel.

Vielleicht ließ ich mich auch von dem Geratsche in der Firma verrückt machen. Die meinten immer, so wie Susanne lebte, das sei doch kein Leben. Vielleicht ließ ich mir einreden, wenn ich nur so würde wie die anderen, könnte ich glücklich sein.

Heute sage ich: Jeder Mensch muß seinen *eigenen* Weg finden, um glücklich zu werden!

Flucht nach Norwegen

Nach der Lehr-Abschlußprüfung kam ich in die Abteilung Linsenkontrolle II, wo es mir sehr gefiel. Dort saß ich den ganzen Tag vor einem schwarzen Kasten mit einer Neonröhre, vor der eine Lupe hing, und kontrollierte Linsen auf alle möglichen Oberflächen- und Glasfehler hin; ein optimaler Job. Es war ruhig dort, wir hatten ein Radio, in dem ununterbrochen Pop und Rock lief. Ich brauchte keinem ins Gesicht zu sehen, sondern nur in den Kasten hinein auf die glänzenden runden Linsen, die ich so liebte.

Ich hatte Frau Böhme in der Nähe und einen guten Chef: Herr Oberst war die Sorte der älteren Leute in der Firma, die glaubten, Susanne den «Vater ersetzen, auf sie aufpassen zu müssen». Das sagte er selbst. Er sprach immer geradeheraus, was er wollte, und es gab keine Probleme. Nur: Eigentlich hatte die Firmenleitung schon vor Beginn meiner Ausbildung beschlossen, daß ich später ins Labor im Keller sollte. Sie wollten das, weil ich der einzige Lehrling mit Abi war, aber sie kannten mich doch gar nicht. Ich war doch kein «richtiger Abiturient!» Im Labor wäre ich eingegangen; ich kannte es schon von der Lehrzeit her:

Dort gab es keine Linsen, vor allem gab es keinen Chef oder direkten Vorarbeiter. Ich hätte mir selbst meine Arbeit organisieren müssen. Chaos! Ich *brauche* einen Chef, der mir konkret sagt, was ich arbeiten soll und wie ich mich evtl. gegenüber Kollegen verhalten soll. Ich hätte zwar jedes einzelne Meßgerät im Labor bedienen, aber niemals den ganzen Ablauf dort unten überblicken oder koordinieren können.

Herr Oberst wollte mich in der Kontrolle II behalten, aber jeden Tag hieß es, «bald» käme ich ins Labor. Ein Jahr ging das so, während ich eifrig neue Pläne machte: Ich wollte «auswandern»! Ich wollte dem Labor und neuen deprimierenden Gedanken entkommen, und ich wollte Menschen finden, die so wie ich waren. Daran, daß ich von Proxima Centauri oder aus der Zeit der Neanderthaler stammte, glaubte ich inzwischen nicht mehr.

Damals las Saaki noch die Jugendzeitschrift *Bravo*, und zufällig stieß ich darin auf ein Interview mit dem Sänger der norwegischen Pop-Gruppe «a-ha», die zu der Zeit sehr erfolgreich war. Darin stand auch etwas über das Land und die Einwohner Norwegens, daß sie allgemein als ruhig, «kühl» und naturliebend angesehen würden usw. Ich begann, mich für das Land zu interessieren; waren die Norweger vielleicht etwas wie Susanne? Auch die Landschaft sah auf den Bildern sehr imponierend aus; ebenso verlockend war der Gedanke an die lange Polarnacht mit einem Himmel, an dem die Nordlichter tanzen.

Aurora borealis, das Polarlicht der Nordhalbkugel der Erde – wie gerne hätte ich das einmal beobachtet! Ich mochte auch den Klang der skandinavischen Sprachen. War ich in der Schule noch so schlecht in Fremdsprachen gewesen, so lernte ich nun mit Hilfe eines *Linguaphone*-Cassettenkurses innerhalb von 6 Monaten fließend Norwegisch. Es war nie gut gewesen mit menschlichen Lehrern – mit Büchern, Cassetten und einer starken Motivation, da funktionierte es.

Die Mutter beschaffte mir sogar eine Möglichkeit, für einenhalb Jahre nach Norwegen zu gehen, und zwar über eine Organisation, die junge Leute zu einer Art freiwilligem Sozialdienst ins Ausland schickte. Bei meiner Bewerbung mogelte ich mich mal wieder mit mehr Glück als Verstand durch das Auswahlverfahren: Da ich nicht zu dem Auswahl-Seminar fahren konnte, weil ich keinen Urlaub mehr übrig hatte, machte ich alles *schriftlich*. Da ich auf dem Seminar nicht erschien, mußte ich auch keine Fragebögen von vier «Referenzpersonen» über mich ausfüllen lassen. Vielleicht hatte die Organisation damals auch mehr offene Stellen als Bewerber – ich wurde jedenfalls angenommen, und zwar für mein Wunschland Norwegen! Fast hätte ich diese Entscheidung wieder rückgängig gemacht, denn ich brachte es nicht fertig, von den Linsen fortzugehen. Aber die wollten sie mir ja sowieso wegnehmen, und wenn ich die Arbeit im Labor nicht schaffen würde, würden sie mich vielleicht aus der Firma werfen.

Außerdem mußte ich endlich «mein Volk» finden! Ich würde *sozial* sein, das würde ich mir und den Eltern und dem Rest der Menschheit beweisen!

Drei Monate lang kam mir fast täglich Salzwasser-aus-den-Augen, und ich versprach Herrn Oberst, ich würde nach den anderthalb Jahren wiederkommen. Bis dahin hätten sie sicher den Platz im Labor mit jemand anderem besetzt, und ich hätte wieder in die Kontrolle II gekonnt; da gab es immer genug Arbeit.

Die meisten fanden es toll, daß ich freiwillig nur gegen Wohnen, Verpflegung und ein Taschengeld in Norwegen in einem Wohn- und Reha-Centrum für körperlich und geistig Behinderte (ca. 30 – 40 Personen, die meisten davon ältere Menschen) arbeiten wollte, als sogenannte «zusätzliche Arbeitskraft». Deshalb brauchte man dafür auch keine spezielle Ausbildung vorzuweisen. Es genügte, wenn man volljährig und motiviert war.

«Vielleicht wirst du dann mal endlich ein anderer Kerl!» sagte der Meister. Andere brüllten vor Lachen, das «passe ja wie die Faust aufs Auge!» «Da oben bist du gerade richtig aufgehoben, bei den Bekloppten!» Eine jüngere Kollegin fragte, ob ich denn keine Angst hätte, in einem fremden Land, mit der fremden Sprache usw., und da wurde ich plötzlich ganz traurig und antwortete: «Weißt du, eigentlich bin ich *überall* ein Ausländer!» Nach einer Pause meinte sie: «Ja, das glaube ich dir.» Sie hatte wohl auch viel Empathie.

Der «Umzug» ging schnell: Der Vater kümmerte sich um die

Angelegenheit mit der Wohnung und holte mich und meine Habseligkeiten, die alle in seinen PKW paßten, von X-Stadt ab. Das Zeug würde in Arolsen im Keller lagern, bis ich zurückkäme.

Das mit Norwegen war einfacher als erwartet. Die deutsche Organisation und das norwegische Projekt sorgten für alles – von der Anreise über Papierkram bis hin zu meiner Unterkunft. Christoph, mein deutscher «Kollege», der bereits ein halbes Jahr dort verbracht hatte, zeigte mir alles und half, wann immer es nötig war. Ehrlich gesagt, ohne ihn hätte ich spätestens nach einem Monat mein spärliches Gepäck wieder zusammenpacken können!

Die Institution lag abseits der Städte wie eine Insel in der Wildnis; es war herrlich ruhig dort! Die Landschaft an einem westnorwegischen Fjord war eine einzige Aneinanderreihung von Bergen. Die Luft war so klar wie nirgendwo in Deutschland. Kein Verkehrslärm, keine lauten Nachbarn, kein langer und gefährlicher Weg mit dem Fahrrad zur Firma; nicht einmal einkaufen mußte ich selbst!

Christoph und ich teilten uns ein kleines Haus am Rande der Wohnanlage. Er hatte den Keller, ich das Dachgeschoß, während das Erdgeschoß kaum benutzt wurde, aber eine gute Isolierschicht zwischen unseren «Lebensräumen» darstellte. Christoph hatte nämlich seine damals schon mehr als 300 CDs zählende Musik-Sammlung dabei, die er manchmal gar zu laut abspielte …, aber sonst war er voll okay!

Die Arbeit in der Wohnanlage war teils einfach, teils schwierig. Gut war, daß das meiste aus immer wiederkehrenden Routinen bestand, die man lange vorher am Wachtplan ablesen konnte. Es war okay für mich, in der Küche abzuwaschen, das Essen auszuteilen, den Müll zu holen oder das Bettzeug zu wechseln (beim Bettbeziehen war es schon etwas kritisch, denn die von Susanne gemachten Betten sahen stets arg zerknüllt aus, egal, wie oft ich sie glattzuzupfen versuchte). Es ging auch gut, die Gitarre für die chaotische «Singstunde» der

Bewohner zu spielen oder in der kleinen Werkstatt einfache Arbeiten auszuführen, vor allem *Kugel*-Lager herzustellen, was eigentlich die Bewohner hätten machen sollen.

Aber es war total ätzend, wenn ich beim Rollstuhltanz mitmachen oder zusammen mit einem Bewohner Kuchen backen sollte. Meist lief es darauf hinaus, daß ich dann den Kuchen alleine buk, obwohl das ja nicht der Sinn der Aktivität war, denn die Bewohner sollten beschäftigt werden. Nun, zumindest wurde auf diese Weise ein Kuchen produziert, den die Bewohner essen konnten. Das mit dem Backen war etwas Neues: In X-Stadt hatte ich nur eine Kochplatte besessen, keinen Ofen. In Norwegen lernte ich, selbständig genau nach Rezept zu backen.

Alle lobten meine Sprachkenntnisse und daß ich stets bemüht war, «norwegischer als die Norweger» zu sprechen. Das Personal war nett, ohne sich jedoch dabei aufzudrängeln; im übrigen ließen sie mich in Ruhe. Niemand meckerte über mein Lachen oder meinen Gang – schließlich gab es ja Menschen in der Institution, die viel schlechter oder überhaupt nicht gehen konnten. Ein paar hatten auch Sprachschwierigkeiten, die ganz anderer Art als die Susannes waren. Als Ausländer hat man jedoch stets eine gute Entschuldigung, wenn man etwas nicht versteht. Da sind die Ansprüche der Umgebung nicht so groß. Ich finde, es ist keine Kunst, eine Fremdsprache zu lernen, (sofern dies nicht in der Schule und unter Zwang geschieht). Ein paar Vokabeln, etwas Grammatik, das ist kein Problem.

Meine «Sprachmauer» besteht unabhängig davon, welche «*Sprache*» ich spreche. Wenn ich sage, daß ich Englisch, Norwegisch und Schwedisch ebensogut wie Deutsch verstehe, dann ist das keine Prahlerei, daß ich so *gut* in Femdsprachen sei; sondern es bedeutet, daß ich auch meine eigene Muttersprache *nicht besser* als eine ausländische Sprache verstehe.

Was die Norweger angeht, so kann ich nur sagen, daß sie mir allgemein toleranter vorkamen und daß sie mich nicht so angafften wie in Deutschland. Aber «mein Volk» waren sie nicht, das fand ich ziemlich schnell heraus.

Ich wüßte gern, was das Personal über Susanne dachte. Die merkten sicher, daß ich nicht so wie die anderen Freiwilligen, die vor Christoph und mir hier gearbeitet hatten, war. Ich bekam weder Besuch aus Deutschland, noch fuhr ich im Urlaub dorthin, noch besuchte ich andere Norwegen-Freiwillige. Ich rief nie zu Hause an, schrieb stattdessen viele Briefe. Da ich nie mit dem Personal ausging und auch sonst keinerlei Kontakte pflegte, war ich der erste Freiwillige dort, der kein Wort des lokalen Dialektes sprach. Es kamen höchstens ein paar deftige Flüche und Schimpfworte hinzu, die man nicht im Kurs lernt, aber die hatte ich von den Bewohnern gelernt. Mit denen zu quatschen, war nicht so anstrengend. Sie waren meistens schon zufrieden, wenn man da war und zuhörte und sprachen über unkomplizierte Dinge.

Sie waren alle selbst so «nicht-normal», daß ich mich bei ihnen sicher fühlte, sie würden Susannes Andersartigkeit nicht erkennen. Oder doch? Keiner von ihnen hatte Autismus. Obwohl viele von ihnen sogar mehrfach behindert waren, verhielten sie sich «sozial». Einige wollten dauernd eine «gute Umarmung» haben und das ausgerechnet von mir! Das ging aber gar nicht gut, obwohl ich es versuchte. An sowas hätte ich nicht im Traum gedacht, als ich mich entschloß, «auszuwandern».

Ich war motiviert, viel zu *arbeiten*, aber daß man dabei Leute drücken müßte ... Manchmal fühlte ich mich mehr gehandicapt als die Bewohner, obwohl ich keine körperliche oder geistige Behinderung hatte. Und jeden einzelnen Tag vermißte ich meine Linsen! Da hatte ich mir ja was eingebrockt! Einfach so nach Norwegen abhauen, bloß weil Morten Harket von «a-ha» gesagt hatte, die Norweger wären so «kühl», ruhig und so gerne für sich – wie Susanne.

Heute pflege ich zu sagen, in Norwegen habe ich drei Dinge gelernt: Backen, in der Waschmaschine waschen und Stricken. In meiner Freizeit saß ich fast nur vor dem offenen Fenster und strickte Pullover, während ich meine 20 Musik-Cassetten abspielte, bis es Bandsalat gab.

Da ich vom Personal viel Wolle geschenkt bekam und noch einige dazu kaufte (billig, direkt aus der Wollfabrik), führte das zu einem regelrechten Strick-Koller. Im Laufe eines Jahres hatte ich dann 50 Pullover gestrickt, langsam aber ausdauernd, alle im gleichen Grundmuster und von gleicher Maschenzahl. Ich schickte mehrere Pakete nach Hause und wußte später nicht, was ich mit so vielen Pullovern machen sollte. Ein paar habe ich dann der Mutter geschenkt.

Jaja, wenn ich erst einmal mit etwas angefangen habe, schaffe ich es kaum, damit aufzuhören. Erst in Deutschland, als ich wieder meine Linsen in den Fingern halten konnte, hörte ich auf zu stricken.

Einmal pro Woche ging ich eine Halbtagstour auf meinen Lieblingsberg. Christoph hatte mir den Weg gezeigt und mich ermuntert, die Gegend zu erkunden. Irgendwie brauche ich immer erst jemanden, der mich «anschubst». Es gab viele Berge dort, aber während meines gesamten Norwegen-Aufenthaltes ging ich immer nur diesen einen Weg. Vielleicht wäre ich auf gar keinen Berg gestiegen, wenn Christoph mir keinen konkreten Weg gezeigt hätte.

Ich lief dort auch nachts hinauf, um trotz spärlicher Ausrüstung den Himmel zu beobachten. Von dem Berg aus konnte man vor allem den Planeten Merkur gut erkennen, der sonst meistens, wenn er überhaupt sichtbar ist, zu nahe am Horizont steht.

Das Nordlicht sah ich dann im Herbst und Winter mehrere Male – unglaublich faszinierende Erlebnisse! Es gab grünes und rotes Nordlicht, das innerhalb von Sekunden Farbe, Helligkeit und Position wechseln konnte. Da 1989/90 eine Zeit maximaler Sonnenaktivität und Sonnenflecken-Anzahl war, gab es besonders häufige und imposante Nordlichter. So ein Sonnenzyklus dauert 11 Jahre.

Im Januar fuhr ich – wieder auf Christophs Anregung hin – mit dem Postschiff nach Kirkenes und wieder zurück, eine abenteuerliche Reise bei – 30° C im Norden und starken

Stürmen, die an einigen Häfen das Anlegen unmöglich machten, um in Tromsø das Nordlicht-Planetarium und das Observatorium zu besuchen.

Die Ernährung war anfangs ein großes Problem. Ich konnte ja nicht im Speisesaal oder der Kantine essen bei all der Hektik, traute mich aber auch nicht, das Küchenpersonal um etwas zu bitten. Ich fühlte mich nicht besonders hungrig, aber so ist das immer, wenn ich an Gewicht verliere. Manchmal kann ich Hunger nicht vom Vollgefressen-Gefühl unterscheiden – magersüchtig bin ich deshalb noch lange nicht (meine ganze Familie ist irgendwie etwas «eßgestört», vor allem mein Vater). Ich *wollte* ja Essen haben, sehr gerne sogar, nur fand ich kein passendes und lebte von ein paar Möhren, Steckrüben und Weißkohlköpfen, die Christoph mir «organisierte». Nach ca. zwei Monaten sprach mich die Physiotherapeutin der Reha-Anlage an: «Du verlierst ja die Hose, Susanne, hast du abgenommen?» Ich antwortete, ich hätte ja keine Waage, um das nachzuprüfen, und sie schleppte mich auf die Waage im Gymnastikraum, laut der ich mindestens 10 kg abgenommen hatte.

Sofort sprach die Therapeutin mit dem Koch, der sagte, ich dürfe mir doch alles nehmen, was ich wünschte, so, wie es die anderen Freiwilligen auch getan hätten. Schließlich hätte ich ja den Schlüssel zur Küche und zu den Vorratsräumen.

Ich nahm den Koch beim Wort: Ich nahm mir *alles*, was ich wollte. Er wird sich sicher so manches Mal gewundert haben, wenn zwar nur einzelne Lebensmittel auf mysteriöse Weise verschwanden, diese aber dann in rauhen Mengen. Christoph und ich gingen mit Vorliebe *nachts* auf Hamstertour in die Küche, weil es doch ein bißchen frech war, was wir alles futterten. Der Umsatz an Äpfeln, anderem Obst und Gemüse, Braunkäse, Honig und Vanilleeis müßte zu meiner Dienstzeit in der Institution deutlich gestiegen sein, und solche Lebensmittel sind in Norwegen nicht gerade billig!

Da ich in der Pause oft abwaschen half, um den vielen Leuten im Speisesaal zu entkommen, hatte ich den besten Kontakt zum

Küchen- und nicht zum Pflegepersonal. Während der anderthalb Jahre dort aß ich kein einziges Stückchen Brot; ich esse nur Mutter-Brot. Aber jeden Montag, wenn das Auto von der Bäckerei kam, lief ich in die Küche, «klebte» an dem frisch gelieferten Stapel mit Brotkästen und roch mich satt am Hefe-Duft, so daß das Küchenpersonal sich amüsierte.

Die Physiotherapeutin sprach mich an, ob das «etwas Angeborenes» sei, wie ich herumlief. Ich paßte wirklich gut zu den Handicappern. Wenn fremde Besucher kamen, sprachen sie mich an, als sei ich einer der Bewohner und nicht vom Personal.

Vor angeblichen «Kleinigkeiten» wie einem verpaßten Zug, einer Störung der Morgenruhe oder den unberechenbaren Menschen war mir mehr bange als vor den steilen Abgründen der norwegischen Berge: Christoph hatte mich im Sommer überredet, an einer Bergwanderung des Ten-Sing-Chores, in dem eine unserer Praktikantinnen mitsang, teilzunehmen. Ich war ziemlich übel dran, da die Tour anstrengender als erwartet wurde und ich die Berge nicht so wie die jungen Norweger gewohnt war. Außerdem hatte ich keinerlei Gruppensinn und fror entsetzlich, obwohl es Hochsommer war. Wir kamen vom Weg ab und mußten schließlich einen schmalen Sims an einer fast senkrechten Steilwand entlangbalancieren. Ich blickte ohne Reaktion in die Schlucht hinab und verstand nicht, daß das Mädchen, das vor mir ging, Angst hatte.

Ungefähr auf der Hälfte der gefährlichen Strecke rutschte sie auf einem Stein aus und bekam nun voll die Panik, schrie etwas wie: «Wir werden alle hier sterben!» Dieser Satz sprach irgendeine «Papageien-Schaltung» in meinem Kopf an: Genauso war die Szene in einem SF-Roman gewesen, den ich mal gelesen hatte, als jemand Angst gehabt hatte, einen Abhang herabzustürzen. Daher wußte ich auch, daß nicht schwindelfreie Leute angeblich nur abstürzen, weil ihr eigenes Gefühl sie «herabzieht».

Ich fand, der Sims war breit genug, um sich darauf bewegen zu können. Die ganze Szene hatte etwas Irreales an sich, als ich dann genau die Worte benutzte, die der «Retter» in dem Roman gesagt hatte, um den, der geschrien hatte, daß sie «alle sterben würden», zu beruhigen. Ununterbrochen belaberte ich das Mädchen, sie solle nicht nach unten sehen, damit die Tiefe sie nicht herabzöge. Sie solle immer nach oben schauen, einen Fuß vor den anderen setzen, der Sims sei breit genug usw., Hauptsache reden und ablenken. Und immer nach oben schauen. Das erste Mal im Leben hielt ich jemandem freiwillig die Hand hin. Es war nur eine «psychologische Krücke»; denn ich hätte uns niemals festhalten können, wenn sie über die Kante gerutscht wäre, weil es an der glatten Wand nichts zum Festhalten *gab*. Mag sein, daß ich angeblich keine Gefühle hatte, wie ein Androide, aber ich wollte auf keinen Fall, daß das Mädchen abstürzte.

Einer der Jungen, die vorausgegangen waren, kam zurück und trug den Rucksack des Mädchens, und irgendwann standen wir dann auf sicherem Boden. Als wir die Fährboot-Haltestelle im Fjord erreicht hatten, kam das Mädchen zu mir und wollte sich bedanken. Sie war überzeugt, meine Hand habe ihr das Leben gerettet, und obwohl sie mit den Bergen aufgewachsen sei, *so* einen Hang hätte sie noch nie überquert.

Ich verstand gar nicht, für was sie sich bedankte, und sehnte mich nach einer riesigen Kanne voll Schwarztee, zwei Litern Vanilleeis und meinem Strickzeug. Wäre das Mädchen wirklich abgestürzt, dann hätte nicht der Abgrund, sondern ihre eigene Angst sie getötet. Menschen sind schon merkwürdige Wesen!

Über das Briefeschreiben hatte ich fast besseren Kontakt zu manchen Leuten in Deutschland als zu der Zeit, in der ich dort gelebt hatte. Die Mutter schrieb mir immer am regelmäßigsten. Mit Saaki tauschte ich manchmal 16-seitige Briefe aus. Es war echt geil, über was wir alles diskutieren konnten. Hätte ein Außenstehender so einen Brief mal gelesen, er hätte dem nur schwer folgen können. Die Hauptthemen stammten aus den Bereichen Musik und Naturwissenschaften.

Petra schickte mir sogar ab und zu einen kleinen Klumpen

Polierpech, den ich in einer Kerzenflamme zum Schmelzen brachte, so daß es nach der Optisch' duftete und ich mich ziemlich nach Heimweh anfühlte.

Ich schrieb mehrmals an Herrn Oberst, der in der Firma dafür sorgte, daß ich auch wirklich wieder dort arbeiten können würde. Von mir aus wäre ich gern in Norwegen geblieben, aber da gab es ja keine Linsen und keine Zukunft für mich.

Ich dachte, nun habe ich zumindest bewiesen, daß ich sogar im Ausland zurechtkam, daß ich *Veränderungen* bewältigt hatte, und daß es in Deutschland nun besser gehen würde.

Nichts hatte sich verändert, ganz und gar nichts, außer daß ich nun stricken, backen und Wäsche waschen konnte und daß mein Haar lang geworden und voller Knoten war. (Deshalb wurde es auch prompt auf die übliche Länge gekürzt, als ich wieder in Deutschland wohnte.)

Am widerlichsten waren die Treffen mit anderen deutschen Freiwilligen in Oslo, wo wir unsere «Erfahrungen austauschen» sollten. Da wurde ich total aus meinem Rhythmus gebracht. Schon ganz zu Anfang hatte mir einer von denen mitten ins Gesicht gesagt: *«Du bist anders!»* Ich hatte ihn gefragt, wieso er das behaupten könne, schließlich kannten wir uns doch noch kaum, und er antwortete, er wisse nicht genau wieso, aber Susanne sei jedenfalls «anders».

So waren auch die anderen Freiwilligen. Nie wollten sie konkrete Angaben machen. Ich war enttäuscht und verzweifelt, daß ich nicht einmal eine Chance bekam, obwohl ich mich mehr als je zuvor angestrengt hatte, so wie die anderen zu wirken. Ob es mit dem Essen zu tun hatte? Oder weil ich ausflippte, als sich gleich drei Leute auf mein Bett setzten?

Ich schaffte es nicht, etwas «Passendes» zu den Dikussionen beizutragen. Wenn wir durch Oslo liefen und ich nicht mithielt, merkten die anderen gar nicht, daß ich nicht mehr dabei war. Dann lief ich zurück zu unserem Quartier und kochte mir kannenweise schwarzen Tee mit Milch. Die anderen waren alle noch etwas jünger als ich, kamen meist direkt vom Gymnasium und quatschten für meinen Geschmack viel zu intellektuell daher. Susanne war wieder das Würmchen, das nichts raffte.

Ich war sehr unruhig während dieser Treffen, der letzte, der schlafen ging und der erste, der wieder aufstand. So hatte ich wenigstens ein paar ungestörte «Morgenstunden», allein an meinem Lieblingsplatz in der Küche. Ich buk für jedes Frühstück frische Brötchen und Brot, da war ich ganz eifrig dabei, denn das hatte ich ja gerade gelernt. Außerdem war es doch «sozial», wenn man für andere Menschen Essen zubereitete, nicht wahr? Wenn ich schon nicht blah-blah machen konnte, so doch wenigstens backen. Die anderen Freiwilligen lobten meine Ofenerzeugnisse.

Ein paar wollten mir beibringen, wie man richtig Leute umarmt. Ich dummer Depp hatte nämlich beobachtet, daß die anderen sich dauernd gegenseitig drückten und dachte, wenn ich dazu gehören wolle, müßte ich das auch können. Da dies aber wider meines ganzen Wesens war, fiel meine «plumpe Anmache» an einen der Freiwilligen, den ich mir ausgesucht hatte, weil der besonders häufig umarmte, ungefähr so aus, daß ich ihn von hinten mit vogelkrallig versteiften Fingern in die Schultern kniff. «Nee, nee, so geht das aber nicht, Mädchen!» meinte der dann. Sie ahnten ja gar nicht, welche Überwindung das für mich bedeutet hatte: Normalerweise schlage ich mit der Kraft eines Irren um mich, wenn mich jemand falsch anfaßt!

Das «autistic aloneness» war mit mir nach Norwegen geflohen. Wo sollte ich denn jetzt noch nach «meinem Volk» suchen?

Zum Glück gab es Christoph, der toleranter als die anderen war (er hatte schon als Radio-Techniker gearbeitet). Er war das Gegenteil von mir, kontaktfreudig und ein Organisationstalent. Er half mir, die Zeit in Norwegen herumzukriegen, und dabei weder mich noch die deutsche Organisation, die uns hergeschickt hatte, übermäßig zu blamieren.

Christoph sprach viel schlechter norwegisch als ich; dennoch konnte er besser *mit Menschen* sprechen. Ich fürchtete seine Kritik. Er konnte manchmal ziemlich streng sein, und er war der einzige, der mich dort überhaupt kritisierte. Er schimpfte, wenn ich mal wieder alleine den Kuchen für den «Spiele-Abend» gebacken hatte oder wenn ich nicht mitdachte für die Bewohner. Zum Beispiel half ich abends einmal einem Bewohner ins Bett. Später kam Christoph dann zu mir und schimpfte, das ganze Abendpersonal würde über Susanne lachen, weil ich den Bewohner ins Bett gelegt hätte, ohne ihm die Winterjacke auszuziehen. Der hatte mir aber vorher gesagt, er *wolle* die Jacke anbehalten. Ich wäre doch nie auf die Idee gekommen, für ihn zu entscheiden, daß er die Jacke ausziehen müsse! Ich habe auch diejenigen, die geistig angeblich «behindert» waren, stets so ernst genommen, als seien sie normale Erwachsene.

Wie gefährlich ist es denn, mit der Jacke ins Bett zu gehen?

Als wir alle einmal im Speisesaal zusammen saßen, wo ich mich gierig auf eine Colaflasche stürzte, motzte Christoph, weil ich kein Glas benutzte. Als ich ihn darauf hinwies, daß ich ihn selbst schon aus der Flasche trinken gesehen hatte, sagte er: «Ja, aber in meiner *Wohnung*!» Als ob das einen Unterschied machte! In dem Moment rülpste eine Bewohnerin so laut, daß es durch den ganzen Raum schallte, woraufhin ich den totalen Lachanfall bekam und dabei Cola aushustete und die Flasche fallen ließ; da war es dann endgültig vorbei mit den guten Tischsitten. Die Bewohner mochten es, wenn ich lachte; dann amüsierten sie sich ebenfalls. Viele Leute meinen, ich sähe so komisch aus, wenn ich lache. Ohne Christophs antreibende Kraft, seine Ideen und seine Art, unsere Arbeit zu koordinieren, hätte ich es nicht geschafft. Er war ein richtiger Hektiker, mir gegenüber aber geduldig; darin erinnert er mich an meinen Bruder. Er sprach direkt und ehrlich; solche Menschen verstehe ich noch immer besser als diejenigen, bei denen man jeden Satz erst zu interpretieren versuchen muß. Sicher bin ich ihm damals auch auf die Nerven gegangen; die Mutter sagt, Susanne geht *allen* auf die Nerven.

Ich hoffe, daß Christoph dieses Buch einmal lesen können wird; hiermit sage ich ihm «Danke» für alles.

Nachforschungen

Die Krise kam wieder im Januar, diesmal 1990, als mich auf dem Rückweg von *Tromsø* all die alten Fragen wieder einholten. Auch das Jahr in Norwegen war nur ein kurzer Aufschub gewesen. Auf dem Postschiff war ich der einzige Passagier für so eine lange Strecke, lag den ganzen Tag auf dem Rücken und hatte viel Zeit zum Nachdenken.

Wer oder was war Susanne? War ich wirklich irgendwie «kopfkrank», wie die anderen es schon immer behauptet hatten? Aber Schizophrenie konnte es nicht sein. Einer unserer Bewohner hatte Schizophrenie; das war etwas anderes. Ich erinnerte mich an die alten Vorwürfe und Schimpfwörter: «Sei nicht so autistisch! Benimm dich nicht wie ein Autist, du Pflänzchen-rühr-mich-nicht-an!» Dann ein paar Fragmente einer zufällig vor fast 10 Jahren mitgehörten Radiosendung über eine Therapie bei einem «schlimmen Fall» von Autismus. Damals hatte ich kurz aufgehorcht: Aber solche Kinder konnten doch nicht sprechen, oder?

So behindert war ich ja nun doch nicht. Nur, das Leben konnte nicht auf diese Weise weitergehen. Entweder ich würde irgendwann wirklich im Irrenhaus oder am Fuße der X-Steilwand (dem «Selbstmörder-Felsen» bei X-Stadt) enden. Ich hatte schon über mehrere verschiedene psychische Krankheiten gelesen, deren Beschreibungen aber nicht auf Susanne zutrafen.

Als wir im März das nächste Treffen in Oslo hatten, nutzte ich die Gelegenheit, in einer großen Buchhandlung nach Informationen über Autismus zu suchen. Es gab kein Material auf norwegisch, nur ein Buch auf schwedisch – von einem gewissen Professor Gillberg. Damals war ich es noch nicht gewöhnt, schwedische Texte zu lesen, und ich stellte das Buch zurück. Am gleichen Abend hörte ich zufällig mit, wie sich zwei der anderen Freiwilligen über Autismus unterhielten. Ein Satz blieb mir besonders in Erinnerung: «Die sind durchaus in der Lage, über sich selbst und ihre Lage nachzudenken.» Und erneut hörte ich in meinen Erinnerungen Fragmente aus der alten Radiosendung und die Vorwürfe der Mutter widerhallen …

Am nächsten Tag kaufte ich das Buch dann doch; mit dem Schwedischen kam ich zurecht, sobald ich mich etwas an das ungewohnte Schriftbild gewöhnt hatte.

Ich las … und las, las, las, während ich immer schockierter auf die Buchstaben starrte. Ich erkannte, daß ich bislang so gut wie gar nichts über Autismus gewußt hatte, und daß es immer noch viele «Mythen» darüber gab, die überhaupt nicht mehr mit den modernen wissenschaftlichen Erkenntnissen übereinstimmten.

Vor allem erfuhr ich, daß es auch Menschen mit Autismus gab, die normale oder überdurchschnittliche Intelligenz besaßen und dennoch so gehandicapt sein konnten. «High-Functioning-Autismus» oder auch «Asperger Syndrom» hießen die neuen Begriffe.

Ich las mit vor Salzwasser brennenden Augen … und erkannte mich wieder, als hielte mir jemand einen Spiegel vor das Gesicht! Noch nie hatte mich ein Buch derart bewegt, nicht mal mein schönstes Buch über Galaxien.

Die genauen Beschreibungen der Symptome schienen eine genaue Beschreibung meines eigenen Lebens zu sein! Es war reiner Hohn, daß die Mutter, ohne überhaupt zu wissen, was Autismus eigentlich war, damals recht gehabt haben sollte mit ihren Beschimpfungen, ich sei so «autistisch», bloß weil ich die Leute nicht richtig anguckte und mich nicht drücken ließ. Aber all die anderen im Buch genannten Dinge, die den Autismus ausmachten, die trafen erst recht zu – ich dachte, ich dreh' durch! Konnte es denn wirklich sein, daß ich hier saß und verstandesmäßig alles erkannte – und dennoch Autismus hatte? Wer könnte mir bloß diese drängende Frage beantworten?

Dann der Gedanke: Was ist, wenn das jemand erfährt und mich zum Psychiater schleppt?! Schnell versteckte ich das Buch, damit es die anderen nicht sahen. Als ich das Buch nach drei Tagen fast ausgelesen hatte und wie üblich vor Teekanne und Milchpackung in meiner Küchenecke saß, während die anderen durch Oslo streiften, kam Christoph alleine zurück und erzählte ein bißchen, wo er gewesen war. Plötzlich fragte er, was das für ein Buch sei, das ich da lese. Da war mir gerade alles egal, und ich zeigte es ihm. Er entzifferte langsam den Titel: «Autismus – und autismusähnliche Zustände». Und da platzte ich heraus: «Glaubst du, daß die Susanne das hat?» Er grinste, wahrscheinlich, weil ich so kläglich auf meinem Stuhl hing. «Weiß ich nicht genau. Hehehe ... wieso, – hast du's?» Natürlich, er wußte ja gar nicht, was alles in dem Buch stand. Später hockten wir uns für ein langes Gespräch zusammen, und ich erklärte, was ich in dem Buch gelesen hatte, zog jene erschreckenden Parallelen zu meinem eigenen Leben. Naja, ein Stück davon hatte Chris während des letzten Jahres kennengelernt, und nun kam auch noch das dazu, was ich aus meinen Erinnerungen an Kindheit, Schule und die Zeit in X-Stadt erzählte; wild durcheinander gewürfelte Gedanken. Ich hätte mir nicht vorstellen können, mit jemand anderem als Chris darüber zu sprechen, und ich brauchte jetzt dringend die Meinung einer neutralen Person, sonst wäre ich übergeschnappt.

Seltsamerweise war ich nach dem ersten Schock mehr erleichtert als deprimiert über die Tatsache, daß ich vielleicht an einer ernsthaften und «unheilbaren» Entwicklungsstörung oder Behinderung leiden könnte. Aber *wenn*, dann wäre es wenig logisch, dies zu verdrängen, und es hätte sich ja um etwas gehandelt, das ich schon mein Leben lang gehabt hätte – egal, wie das nun heißt.

Vielleicht spürte ich schon damals, daß dies der erste Schritt zum Ziel meines langen Weges der Suche nach der eigenen Identität sein könnte. Und was jetzt? Christoph hatte Susanne wirksame «Erste Hilfe» geleistet, indem er mich nicht ausgelacht, sondern ernsthaft angehört hatte. Er tat meine Frage nicht mit einem «Ach was, das wird schon wieder,» o. ä. ab, wie es manche Leute aus falscher Rücksichtsnahme sogar gegenüber Todkranken machen. Er meinte, also ehrlich, arg komisch sei die Susanne schon manchmal. Und dann sagte er auf seine unkomplizierte Weise geradehraus: «Ja, dann geh doch einfach mal zum Arzt und laß das untersuchen!» So einfach war die Lösung! Aber welcher Arzt war kompetent genug, festzustellen, ob ich Autismus hatte? Und wenn sie mir etwas anderes diagnostizierten und mich therapieren würden?! Gillberg schrieb ja, daß die Gefahr einer Fehldiagnose besonders groß sei, wenn man high-functioning-Autismus hatte, und daß viele solcher Fälle unentdeckt in der Psychiatrie landen würden!

Ich hatte noch vieles nachzudenken. Chris gab mir aber noch einen guten Satz mit auf den Weg: «Selbst wenn du Autismus hast, dann kannst du doch nichts dafür – das ist doch nichts *Böses*!» Das war beruhigend; ich wollte nie ein «kalter», schlechter, böser Mensch sein.

Die letzten drei Monate in Norwegen machte ich es mir gemütlich, schwänzte das letzte Freiwilligen-Treffen (hatte ja eh keinen Sinn), strickte, futterte, ging viel an die frische Luft und schrieb Briefe. Sogar zu Ines, die ich seit 10 Jahren nicht mehr gesehen und noch länger nicht gesprochen hatte, entwickelte sich eine echte Brieffreundschaft. Sie nennt mich immer noch «Würmchen», aber es klingt nicht böse. Ich schmiedete Pläne, was ich alles in Deutschland machen würde, und zum Abschied mopste ich mir einen kleinen Eimer sündhaft teurer norwegischer Multe-Beeren aus dem Tiefkühlraum. Es tat mir leid, im nächsten Herbst nicht mehr in Norwegen sein zu können, denn da gab es massenweise Beeren, Steinpilze und kleine rote Äpfel zu pflücken. Außerdem hatte ich noch Wolle für drei Pullover übrig, die ich erst hätte fertig stricken sollen. Ich mag keine unabgeschlossenen Arbeiten, aber das Kapitel «Norwegen» war jetzt abgeschlossen.

Der lange Weg nach Göteborg

Hätte ich geahnt, was mich in Deutschland erwartete, ich wäre nicht zurückgekehrt. Ich hatte gedacht, ich könnte dort weitermachen, wo ich aufgehört hatte, aber so vieles hatte sich verändert. Inzwischen war die Mauer zur DDR gefallen, und kurz nach meiner Rückkehr in die Optisch' fing es in der Wirtschaft an zu kriseln – auch in unserem Betrieb. Zu meinem großen Schock sollte ich auch noch im Optik-Labor arbeiten; der Platz dort war noch immer nicht besetzt worden. Nach drei Monaten buchstäblichen Heulens und Zähneknirschens und endlosen Stunden, während derer ich im Labor hockte und *nichts* tat, ohne daß je ein Chef vorbeigekommen wäre, holte Herr Oberst mich aus dem Keller herauf in die Kontrolle II, und ich hatte endlich wieder Beschäftigung und meine Linsen in den Fingern. (Inzwischen ahnte ich ja, warum ich die Linsen so lieb hatte; Kinder mit Autismus sind oft fasziniert von runden, drehbaren und glänzenden Gegenständen!)

Aber auch die Abteilung hatte sich verändert: statt der beiden ruhigen älteren Frauen und Y., den ich immer für einen «Freund» gehalten hatte, waren jetzt zwei junge Frauen dort, die unentwegt mit schrillen Stimmen quatschten, giffelten und Susanne je nach Laune entweder veräppelten oder anbrüllten. Die beiden hielten zusammen, und Susanne war der Abteilungstrottel. Sie tratschten über alle und jeden, auch über Kollegen und Chefs, aber nur, wenn diese das nicht hörten. Ansonsten schleimten sie ihnen voll ins Gesicht – wie können Menschen sich bloß so verstellen?!

Obwohl ich meine Arbeit gerne machte und so dankbar war, wieder vor meinem Neonröhren-Kasten sitzen zu dürfen, hatte ich jeden Tag Bauchweh, wenn ich nur diese Frauen lachen hörte. Am schlimmsten wurde es, als Herr Oberst kurz darauf in Rente ging und mich nicht mehr «schützen» konnte. Er hatte immer gesagt, Susanne würde am genauesten von allen arbeiten, und die anderen sollten sie in Ruhe lassen, aber nun konnten sie über mich herfallen, wie sie wollten.

Parallel dazu gab es Ärger mit meiner Wohnsituation. Weil wir nicht rechtzeitig eine neue Wohnung in X-Stadt gefunden hatten, mußte ich die ersten Monate in einer Pension leben, wo es laut zuging und die Wirtin mir das Leben schwer machte. Ich bekam das Duschwasser, das Klopapier, die Heizung und den Boiler-Strom rationiert, und Handtücher und Bettzeug wurden sowieso nicht gewechselt, bis ich mir welche aus Arolsen mitbrachte. Als sie auch noch anfing, dauernd zusätzliches Geld von mir zu verlangen, packte ich auf Anweisung des Vaters hin meinen Rucksack und zog in meine neue Wohnung, die der Vater inzwischen gefunden hatte. Es war zwar noch alles «roh» dort, aber Hauptsache, ich hatte eine Tür, die ich hinter mir abschließen konnte und ein WC, auf dem mich keiner störte.

Bis alles eingerichtet war und ich mir wieder etwas Warmes kochen konnte, vergingen noch ein paar Monate. Da nun überall im Haus Leute neu einzogen, gab es eine Menge Lärm, der meinen ohnehin schon durch den Firmenzoff angeschlagenen Nerven fast den Rest gab. Ich wohne im obersten Stock in einem sechsgeschossigen Haus ganz am Stadtrand, mit Blick über die Weinberge. Eigentlich könnte es ein kleines Paradies sein, aber die Nachbarn sind sehr rücksichtslos.

Ich höre viel zu empfindlich, kann jedoch kaum sagen, wie *nahe* ein Geräusch ist oder aus welcher *Richtung* es kommt. Manchmal laufe ich im Treppenhaus herum, um herauszufinden, woher der Lärm kommt. Wenn ich das weiß, ist es ein bißchen leichter zu ertragen. Manchmal klingt es, als sei die

Lärmquelle unmittelbar vor meinem Fenster, und wenn ich dann *sehe*, daß das Leute unten auf der Straße sind, dann ist es nicht mehr so schlimm.

Die Rückkehr nach Deutschland war auch insofern eine Enttäuschung, daß nicht nur der Kontakt zu den Vereinen längst abgerissen war, sondern daß auch Herr Meyer, Anni und Gerhard vor lauter eigener Angelegenheiten nicht mal mehr Zeit zum Schreiben zu haben schienen. Anni, die ich nochmal traf, hatte kaum Ahnung von Autismus, obwohl sie Psychologie studiert hatte. (Wie ich später erfuhr, hatte sich auch die Mutter mehrmals bei Psychologinnen wegen Susanne beraten lassen, ohne daß ich es gewußt hatte. Die hatten auch alle keine Ahnung, kassierten aber DM 100 für eine Stunde. Das alles bestätigt nur, daß es wichtig ist, Bücher wie dieses hier zu veröffentlichen, damit anderen Betroffenen so etwas vielleicht erspart bleibt.)

Anni meinte sogar, ich solle aufhören, nach einer Wahrheit zu suchen, die mich vielleicht erschrecken oder deprimieren würde. Sie ist ja lieb, aber sie verstand nicht, daß ich jetzt, wo ich einmal angefangen hatte, endlich Klarheit haben mußte; das war lebenswichtig für mich!

Ähnlich war es bei der Mutter: Sie zuckte regelrecht vor dem Wort «Autismus» oder «Behinderung» zurück, bevor sie sich überhaupt informiert hatte, was das eigentlich wirklich war. Komisch, dabei hatten sie mir doch schon seit frühester Jugend immer wieder eingehämmert, ich sei bescheuert, behindert, ein sozialer Krüppel, verhaltensgestört ... oder eben «autistisch».

Gute Fachliteratur zum Thema ist selten in Deutschland, und das schwedische Buch konnte die Mutter nicht lesen, aber nach und nach trug sie immer mehr Informationen zusammen. Wir wühlten in ihren und meinen alten Tagebüchern herum und fanden dabei noch weitere «Indizien», die deutlich auf Autismus hinwiesen.

Ich versuchte, so zu leben wie früher, aber die Umwelt ließ es nicht zu. In Arolsen ging es noch: Wenn ich nach Hause kam, duftete das Haus immer noch nach frisch gebackenen Keksen, und auf meinem Tisch stand eine Schale mit Äpfeln. Saaki, der bald erwachsen war, hatte immer weniger Zeit zum Reden und Musikhören. Er war inzwischen total gebildet in Kunst, Musik, Literatur und Fremdsprachen; ein Durchschnittsmensch ist er gewiß nicht. Der Vater arbeitete und arbeitete, also ganz wie immer. Ätzend, daß sein Büro nun zu Hause ist! Daß ich aus Norwegen eine Menge Gitarrenlieder, Dias und Geschichten zum Erzählen mitgebracht hatte, interessierte kaum jemanden. In der Optisch' wurde die Stimmung zusehends schlechter: zuwenig Aufträge, zuviel Ausschuß. Dann bekam ich auch noch Ärger mit meinen Hüftgelenken. Herr Oberst schickte mich zum Arzt. Röntgenaufnahmen zeigten, daß an beiden Seiten eine deutliche Dysplasie vorlag. Wahrscheinlich habe ich mir das durch das «falsche» Laufen eingebrockt.

Als Kind hätte ich das nämlich noch nicht gehabt, sagte die Mutter. Damals sei ich nämlich extra untersucht worden, weil ich so spät laufen lernte. Während der Lehrzeit hatte mir eine Zeit lang das Knie weh getan, aber damals hatte der Orthopäde nur das Knie und nicht die Hüften, von denen der Schmerz ausstrahlte, untersucht. Da er nichts gefunden hatte, hatte er mich einfach zu einem Psychologen geschickt; er meinte, den hätte ich nötiger. Natürlich war ich dort nicht hingegangen.

Der Hausarzt schickte mich zur Krankengymnastik. Ätzend! Ich konnte die Übungen nicht nachmachen, wenn die Krankengymnastin sie mir selbst vorführte. Wenn sie sie mündlich beschrieb und dabei evtl. noch die Arme und Beine führte, ging es einigermaßen, aber bis zum nächsten Mal hatte ich alles wieder vergessen.

Die Krankengymnastin meinte, bei Susanne seien einige Reflexe nicht in Ordnung, oder es sei irgendetwas mit den Muskeln, und überhaupt sei die Susanne so «gestört». Sie hatte mich etwas über mein Privatleben ausgefragt und meinte, ich müsse «krank» sein: So könne man doch unmöglich leben! Sie wollte mich, wie so viele andere vorher, zu meinem «Glück» zwingen. Um «glücklich» zu werden, sollte ich viel aktiver sein und unter Menschen gehen. Ich hatte ihr natürlich nichts von Autismus erzählt; vielleicht hätte mir das einiges erspart. Als ich auch noch wiederholt praktisch vor ihren Augen (während der Wartezeiten) plötzlich eingeschlafen war, glaubte sie endgültig, Susanne sei krank.

Nachdem sie es mit ihm abgesprochen hatte, bin ich dann vom Hausarzt zu diversen Neurologen und einmal zu Tests für drei Wochen in das Neurologische Landeskrankenhaus überwiesen worden, aber die haben es dort alle nicht geschafft, die einzelnen neurologischen Funde zu einem kompletten Mosaik zusammenzusetzen. Natürlich hatte ich mich gegen das Krankenhaus gesträubt, aber der Hausarzt hatte schon alles veranlaßt und stellte mich vor die vollendete Tatsache, daß bereits ein Platz für mich reserviert sei. Ich hätte keine Wahl, hieß es; evtl. hätte ich eine schleichende tödliche Krankheit. Blah-blah!

Was ich nicht alles schon gehabt habe … Erst hatte ich angeblich MS oder irgendeine Muskelkrankheit, die psychische Symptome mit sich zieht. Nach fast drei Wochen permanentem Affentheater im Krankenhaus, nachdem sie mir mal wieder Paranoia, Schizophrenie und Eßstörungen anhängen wollten, waren sie wohl froh, Susanne wieder loszuwerden. Sie hatten mir keine konkrete Krankheit nachweisen können, weigerten sich aber ebenso, mich als «gesund» zu bezeichnen.

Ich hatte damals jeden Tag um Entlassung gebeten. Ich *wußte*, ich war nicht krank, aber im Krankenhaus wird man krank *gemacht*. Dort gab es einen Fraß, den ich nicht essen konnte. Ich lebte nur von Äpfeln, die mir andere Patienten und deren Besucher zusteckten, und von Weizen- und Roggenkeimen, die ich verbotenerweise in vier Gläsern unter dem Nachttisch zog.

Meine persönlichen Tages- und Nachtrituale kollidierten mit den Routinen des Krankenhauses; da gab es viel Salzwasser aus den Augen, täglich. Am Wochenende büxte ich mit meiner Fotokamera, die ich geistesgegenwärtig eingepackt hatte, aus, um die Rauhreif-Landschaft in der Umgebung zu fotografieren. Einmal fand ich den Weg ins Dorf, wo ich bei ALDI einen Beutel Möhren kaufte. Allerdings fand ich den Weg zurück nicht mehr, und da gab es auch Ärger mit den Ärzten hinterher.

Nachts ging ich der Nachtwache auf die Nerven, weil ich durch die Gänge lief, weil ich im Zimmer keine Ruhe fand. Einzig all das, was ich über Neurologie lernte, das war interessant. Natürlich hatte ich niemandem vorher gesagt, daß ich in das Krankenhaus sollte, aber irgendwie bekam die Mama das später doch heraus, und da mußte ich zu Hause auch einige unbequeme Fragen beantworten.

Als Anfang 1991 der Golfkrieg war und die Kollegen mir mit ihrem Gerede noch mehr Angst machten, daß nun der Himmel schwarz werden würde, kam die nächste Frust-Welle. Tag und Nacht kreisten Hubschrauber der in X-Stadt stationierten amerikanischen Soldaten über der Stadt, und obwohl der Himmel noch blau war, herrschte regelrechte «Kriegsstimmung».

Mit meinen Gedanken war es so ähnlich: Noch immer hatte ich niemanden gefunden, der mir meine Fragen beantworten konnte. Eine neue Aneinanderreihung von Zufällen brachte mich weiter: Für den Mai 1991 hatte ich eine Zugfahrt nach Westnorwegen geplant, mehr wegen der Reise selbst als wegen der Leute in meinem Ex-Projekt, die ich besuchen würde. Zufällig sollte in derselben Woche ein Seminar über Autismus in der Stadt Bergen stattfinden – und der Referent würde ein gewisser Professor Christopher Gillberg sein. Ob er derselbe war, der das schwedische Buch geschrieben hatte? Soviele Forscher auf dem Gebiet gibt es ja nicht; Gillberg, das erfuhr ich später, war einer der weltführendsten.

Ich dachte mir, das müsse ein Zeichen sein, daß ich genau in der Woche Urlaub hatte, und meldete mich für das Seminar an, obwohl mir schleierhaft war, wie ich das alles bewältigen sollte. Zugfahren konnte ich ja, aber wie würde das mit dem Hotel und den vielen Leuten gehen? Hoffentlich würde keiner durchschauen, weshalb ich mich für das Thema interessierte.

Nach einem kurzen Besuch im Wohn- und Reha-Center fuhr ich weiter nach Bergen. Ich fand sogar das Seminarhotel, wo mir die Organisatoren weiterhalfen mit der Anmeldung und dem Zimmer.

Und dann folgten zwei Tage Vorträge über Autismus, darunter auch eine Menge über Autismus bei Erwachsenen und bei normalem IQ. (In den meisten deutschen Büchern wird nur über Autismus bei Kindern geschrieben und vorwiegend über die «schlimmen» Fälle.)

Gillberg sprach auf die gleiche Art, in der auch sein Buch geschrieben ist. Ich versuchte, nicht daran zu denken, daß er ja auch ein Psychiater war. Und wieder erkannte ich mich in dem, was er vortrug, so sehr wieder, daß ich Angst bekam, die anderen Teilnehmer könnten mich anstarren und in meinem Gesicht lesen, daß ich Autismus hätte. Als mich in der Pause eine junge Norwegerin ansprach, wäre ich am liebsten rausgelaufen. Erst gab ich keine Antwort auf ihre Fragen, woher ich käme usw., aber sie war sehr hartnäckig. Sie hieß Sonja und ging in eine Pfleger-Schule in Bergen. Irgendwie quetschte sie alles aus mir heraus. Am Abend meinte sie, ich müsse unbedingt mit Gillberg sprechen, wenn ich schon diesen weiten Weg gekommen sei.

Nein, unmöglich! Da schlug Sonja vor, daß ich meine wichtigsten Fragen aufschreiben solle, dann würde *sie* ihn ansprechen. In der Nacht schrieb ich einen schmierigen Zettel voll, mit dem Sonja am nächsten Tag zu Gillberg ging. Sie kam zurück mit einem Blatt, auf dem seine Adresse in Göteborg stand. Dort sollte ich noch einmal hinschreiben; jetzt auf dem Seminar wäre die Zeit zu knapp. Sonja schärfte mir ein, ich solle bloß hinschreiben! Gillberg nähme die Sache ernst, und er hätte versprochen zu antworten.

Gute Sonja, danke, daß Du mich derart «angeschubst» hast!

Wieder in X-Stadt angekommen, kritzelte ich 16 Seiten voll, in denen ich mein Leben in groben Zügen beschrieb und meine Fragen stellte. Konnte es sein, daß ich Autismus oder Aspergers Syndrom hatte? War das möglich, obwohl ich darüber nachdenken konnte? Und wenn nicht, was hatte ich stattdessen?

Wenn es einen Menschen gab, der diese Fragen beantworten konnte, so war es Gillberg, und nachdem ich die Vorträge gehört hatte, glaubte ich nicht mehr, er könne ein «böser Tüchtig-Ater» sein; die Vorträge zeugten von großer Toleranz und Verständnis.

Dieser erste Brief verschwand auf dem Postweg. Glücklicherweise hatte ich eine Kopie, die ich nach Göteborg schickte, und diesmal bekam ich postwendend eine Antwort. Christopher (in Deutschland wäre es undenkbar, in Schweden ist es aber üblich, daß man sich mit «du» und Vornamen anspricht, auch wenn es sich um «Patient» und «hohen Professor» handelt) schrieb, es sei *durchaus* möglich, daß ich ein Handicap aus dem Bereich des «Autismusspektrums» habe, und er war interessiert an mehr Informationen.

Nach ein paar weiteren Briefwechseln meinte er, ich solle in seine Klinik nach Göteborg kommen; dort könnte man ganz sicher eine Diagnose erstellen. Die Klinik wollte mir sogar die Fahrkarte und eventuelle Übernachtungen bezahlen, doch das konnte ich unmöglich annehmen. Es war reichlich genug, daß sie mir so viel *Zeit* schenkten! Und übernachten, das mache ich grundsätzlich im Zug und auf dem Bahnhof.

Am 2. März 1992 hatte ich um 9.00 Uhr den Termin in der Annedalsklinik. Die Firma war wegen Kurzarbeit geschlossen, also hatte ich sowieso «frei». Gewiß, mir war arg mulmig zumute vor der Reise, von der ich nicht wußte, was sie alles mit sich bringen würde. Ich wußte ja nicht einmal, ob ich die Klinik überhaupt *finden* würde, die irgendwo mitten in Göteborg lag.

Wieder ohne jemandem etwas zu erzählen, fuhr ich los. Es kam mir vor, als würde ich von zu Hause ausreißen, dabei war ich doch schon längst dort ausgezogen. Wenn ich unterwegs umgebracht oder ins Irrenhaus gesteckt werden würde, würde ich spurlos verschwinden. Aber ich war zu der Zeit an einem Punkt angelangt, an dem ich kaum noch etwas zu verlieren hatte. Zu meiner großen Erleichterung bekam ich alle Zug-anschlüsse: Mainz, Frankfurt, Hamburg, Kopenhagen – und dann mit dem Nachtzug nach Göteborg, wo ich um 2.30 Uhr ankam und mich noch ein bißchen im Schlafsack auf eine Bank legte. Meine «Morgenstunden» würde ich auf dem Bahnhof verbringen müssen. Es würde funktionieren, wenn mich niemand ansprechen würde. Außerdem dachte ich mit einem An-flug von Galgenhumor, daß ich nach einer Nacht, die keine richtige gewesen war, auch keine richtigen «Morgenstunden» haben müsse; logisch!

Um 4.30 Uhr scheuchte mich die Bahnpolizei auf, weil der Bahnhof sich allmählich mit Reisenden füllte, und da durfte man nicht wie ein Penner auf der Bank liegen. Gegen 7 Uhr machte ich mich auf den Weg: Mit der Straßenbahnlinie Nr. 1 bis zum «Linnéplatz» und dann noch eine Haltestelle weiter mit dem Bus 51. Dort stand ich direkt vor dem Gebäudekom-plex der Annedalskliniken, der bedrohlich von einem steilen Berg aus über mir aufragte.

«Da mußt du durch», sagte ich mir, um das flaue Gefühl im Magen zu vertreiben. Das letzte Stück Weg würde ich nach dieser langen Reise nun auch noch gehen können. Allein; wie auf allen bisherigen Wegen.

Christophers Sekretärin hatte mir genau beschrieben, wie ich ihr Büro im letzten Gebäude ganz oben finden würde. Da ich zu früh dran war, legte ich mich noch etwas zum Schlafen auf die Treppe vor der letzten Abzweigung: Das Schild «Neu-ropsychiatrie» hatte mir neue Übelkeit verursacht, und das Geschrei, das aus einem Raume schallte, und die Geräusche, die das Pflegepersonal verursachte, waren auch nicht gerade ermutigend.

Ich mußte wirklich bekloppt sein: Da hatte ich mich mein Leben lang versteckt und nichts so sehr wie Psychiater gefürchtet – und nun lieferte ich mich *freiwillig* einem aus! Verdammt, was konnte ich jetzt noch verlieren? Außerdem: Wer A sagt, muß auch B sagen – diesen Spruch hatte ich inzwischen verstanden.

Die Sekretärin fand mich auf der Treppe und sprach sehr freundlich zu mir. Kurz darauf kam Christopher. Ich erkannte ihn nur mühsam wieder, wie alle Leute, die ich nur kurz gesehen habe, am besten noch an der Stimme. «Bist das *du*?» fragte ich, weil mir nichts anderes einfiel. In Christophers Büro, das gar nicht furchterregend aussah und auch keine Psycho-Folter-Maschinen beinhaltete, wurde ich dann stundenlang getestet und befragt. Es war sehr anstrengend, aber hinterher war ich erleichtert, daß ich es geschafft hatte.

Das Schwedisch verstand ich ebenso gut wie das Norwegisch; es lag auch an der Art, wie Christopher mit mir sprach, daß ich ihn fast klarer und deutlicher als manchen Deutschsprechenden verstand. Na, sicher hatte er Erfahrung, wie man mit Leuten wie Susanne reden mußte. Ich weiß nicht, wieviel Zeit vergangen war, als er die zahlreichen Punkte und Notizen, die er sich während der Tests gemacht hatte, zusammenrechnete: «Susanne, es ist nun faktisch klar, du hast eindeutig Autismus.» Paff! Mit so einem einzigen Satz ließ sich mein ganzes 25-jähriges Leben-im-Chaos zusammenfassen! Ich saß erst mal da und starrte geradeaus. Es war irgendwie komisch, das bestätigt zu bekommen, was man zwar schon immer geahnt, aber letztendlich doch nicht offiziell diagnostiziert bekommen hatte.

Alle bis dahin angenommenen Gegenargumente waren entkräftet, alle *für* die Diagnose sprechenden Indizien nur noch verstärkt worden. Christopher machte keine Geheimniskrämerei aus alldem, wie es manche Ärzte tun, angeblich um den Patienten zu «schonen». Er stellte mir einige Zusatzfragen, mit denen er mich ordentlich hereinlegte. Das war zuerst ziemlich peinlich, weil ich nicht raffte, welchem Zweck dies dienen sollte. Später erklärte er mir, damit wollte er mir zeigen, an welchen Punkten Susanne anders denkt als die «Normalen», zeigen, wie sich Mangel an Empathie auswirken kann.

Also, heute weiß ich: «Empathie» ist, wenn *ich* weiß, daß Christophers Sekretärin *nicht* weiß, daß Christopher in der Smarties-Dose in seinem Büro keine Schoko-Linsen, sondern tönerne Würfel versteckt hat, und das, obwohl ich ja selbst gesehen habe, daß Würfel drin sind! Liebe Leser, habt Ihr das kapiert? (Falls nicht, schlage man in Uta Friths Buch *Autism – Explaining the Enigma* unter dem Stichpunkt «Theory of mind» und «The pencil in the Smarties-Box» nach.)

Ich bekam gleich einen neuen Termin mit auf die Rückfahrt: bereits Ende Mai sollte ich wieder in die Annedalsklinik kommen.

Vier Dänen und ein Schreibprojekt

Die zweite Reise nach Göteborg war das absolute Chaos. Schon die Wochen davor war ich sehr besorgt gewesen, weil die Arbeiter der Bundesbahn dauernd streikten. Da ich befürchtete, nicht pünktlich anzukommen, fuhr ich früher als beim erstenmal los und nahm eine andere Bahnlinie, die von den bestreikten Intercity-Zügen unabhängig war. Dadurch war ich bereits in der Nacht im Zug und versuchte noch etwas zu schlafen. Da ich nichts, was für andere von Wert gewesen wäre, in meinem Rucksack hatte, stellte ich ihn sorglos neben die Tür. Ich muß kurz eingenickt sein ... Als der Zug gegen 4 Uhr die Grenze nach Dänemark erreichte, war der Rucksack jedenfalls weg.

Ich verstand erst gar nicht, daß er *gestohlen* worden war, hatte ich doch Geld, Fahrkarte, Paß und Schlüssel extra in einem Brustbeutel. Im Rucksack befanden sich nur mein Proviant, zwei Bücher über Autismus, die ich mir gerade auf Christophers Empfehlung hin gekauft hatte und unterwegs lesen wollte, ein paar Linsen, die ich immer mit mir herumschleppte und ein paar für mich unersetzliche Aufzeichnungen.

Wer würde so etwas stehlen?

Ich suchte den Zug ab, der gerade auf die Fähre fuhr. Dann lief ich heraus und durchsuchte die Mülleimer der Fähre. Da war ich schon nervös, aber schlimm wurde es erst, als ich den Weg zu meinem Waggon nicht mehr fand, weil ich diesmal nicht auf die Markierungen auf der Fähre geachtet hatte. Irgendwie bekam ich voll den Rappel, als dann auch noch Leute auf mich zukamen und mich zu greifen versuchten. Ich wollte doch nur zu meinem Zug zurück! An den Rucksack dachte ich schon gar nicht mehr, aber den Zug, in dem sich noch mein Schlafsack befand, den mußte ich unbedingt erreichen! Ich sah nur noch ein Chaos von Menschen um mich herum, hörte einzelne Fragen heraus, z. B. ob ich Epilepsie hätte, Drogen nähme oder Medikamente bräuchte, und meinen Paß wollten sie auch sehen. Aber da war ich schon viel zu paralysiert, als daß ich hätte ordentlich antworten können.

Inzwischen war wohl die Fähre von Puttgarden nach Rodby übergesetzt. Ich fing an, um mich zu schlagen, als vier große stämmige Zollpolizisten mich wegzutragen versuchten. Zu meiner «Kriegerehre» sei an dieser Stelle gesagt, daß ich sie zumindest einige Zeit lang daran hindern konnte. Mein Grundzustand ist träge, aber im Affekt der Situation kann ich große Kräfte entwickeln. Gegen die vier Dänen kam ich jedoch nicht an. Draußen stellten sie mir erneut Fragen; ich hörte die dänischen Sätze und antwortete automatisch auf norwegisch, ich müsse unbedingt zu meinem Zug zurück. Ich durfte doch nicht zu spät zu meinem Termin kommen!

«Schwedin!» hörte ich jemanden sagen. Dann fand jemand meinen Paß im Brustbeutel: «Das ist aber nicht der richtige, der ist ja deutsch!» Jetzt war auch noch mein Paß angeblich falsch! Ich sollte in einen Krankenwagen einsteigen, wehrte mich aber derart, daß sie mich nicht unter Zwang hereinbekamen. Erst als sie mir drohten, mich nach Deutschland zurückzubefördern, gab ich auf; der Zug war sowieso weg.

In einem Krankenhaus, einen Ort weiter als Rødby, ging es dann weiter mit dem «Verhör». Wo ich herkäme? – Deutschland. – Aber ich spräche doch schwedisch! – Ich kann gar kein schwedisch! – Ach, und was sei das, was ich gerade täte? – Auf dem Stuhl sitzen. – Nein, die *Sprache*! – Ich spreche *norwegisch*! – Aber du wohnst in Deutschland? – Klar, ich *bin* Deutsche. – Und jetzt willst du nach Norwegen fahren? – Nein, diesmal nur nach Göteborg … und jetzt ist mein Zug weg!! Und was willst du in Göteborg? – «Äh, jemanden besuchen, so ungefähr. – Einen Freund oder Verwandten? – «Äh, eigentlich nicht. – Hast du ein Nachtquartier dort? – Nein. – Wie lange willst du in Göteborg bleiben? – Circa einen halben Tag. – Nein, sowas gibt es ja gar nicht! – Das glaubt ihr ja sowieso nicht!

Manchmal ist die Wahrheit eben abenteuerlicher als jede Dichtung.

Und dann wieder die Fragerei von wegen Narkotikamißbrauch oder Kranksein. Sie wollten die Telefonnummer meiner Eltern haben, aber erstens wußte ich die nicht, und zweitens durften die doch gar nicht erfahren, wohin ich alleine unterwegs war. Ich hatte noch den alten Zettel mit der Adresse und Nummer von Christopher dabei, und so riefen sie dort an.

Danach durfte ich endlich weiterreisen. Eigentlich waren die Dänen ja ganz nett: Ich bekam eine Platiktüte mit einer großen Colaflasche und einer Packung Kekse, und der Schaffner des nächsten Zuges nach Kopenhagen blieb solange bei mir, bis ich meinen Schlafsack wieder hatte (der inzwischen schon mal alleine bis Kopenhagen vorgereist war) und im Anschlußzug nach Göteborg saß.

Ich kam sogar noch pünktlich zur Annedalsklinik. Christopher erklärte mir, das sei typisch gewesen, daß ich gedacht hatte, den Rucksack stiehlt keiner, weil ich die Wertsachen doch alle am Körper trug. Aber daß das ein potentieller Dieb nicht wissen konnte, daran hatte ich nicht gedacht! So gesehen, ist mir also der Rucksack gestohlen worden, weil Susanne einen Mangel an Empathie hat.

Als ich nur noch von den Zügen, dem Streik und dem Chaos erzählte, wurde ich unterbrochen: «Meinst du, du kannst dich jetzt auf etwas anderes konzentrieren?»

Und dann kam die Idee mit dem Buchprojekt: Christopher schlug vor, ich solle ein Buch über mein Leben schreiben, und er selbst würde den medizinischen Fachteil beisteuern. Dieses Buch sollte am Beispiel von Susannes Leben zeigen, wie das ist, mit Autismus zu leben. Es sollte denen helfen, die so ähnlich wie Susanne sind, und allen anderen Menschen, die damit umgingen. Vielleicht könnte ein solches Buch dazu beitragen, mehr Ver-

ständnis und Toleranz für Menschen mit Autismus zu bewirken.
– Ich mußte erst darüber nachdenken, ob ich so etwas würde
schreiben können. Als ich wieder nach Deutschland abreiste,
hatte ich in der dänischen Plastiktüte ein paar Blätter stecken,
auf denen Christopher mir eine Art Grundkonzept für das Buch
notiert hatte, an dem ich mich würde orientieren können, darunter auch ein paar Themen-Fragestellungen für Extra-Kapitel.

Ich dachte mir, okay, schreibe ich halt einen «Schulaufsatz»,
schicke ihn nach Göteborg und fertig damit. Ich konnte damals noch gar nicht ahnen, was so eine Buchschreiberei alles
nach sich ziehen würde.

Die Episode mit dem Krawall auf der Fähre hatte noch ein
peinliches Nachspiel: Noch an jenem Vormittag mußten die
Dänen bei der Polizei in X-Stadt angerufen haben – meine
dortige Adresse hatten sie wohl aus dem Paß gehabt. Die Polizei schickte einen Beamten zu dem Haus, in dem ich wohnte.
Irgendwie war dieser dann mit Herrn Oberst zusammenge-
troffen, der nicht nur mein Ex-Chef, sondern auch mein Haus-
Nachbar war, und er besaß die Telefonnummer meiner Eltern.

Jedenfalls rief der Polizist in Arolsen an, und meine Eltern
wußten von nichts! Der Mama wurde richtig schlecht. Später
rief auch noch Herr Oberst an, und das Theater war perfekt.
Ich jedoch, als ich das nächste Mal zu Hause war, schwieg
mich über meine «Spritztour nach Schweden» weitgehend aus.
Dann war ich halt mal wieder in das schöne Skandinavien
gereist, na und? Mir hat es doch immer gut dort gefallen!

Was konnte ich dafür, daß ich etwas nervös gewesen war,
weil die Bundesbahn streikte und man mich wegschleppen
wollte? Die hätten besser den Dieb, der mir meinen Rucksack
geklaut hat, verhaften sollen! Noch heute kann man im
Sprachgebrauch meiner Familie ein Andenken an dieses Erlebnis finden: Wenn der Papa mir einschärfen will, ich solle mich
bloß «benehmen» und keinen «Anfall» kriegen, droht er scherzhaft «...sonst müssen wir vier Dänen holen!»

Den ganzen Juni schrieb ich wie wahnsinnig an dem Mammut-Aufsatz. Ich mußte das unbedingt in einem Stück durchziehen, sonst hätte ich es gar nicht gemacht. Jede freie Minute schrieb ich, oft die ganze Nacht hindurch, während der Schwarztee in der Kanne vor mir immer mehr abkühlte.

Da mein ganzer Tag normalerweise mit Arbeiten, Schlafen und persönlichen Routinen ausgefüllt ist, blieben nur die Nächte übrig. Auf Schlaf kann ich immer noch am ehesten verzichten, d. h., ich kriege sowieso nie die Menge Schlaf, die ich eigentlich benötige, weil ich nachts nie lange am Stück schlafen *kann* und tagsüber meist nicht richtig schlafen *darf*. Ich glaube, ich schlief zwei Wochen lang fast gar nicht, jedenfalls nicht in der Nacht. Somit ist dieses Buch weitgehend ein Produkt meiner fruchtbarsten Nachtstunden zwischen Mitternacht und Morgengrauen, wenn ich nach ein paar Stunden Abendschlaf erst mal ausgeschlafen habe. Bis auf einige wenige «wache Stunden», die ich tagsüber entweder nach ein paar Tagesnickerchen oder erst zur Teestunde erreiche, sind diese Nachtstunden die einzigen, in denen ich einen klaren Kopf und volle Konzentration habe.

Parallel zum heranwachsenden Manuskript erlebte ich mein ganzes Leben noch einmal. Für die Beschreibung meiner ersten drei Lebensjahre hatte ich das Baby-Tagebuch der Mutter gemopst und kopiert.

Im Juli hatte ich zwei Wochen Sommerferien und schrieb das verschmierte Manuskript auf der Schreibmaschine des Vaters ins Reine, wobei ich jeden der norwegischen Buchstaben «æ», «ø» und «å» von Hand nachzeichnen mußte. Die Mutter versuchte zwar herauszufinden, was Susanne da schon wieder auskochte, aber ich verriet nichts. Jene heißen Ferien ließ sie mich dann weitgehend in Ruhe, bis auf das obligatorische «Schwimmtraining».

Als ich endlich den dicken Manuskript-Packen zur Post gebracht hatte, sagte ich scherzhaft: «So, jetzt kann ich beruhigt sterben!» Wer hat schon mit 25 Jahren seine «Memoiren» fertig?

Es ist ein Abenteuer, ein Buch zu schreiben, ebenso wie es das Zugreisen sein kann.

Die Wichtigkeit
einer korrekten Diagnose

Wie sieht Susanne die Diagnose Autismus
in Bezug auf sich selbst?
(geschrieben 1992)

Nun muß ich überlegen. Ich wurde ja erst vor einigen Monaten diagnostiziert, und ich muß mich erst an den Gedanken gewöhnen, offen von mir selbst als «Mensch mit Autismus» zu sprechen. (Schließlich ist das ja nicht gerade etwas zum Stolzdraufsein.)

Eigentlich ist das komisch: Autismus ist eine ernste Diagnose, und ich sollte deprimiert oder schockiert deshalb sein, doch dem ist nicht so. Ich war anfangs etwas schockiert gewesen (oder überrascht?), als ich Christophers Buch las, und die Zeit danach war ich einige Male ziemlich verzweifelt, weil mir niemand mit meinen Fragen weiterhelfen konnte. Damals kamen aber noch viele andere, mehr äußerliche Probleme dazu, die in ihrer Summe wesentlich frustrierender waren.

Ich bin immer ein kleiner «Wissenschaftler» gewesen, und ein solcher sucht nach der Wahrheit.

Manche Leute verstehen nicht, wieso man auch dann noch nach einer Wahrheit suchen will, wenn diese ziemlich unbehaglich sein könnte. An dieser Stelle will ich einen guten Spruch zitieren: «Besser ein Ende mit Schrecken als ein Schrecken ohne Ende.» Ungewißheit ist das Übelste, was es gibt, finde ich.

Ich habe über Eltern gelesen, wie sie reagierten, als sie für ihr Kind die Diagnose «Autismus» gestellt bekamen: Viele von ihnen reagierten (nach einer mehr oder weniger kurzen Schockphase) mit einer regelrechten «Erleichterung», trotz dieses ernsten Handicaps mit nicht sehr optimistischer Prognose.

Ich würde sagen, bei mir war es ähnlich, und ich kann es

kaum erklären. Vielleicht, weil diese Diagnose so viele Erklärungen für all das, was immer war und immer noch besteht, gibt? Weil die lange Suche nach Susannes Identität *endlich* vorbei ist? Nun weiß ich jedenfalls, warum ich immer nur nach einem Zustand der Ruhe und Monotonie strebte, stattdessen jedoch das Chaos antraf. Es kann manchmal arg geil sein, mit Autismus zu leben. Ich brauche mir keine Abenteuer- und Action-Filme im Kino anzusehen; sowas hab' ich selbst genug!

Ich wünschte bloß, ich hätte all dies viel, viel früher erfahren; es hätte mir eine Menge Schlimmes ersparen können. Verdammt, ich wär' fast verreckt daran! Ich bin Christopher zutiefst dankbar, daß er ohne falsche Rücksichtnahme mit mir gesprochen hat.

Das ganze Abenteuer mit den Göteborg-Reisen kommt mir manchmal so komisch-unwirklich vor, daß ich fast darüber lachen könnte. Dann wieder denke ich an die ernsten Aspekte dieser Diagnose. Ich hatte angenommen, daß ich Frieden finden könnte, wenn ich sicher wüßte, ob ich Autismus oder nicht oder etwas anderes hätte. Gewiß, ich *habe* Frieden gefunden – aber auch noch mehr neue Gedanken, besonders nach den Gesprächen mit Christopher und dem Lesen von Uta Friths Büchern.

Ich muß viele Dinge und Worte neu definieren. Ich habe über die Menschen gelernt, daß sie eine andere Art als ich zu denken, sich zu erinnern und auf Dinge und Ereignisse zu blicken, haben müssen. Außerdem muß ich eingestehen, wie *abhängig* ich von Menschen, die es gut mit mir meinen, bin. Ausgerechnet ich, die damals schrieb: «Ich brauche keinen Menschen!»

Ich muß annehmen, daß fast mein ganzes Leben aus «Mißverständnissen» bestanden haben muß. Und was recht hart ist: Ich werde wohl niemals eine Möglichkeit haben, da heraus zu kommen. Ich weiß nicht einmal, ob ich überhaupt so wie die anderen sein *will*; ich kenne es ja gar nicht anders als so, wie es ist. Ich würde allzu gern wissen, wie es sich anfühlt, ein richtiges «theory of mind», Empathie und echtes Ironie-Verständnis zu haben. Aber die Prognose lautet: «Der Zustand bleibt ein

Leben lang bestehen.» Ich sehe das nicht so dramatisch …, aber was ist mit denen, die in meinem Umfeld leben? Ich glaube, die Mutter wartet immer noch darauf, daß Susanne endlich anfängt, so wie die anderen und «erwachsen» zu werden.

Ein anderer Gedanke, nachdem ich mehr über Autismus erfuhr: *Alles* war von Anfang an vorprogrammiert, mein ganzes Leben von Geburt an! Es gab keine Zufälle dabei, welche Dinge mir gefielen und welche nicht, welche Angst erzeugten …; wofür ich mich zu interessieren begann, sogar welchen Beruf ich erlernte, alles war vorprogrammiert. Es liegt ein gewisser Trost in dem Gedanken, daß es so etwas wie meine Bestimmung ist, alleine zu bleiben, und daß ich geboren bin, um mit Linsen zu arbeiten.

Ich will hier keine «Ungezogenheiten» entschuldigen, aber der größte Teil des permanenten, undefinierbaren Schuldgefühles ist fort. Ich muß manchmal die Schuld an schlimmen Ereignissen gehabt haben, weiß aber nicht, auf welche Weise.

Doch, ich fühle mich sehr erleichtert. Ich werde niemals jenen Tag, den 2. März 1992 vergessen, der fast so etwas wie mein zweiter Geburtstag war. Das vielleicht Faszinierendste bei der ganzen Sache war, Menschen zu treffen (persönlich oder durch das Lesen ihrer Bücher), die mir meine Eigenschaften erklären konnten, verstanden, was nicht einmal diejenigen, die mir am nächsten stehen, verstehen konnten. Ich fühle mich teilweise von den Autismus-Forschern (besonders von denen, die sich auch der Probleme der Menschen mit «high-functioning-Autismus» annehmen) besser verstanden als von der Familie oder sogar von mir selbst.

Außerdem war es gut zu erfahren, daß es andere Menschen gibt, die mir ähnlich sind, daß ich nicht der einzige «Alien» hier auf der Erde bin. Ich bin über den Gedanken hinweg, daß «autistisch» ein Schimpfwort oder eine Schande sei: Es fühlt sich viel besser an, daß die Forscher (jedenfalls in Skandinavien) heute über «Menschen mit Autismus» statt über «Autisten» sprechen. Anders hört es sich furchtbar diskriminierend an.

Ich bin noch nicht ganz fertig mit dem Thema, aber ich bin ein entscheidendes Stück weitergekommen. Wie es weitergeht mit meiner «sozialen Umgebung», das wird die Zukunft zeigen. Kann ich die anderen informieren, daß ich Autismus habe? Würden sie das denn verstehen?

Über die anderen

Wie sieht Susanne die anderen Menschen?
Und wie, glaubt Susanne, wird sie von anderen
Menschen erlebt?
(geschrieben 1992)

Diese zwei Fragen sollen hier beantwortet werden, was ziemlich schwierig für mich ist. Ich glaube, nachdem ich begonnen habe, mehr über Autismus zu lernen, da hat sich mein Bild von den anderen etwas verändert. Ich begann ziemlich spät, überhaupt so richtig bewußt über Menschen nachzudenken. Früher war es so mit der Familie: Sie waren einfach da – und fertig damit. Aber ich meine das nicht böse oder «eiskalt», und es berührte mich unbehaglich, als ich las, daß Menschen mit Aspergers Syndrom (oder high-functioning-Autismus) «es schwer haben einzusehen, daß andere Menschen denken und fühlen» (wie Christopher Gillberg schreibt). Das war nämlich genau das, was die Mutter mir immer vorgeworfen hatte.

Aber ich weiß doch, daß Menschen denken und fühlen; dies steht ja auch in den Büchern, also stimmt es wohl. Es ist nur so, daß ich früher nicht an diese Tatsache gedacht habe. Es ist wohl eher so, daß ich nicht recht weiß, *was* sie denken, und ich finde, es ist schade, daß sie die Sprache nicht korrekt genug anwenden, so daß man enträtseln könnte, was sie mit ihren Worten meinen.

«Denke nur, was die Leute von Dir denken sollen!» sagte die Mutter oft, wenn ich etwas falsch machte. Nein, das konnte ich mir nicht *denken*.

Die Menschen sind nicht mehr alle gleich für mich. Als ich klein war, da war es im großen und ganzen für mich so: «die sind böse» (mit Ausnahme der Mutter?). Aber ich weiß, ich kann doch Menschen gern haben, jedenfalls habe ich damit angefangen, konkrete Gedanken wie «Ich mag ... (die Mama oder andere)» zu formulieren.

Vielleicht ist meine Definition von «gerne haben» anders als die der anderen Menschen. Wenn das bedeutet, eng mit ihnen zusammenzuleben, dann glaube ich, dann kann ich gar niemanden mögen. Aber jetzt meine ich, daß ich auf meine eigene Weise einige wenige Menschen sogar sehr gerne haben kann, ohne jedoch allzu oft und nahe mit ihnen zusammen zu sein. Vielleicht meinen die anderen, daß ich das nicht ordentlich zeige? Aber ich kann stattdessen feine Briefe an sie schreiben. Wenn man die Briefkommunikation anwendet, dann gibt es nicht so leicht Mißverständnisse. Man braucht nicht die «Körpersprache» lesen zu können, und man hat ausreichend Zeit, sich auszudenken, was man schreiben soll.

Schon viele Personen haben gesagt, daß Susannes «Schreibstimme» geschickter als ihre «Sprechstimme» sei. Wer Susannes Briefe kennt, der mag enttäuscht sein, wenn er mich dann mündlich erlebt. Leider sind die meisten Menschen brieffaul.

Heute meine ich, ich hatte oft großes Glück mit den Menschen, auf die ich traf. Da waren einige, die entweder große Toleranz oder Empathie hatten und die, auch wenn sie mich nicht verstehen konnten, irgendwie wußten, wie sie mit mir umgehen sollten und die mich ohne «Erklärung» akzeptierten. Diese wenigen mag ich jetzt, und ich wünschte, ich könnte ihnen die «Erklärung» nachliefern.

Die anderen verstehen wohl nicht einmal, wie viel sie von mir fordern, Tag für Tag. Die Dinge, für die ich mich abkämpfen muß, das sind bloß «Selbstverständlichkeiten» für sie.

Wie die anderen Susanne erleben, das weiß ich nicht, weil ich ihre Gedanken nicht lesen kann. Das kann ich höchstens ausrechnen unter Zuhilfenahme dessen, was sie sagen. Aber sie sagen nicht alles, was sie denken.

So gibt es verschiedene Aussagen, z. B. daß Susanne «nicht normal» ist, «komisch», «verrückt», «gestört», «anders», «geisteskrank», «behindert» usw. Manchmal kann ich fast normal wirken oder sogar wie ein gebildeter Mensch. Wenn ich im Zug etwas über Astronomie erzähle, werde ich gefragt, ob ich eine Studentin sei. Versuche ich mich dagegen im small-talk, z. B. im Schwimmbad, dann werde ich gefragt, ob ich in der Diakonie wohne (d. h., bei Menschen mit Behinderungen verschiedener Art).

Der Vater meint, Susanne sei verhaltensgestört, aber daß dies wohl der Fehler der Mutter sei, und sie haben oft darüber gestritten.*

Trotzdem hat der Vater mir viele Male sehr geholfen, verschiedene Dinge in meinem Leben zu ordnen. Die Mutter glaubt, daß Susanne vielleicht Autismus hat, aber sie hofft wohl, daß es nicht so sein möge und wartet weiterhin darauf, daß Susanne da «herauswachsen» möge, einfach nur «spät in der Entwicklung» ist. Intelligenz ist doch vorhanden, aber die Mutter sagt, der Unterschied zwischen Susanne und den anderen wird ständig auffallender, je älter sie wird. Sie versucht, mir soziale Sachen beizubringen, aber gestern sagte sie sogar, ich solle lernen zu *lügen*. Ist das nicht etwas, was man *nicht* machen soll, wenn man ein anständiger Mensch sein will?

Als die Mutter mich neulich zum Friseur schleppte, nach einer längeren «Diskussion» über diese Aktion, fand sie es befremdlich, daß die Leute dort Susanne duzten. Manchmal werden doch schon 15jährige gesiezt. Aber zu mir sagen die Leute fast überall «du», z. B. fremde Nachbarn dort, wo ich wohne, in Geschäften, im Krankenhaus (bevor sie herausfanden, wie alt ich war), auf der Straße. Und neulich am Schwimmbad wollten sie mir Eintrittskarten für Jugendliche unter 16 Jahren verkaufen. Ähnliches geschieht auch am Fahrkartenschalter der Eisenbahn. Mir selbst ist es egal, ob sie «du»

---

* Diese Situation hat sich bis heute (1996) grundlegend geändert. In der Familie ist alles so gut geworden, nach der offiziellen Feststellung der Diagnose «Autismus» durch Christopher Gillberg (1992); siehe «Fortsetzung folgt».

oder «Sie» zu mir sagen. Ich habe bis jetzt nicht einmal richtig darüber nachgedacht, aber der Mutter gefällt das nicht. Sie sagt, sie mache sich Sorgen, sie befürchte dauernd, daß Susanne sich in «schwierige Situationen» hineinmanövrieren könne und daß sie jeden Tag daran denken würde. Aber da mußte ich lachen. Außerdem sagte sie, daß sie besonders traurig darüber sei, daß ich stets mit «nein» geantwortet hatte, wenn sie mich fragte, ob ich mir *vorstellen* könne, daß sie sich Sorgen mache. Aber wie soll ich «hören», ob sie sich Sorgen macht? Sollte ich mit «ja» antworten, auch wenn es nicht stimmte? Manchmal läuft auch Salzwasser aus *ihren* Augen, und ich weiß nicht den Grund dafür, was ziemlich irritierend ist. Dann denke ich: Sollte das *meine* Schuld sein? Aber sie mag es auch nicht, wenn ich dann verzweifelt frage: «Ist Zank? Ist Zank!?», wenn ich nicht sicher bin, ob sie ärgerlich auf mich ist oder nicht.

Die Eltern sagen auch, Susanne hält kaum Kritik aus, aber ich glaube, ich könnte Kritik viel besser verstehen, wenn sie die anders ausdrücken und vielleicht besser erklären würden. Und sie sollten mit der Kritik sofort dann kommen, wenn ich etwas falsch mache, nicht Stunden oder Tage danach.

Was der Bruder von Susanne hält, das weiß ich überhaupt nicht. Er ist inzwischen so erwachsen geworden, sogar mehr erwachsen als manche anderen 18jährigen. Er interessiert sich nicht mehr für Popmusik oder Spaßkampf, sondern für alle Sorten Kultur, und er ist supergut in der Schule. Aber obwohl er auch etwas «exzentrisch» geworden ist, wie die Mutter das ausdrückt, so ist er nicht sozial-gehandicapt. Er macht gerne Veränderungen mit, er hat Freunde (d. h. so richtig hat er nur einen einzigen), und er ist schlagfertig mit seiner Ironie, die er gegen alle außer Susanne einsetzt. Er nimmt immer noch Rücksicht auf mich, und manchmal sitzen wir doch noch wie früher zusammen. Aber heute ist es eher Saaki, der berichtet, und ich bin es, der zuhört, bange zu zeigen, daß es immer schwieriger wird zu verstehen, über was er spricht. Ich habe Angst, er könne eines Tages die «kleine» Schwester, die sich nie weiterentwickelt, leid sein.

Manche Leute meinen, daß ich nicht genug passende Kleidung zum Anziehen habe, und deshalb wollen sie mir dauernd irgendwelche Klamotten, die sie selbst nicht mehr brauchen, andrehen. Aber das will ich nicht. Ich mag meine alte Kleidung nun mal nicht aufgeben, und ich trage immer noch viele Sachen aus der Zeit bis vor 15 Jahren; sie sind ein Stück persönlicher Geschichte für mich, ein Stück Identität und Sicherheit.

Die Kollegen meinen, daß Susanne ein Papagei ist, ein Verrückter, manchmal wie ein «Dreijähriges» (aber das muß doch stark übertrieben sein), und daß sie «am Leben vorbei geht». Zitate: «Bei dir ist wohl alles ganz extrem», «So jemanden wie dich habe ich noch nie getroffen», «Du lebst wohl hinter dem Mond». Der Leiter einer Nachbarabteilung hat mehrfach zu mir gesagt: «Du lebst ja völlig abgeschirmt!», und als ich dann einmal verzweifelt fragte, warum er das sagte – ich sei ja gerade dabei, mit ihm zu reden, also könnte ich nicht «abgeschirmt» sein – da antwortete er bloß: «Das spielt keine Rolle; du *lebst* abgeschirmt!» Wenn ich sowas höre, dann kommt diese alte, spezielle Panik zurück, sie könnten mich «enttarnen», und ich schimpfe zu mir selbst: «Autist! Alle sagen, daß du ein Autist bist, obwohl sie dieses Wort nicht kennen!»

Die anderen haben längst herausgefunden, daß ich keine Witze verstehe, obwohl, manchmal mache ich selbst einen Witz, ohne dies zu bemerken. Die anderen amüsieren sich dann jedenfalls. Und wenn ich dann stolz frage: «Habe ich jetzt einen Witz gemacht?», dann lachen sie noch mehr. Sie lachen auch, wenn sie mich beim «Tagträumen» überraschen. Dann sagen sie: «Jetzt warst du gerade wieder in einer anderen Welt!» oder «Machst du Meditationen?»

Ich wedele wirklich nicht mit den Händen herum, aber wenn ich irgendwie die Hand falsch halte, dann machen die anderen mich sofort darauf aufmerksam, besonders im Zentrierraum. Aber sie wissen, daß ich gute Arbeit leiste, deshalb lassen sie mich wohl, glaube ich.

Der alte Chef, Herr Oberst, meint, daß Susanne nicht selbst

auf sich aufpassen kann, und daß er deshalb eine Vaterersatz-rolle übernehmen muß. Als ich ihn einmal fragte, wieso er das nicht bei den anderen Jüngeren in der Firma mache, antwortete er: «Bei denen ist das doch ganz was anders!»

Ich werde auch dauernd von den verschiedensten Leuten darauf angesprochen, daß ich angeblich absolut chaotisch mit dem Fahrrad im Straßenverkehr führe. Die schimpfen oft, ich würde weder auf die Autos noch auf die Verkehrssignale achten, und sie würden sich nicht wundern, wenn jeden Augenblick etwas passieren würde. Aber das merke ich nicht: Ich meine, ich passe auf. Leider fehlt mir nicht nur die natürliche Angst vor Abgründen, sondern auch die vor dem Straßenverkehr. Bettina aus der Optisch' meint, wenn *sie* etwas zu bestimmen hätte, dürfte Susanne nicht mehr Fahrrad fahren. Aber wie soll ich ohne Rad in X-Stadt zurechtkommen?! Es gibt nicht einmal eine Buslinie, die ich für den Weg zur Arbeit benutzen könnte! Die anderen haben gut reden: Die fahren ja sogar Autos und Motorräder!

Wenn es mal aus dem einen oder anderen Grund eine Menge Salzwasser aus den Augen gegeben hat, sagen die älteren, daß Susanne krank und nervös sei und daß der Arzt ihr eine Erholungskur verschreiben solle. Bloß das nicht! Die beste Medizin ist, wenn ich mit der Arbeit und allem anderen Gewohnten weitermachen darf.

Außerdem passiert es manchmal, daß Kollegen sagen, ich sei entweder «unhöflich» oder «schlafe mit offenen Augen», wenn ich sie nicht erkannt oder gegrüßt habe, als ich sie in der Stadt oder im Schwimmbad traf.

Ich habe es schwer, Menschen, die ich z.B. nur mit einem Arbeitskittel bekleidet kenne, zu identifizieren, wenn ich sie unerwartet außerhalb der Firma und mit ungewohnten Sachen bekleidet treffe. Dasselbe geschah z. B., als unser Briefträger in Norwegen einmal ohne Uniform kam, weil er Urlaub hatte. Manchmal identifiziere ich Leute nur anhand ihrer Stimme – die kann ich mir besser merken.

Die meisten Gleichaltrigen sagen: «Du paßt nicht zu uns.» Aber es gibt auch Ausnahmen. Die Krankengymnastin (zu der ich inzwischen nicht mehr gehe) und die Neurologen glauben, daß Susanne irgendeine merkwürdige seltene «Muskelkrankheit» hat. Die Nachbarn glauben, daß Susanne «nicht mehr alle Tassen im Schrank» hat oder nicht sprechen kann, und sie tratschen darüber. Die Stamm-Badegäste und die Bademeister im Schwimmbad glauben, daß Susanne in der Diakonie wohnt. Bahn- und Zollpolizisten glaubten, daß Susanne ein Drogenabhängiger ist. Die Kassiererinnen im Lebensmittelgeschäft schimpfen mich aus, weil ich nicht schnell genug beim Einpacken der Waren an der Kasse bin. Außerdem ärgern sie sich, weil ich regelmäßig Lebensmittel mit abgelaufenem Haltbarkeitsdatum in den Regalen entdecke.

Einige Menschen, die ich traf, sehen Susanne etwas positiver, z. B. Gerhard und Anni oder Frau Böhme. Sie haben sogar zu mir gesagt: «Du bist ein liebenswerter (oder interessanter) Mensch.» Manche haben sogar gesagt, sie beneiden Susanne um ihre «Freiheit». Da habe ich mich drüber gewundert.

Aber es ist wohl richtig. Obwohl ich mich selbst scheinbar zu so vielem zwinge – und die anderen versuchen, mir noch mehr aufzuzwingen – so *bin* ich frei. Vielleicht sogar freier als diejenigen, die die Fähigkeit besitzen, einen «spontanen» Tag ohne Pläne und «Rituale» zu verleben.

Aber die meisten glauben, Susanne sei «innen arm». Was wissen sie schon darüber, wie froh ich sein kann, wie intensiv ich erleben kann, was ich in der Astronomie finden kann und wieviel meine Musik und Erinnerungen für mich bedeuten?

Sie verstehen auch nicht, welche Freude man daran haben kann, Äpfel im Herbststurm zu pflücken. Was wissen sie über das *Leben*? Was wissen die anderen darüber, was das Leben für mich bedeutet? Manchmal glaube ich, es sind die anderen, die «am Leben vorbei gehen», und nicht Susanne!

Okay, ich habe keine Ahnung darüber, was andere denken

und fühlen. Aber so gut wie die anderen auch darin sind, miteinander zu kommunizieren und sich gegenseitig die Gedanken zu lesen, so wissen sie nicht, was ein Mensch mit Autismus denkt und fühlt, und wie er die Dinge erlebt. Manchmal könnte ich echt verzweifeln, wie sehr ich Menschen zum Überleben brauche, es dann aber in ihrer Nähe doch nicht aushalte.

Was mich am meisten erstaunt, ist, daß sogar fremde Menschen schon nach kurzer Zeit merken, daß «etwas» mit Susanne ist, auch wenn sie meist nicht konkret sagen können, was. So mußte ich mehrere Male in meinem Leben den Wohnort wechseln: Jedes Mal hatte die Mutter gesagt, daß dies eine große Chance für mich sein könnte, ein «neues Leben» zu beginnen, weil die Leute am neuen Wohnort ja keine Vorurteile über mich hätten. Aber obwohl ich mich anstrengte, «normal» zu sein, so war es überall dasselbe.

Ich verstehe nicht, wie sie so schnell etwas merken, wie besonders die Gleichaltrigen sagen können: «Du bist anders», ohne überhaupt so richtig mit mir gesprochen zu haben.

Es ist wohl so, daß keiner der anderen verstehen kann, daß Susanne gleichzeitig so gut über einige Dinge Bescheid wissen und so dumm mit anderem sein kann. Sogar die Mutter schimpft mit mir, wenn ich wirklich nicht verstanden habe, was sie meinte, und sagt: «Tu nicht so dumm, du verstehst doch genau, was ich meine!» Oder manche Kollegen sagen: «Du machst nur so blöd, um uns zu veräppeln, du bist doch sonst so klug!»

In solchen Momenten denke ich dann, es wäre besser gewesen, wenn ich außerdem noch eine geistige Behinderung gehabt und niemals zu sprechen angefangen hätte.

Fortsetzung folgt

(geschrieben 1994 als Einleitung für den zweiten Teil)

Weil das Manuskript so lange beim schwedischen Verlag liegen blieb und sich in der Zwischenzeit so viel ereignet hat, folgen nun Kapitel mit den letzten Neuigkeiten. Sie handeln vor allem von den Erfahrungen damit, daß immer mehr Personen erfuhren, daß Susanne Autismus hat.

Ich fuhr noch etliche Male nach Göteborg, und ich übernachtete stets auf «meiner» alten Bank auf dem Centralbahnhof, egal ob es relativ warm oder – 10° im Januar war. Die Zugfahrten wurden fast zur Routine, so daß ich kaum Angst mehr hatte. Es klappte unterwegs nicht immer alles wie geplant, aber sowas wie mit den «Vier Dänen» wiederholte sich vorerst nicht. Oft hatte eine der Sekretärinnen in Göteborg sogar einen Apfel für mich! Christopher meinte, wenn ich mich weiter testen und befragen ließe, würde das sogar der Forschung helfen, und es war okay für mich. Einmal testete mich eine von seinen Doktorinnen 6 oder 7 Stunden lang am Stück (nur mit einer winzigen Mittagspause, die kaum zum Schlafen und WC-Besuch, geschweige denn zum Essen oder Trinken reichte), wonach ich mich total ausgelaugt fühlte – «ein Opfer für die Wissenschaft» tröstete ich mich.

Die Ergebnisse bestätigten und vertieften nur die bei meinem ersten Besuch in der Annedalsklinik erstellte Diagnose. Im Herbst 1992 hatte Christopher der Mutter einen Brief über Susanne geschrieben, vieles erklärt und gute Fachliteratur empfohlen. Von da ab wurde es auch zu Hause immer besser: Die Mama arbeitete sich durch die meist englischsprachigen Texte, und allmählich informierte sie immer mehr Leute;

zuerst den Rest der Familie und sogar ihre zahlreichen Freundinnen und Bekannten.

Ich sah das als Beweis dafür an, daß sie sich ihrer Tochter nicht mehr schämte, daß sie zu mir stand. Früher war das anders gewesen, da hatte sie immer alles vor den Nachbarn und Freunden zu verbergen versucht. Selbst wenn uns auf der Straße Bekannte entgegenkamen, bog sie nach Möglichkeit schnell ab, bevor sie sich evtl. mit ihrer Tochter blamierte. Das ist nun alles viel besser geworden.

Als ich zum erstenmal von der zusätzlichen Diagnose «Katatonie» hörte, bekam ich einen Schreck, weil ich das Wort nur im Zusammenhang mit Schizophrenie kannte, aber so war das nicht gemeint gewesen. Es war nur eine weitere, einleuchtende Erklärung über Susanne.

Aber je besser es mir persönlich ging, je besser die Situation in der Familie für mich wurde, desto schlechter ging es der Firma. Es war zu befürchten, daß sie in Konkurs gehen würde wie soviele andere Betriebe in Deutschland. Dauernd wurde von Kündigungen und Kurzarbeit gesprochen.

Als Herr Oberst in Rente gegangen und Herr Z. neuer Chef der Kontroll-Abteilungen geworden war, begann ein neuer Weg ins Chaos für mich – ausgerechnet jetzt, da ich begann, mehr über mein Leben und andere Menschen zu lernen, ausgerechnet als ich gerade anfing, mich zu entspannen und Frieden in dieser Welt zu finden … Merkwürdig, daß ich erst, als es eigentlich zu spät war, bemerkte, daß das Mobbing und die ganze Herumschieberei von einer Abteilung in die nächste damit begonnen hatte, daß ich einen neuen Vorgesetzten bekam.

Herr Z. hatte eine ganz andere Art, die Kontroll-Abteilungen zu führen. Herr Oberst war eine starke Persönlichkeit gewesen, überall in der Firma präsent, und er bekam alles mit, was in den Abteilungen vor sich ging – auch die «zwischenmenschlichen Angelegenheiten», nicht nur die Arbeit. Herr Z. hockte meistens in seinem Büro oder vor dem Computer und überließ vieles den ihm untergeordneten Raumleitern.

Eine andere Sache war, daß auch mein Raumleiter Y. sich plötzlich veränderte, nachdem Herr Oberst weg war. Vorher war er immer freundlich zu mir gewesen, jetzt abweisend und gemein. Die anderen sagten später, er wäre vorher nur so nett gewesen, weil er gewußt hätte, daß Susanne von Herrn Oberst «beschützt» wurde. Aber wie kann ein Mensch sich so verstellen?

Z. sprach so fein, und egal wie oft ich ihn bat, mir klipp und klar zu sagen, wenn etwas nicht in Ordnung sei, so kritisierte er nie etwas. Aber konnte es angehen, daß immer alles in Ordnung war? Es gab doch fast täglich Ärger, entweder wegen des Mobbings der jüngeren Kolleginnen, oder weil ich angeblich *zu* genau die Linsen nachguckte. Herr Z. stammte ursprünglich nicht aus dem Bereich Optik und legte ganz andere Maßstäbe und Prüfkriterien für die Linsen fest, als ich es von Herrn Oberst gewohnt gewesen war. Z. war ein Rätsel. Er behauptete stets, er sei «mehr als zufrieden» mit meiner Arbeit, aber einige Kollegen aus dem Zentrierraum warnten mich: «Paß auf, Susi, Y. und Z. sagen nicht, was sie denken!»

Über ein Jahr lang leistete ich fast täglich eine Gratis-Überstunde, weil es soviel Arbeit gab und der Betrieb kein Geld hatte, Überstunden zu bezahlen. Die anderen sagten: «Bist du blöd? Niemand in dieser Firma wird dir dafür danken, daß du ohne Lohn arbeitest! Die Chefs werden höchstens lachen über so einen «nützlichen Idioten» – und wenn es soweit ist, dann schmeißen sie einen ja doch 'raus; «nun geh heim und iß lieber was Gutes!» Wenn ich den Körperteil, auf dem ich gerade sitze, mit den Füßen erreichen könnte, so würde ich mir dorthin einen kräftigen Tritt verpassen, weil ich nicht auf die wohlmeinenden unter meinen Kollegen hörte.

Ich wurde auch nicht mißtrauisch, als ich dauernd versetzt wurde; erst von der Kontrolle II in die I, dann halbtags und schließlich ganztags als Kontrolleur in den Zentrierraum.

Man muß im heutigen Arbeitsleben flexibel sein, bekamen wir ständig gesagt, aber für einen Menschen mit Autismus

waren das verdammt viele Wechsel und Routinebrüche innerhalb eines so kurzen Zeitraumes! Ich vermißte Frau Böhme,
die ebenfalls in eine andere Abteilung versetzt worden war. Ihr
jedenfalls konnte man nicht kündigen, weil sie schon zu lange
in der Firma war. Stattdessen begannen in der Kontrolle drei
neue junge Frauen; fast niemand von Herrn Oberst's altem
Personal war noch übrig.

Eine «Kollegin» (von denen im Zentrierraum «die Hex'» genannt) war besonders gemein zu mir, obwohl ich ihr nichts
getan hatte und nur in Ruhe arbeiten wollte. Kam aber ein
Chef vorbei, dann schleimte sie mit einem riesigen Lächeln
herum; gegen ihre Auftritte als «große Dame» hatte ich keine
Chance. Z. hätte mal hören sollen, was sie für ein ordinäres
Getratsche von sich gab, wenn er nicht in der Nähe war, aber
stattdessen glaubte er ihr alles, was sie ihm erzählte. Wenn sie
sagte, man könne mit Susanne nicht zusammen schaffen, und
sie wollte mich nicht in der Abteilung haben, dann wurde
Susanne eben versetzt – ohne konkrete Begründung und ohne
daß Z. einige außenstehende Kollegen befragt hätte, die die
Schikanen der Hex' hätten bezeugen können.

Z. hatte mein ganzes Vertrauen besessen, trotz der Verset-
zungen, die angeblich nur zu meinem besten seien; denn er
sprach so fein und hatte mich zwei Jahre lang immer wieder
zwischendurch in sein Büro geholt und mich über meine urei-
gensten psychischen Angelegenheiten ausgefragt. Er war absolut kein Vater-Typ, aber nach zwei Jahren war ich vertrau-
ensvoll und auch mürbe geworden. So informierte ich ihn
Ende September 1993 mit Hilfe eines extra dafür geschriebenen Briefes von Christopher über Susannes Handicap. Der
Brief war eigentlich dafür geschrieben worden, auch auf die
positiven Eigenschaften, die Menschen mit Autismus haben,
hinzuweisen – in diesem Falle Susannes erwiesene Spezial-
fähigkeit, mehr Details und kleine Unregelmäßigkeiten als
andere wahrnehmen zu können; z. B. bei der Kontrolle von
Linsen. Mit diesem Gesichtssinn war ich doch wie geschaffen

für eine solche Arbeit, und dazu war ich doch schon immer auf rundes Glas fixiert gewesen!

Es war wahrhaftig nicht leicht, Z. derart persönliche Dinge anzuvertrauen. Als ich den Brief übergab und versuchte, über die Behinderung zu sprechen, da fühlte ich mich «nackter», als hätte ich ohne Kleidung vor einer großen Menschenmenge tanzen müssen. Desto schlimmer war es, als diese Informationen dann weitergetratscht und mißbraucht wurden.

Andere Menschen über Autismus zu informieren ist gut und wichtig; dafür habe ich viele gute Beispiele erlebt, aber dieses eine Mal hatte ich der falschen Person mein Vertrauen geschenkt: siehe Kapitel «Der Rückschlag».

Viele Reisen und neue Entwicklungen

(geschrieben im September 1993)

Nun sind 14 Monate vergangen, daß ich den ersten Teil meines Buches geschrieben habe. Ich habe viel Neues erlebt und gelesen. Meine Lebensqualität ist ein großes Stück gewachsen seit jenem 2. März 1992. Nein, «geheilt» worden ist Susanne nicht durch die Diagnose «Autismus», aber es sieht so aus, als «heile» meine Beziehung zur Familie; eine Verbindung, die trotz körperlicher Anwesenheit in der Nähe der anderen nie richtig bestanden hat. Ich habe mich immer noch durch die Tage und die «soziale Gesellschaft», die mir jetzt, da ich sie bewußter beobachte, oftmals einen gar nicht «sozialen» Eindruck macht, zu kämpfen.

Die Furcht vor Veränderungen, der Unwillen, auf meine «Traditionen» zu verzichten, die Schwierigkeiten, Leute zu verstehen oder angeblich «unwichtige» Details von wichtigen zu unterscheiden, das ist alles geblieben, egal wieviele schlaue Bücher ich las. Ich setze mich auf die Hände, wenn ich sicher sein will, daß sie nicht irgendwie auffallen. Ich muß aufpassen, nicht zu intensiv zu reagieren, wenn etwas Unerwartetes geschieht, aber das unterliegt nicht meinem freien Willen. Neulich hat die Mama deshalb beinahe einen Autounfall gehabt, als ich neben ihr saß.

Wenn ich zu Hause bin und es passiert sowas, dann klatscht sie mir meist ein tropfnasses großes Handtuch um den Kopf. Sie drohte auch mal, mich ins Krankenhaus zu bringen oder fragte, ob denn der Professor Gillberg keine «Medizin» dafür wüßte. Aber Ätsch-Bätsch: mit dem Psychiater kann mir keiner mehr Angst machen! Ich fahr' ja freiwillig manchmal zu einem, und der hat gesagt, diese üblichen «Therapien» seien Gift für Leute wie Susanne, und ich solle heilfroh sein, damals *keinem* Psychiater vorgestellt worden zu sein, der mich höchstwahrscheinlich fehldiagnostiziert und dann «kaputtgepflegt» hätte! Die Mama sagt dann seufzend: «Ich weiß, das kannst du ja nicht verstehen …», und dann fühle ich mich wie ein dummes Kind.

Die Mama macht sich keine speziellen Sorgen um Saaki, obwohl er lange Strecken mit dem Auto fährt. Er studiert jetzt Japanologie und Sprachwissenschaften in Marburg, was er sehr ernst nimmt. Es ist seltsam, nach Arolsen zu kommen, und er ist nicht mehr da. Während der Kindheit war er immer derjenige gewesen, dem ich noch das meiste anvertraut hatte. Jetzt kommt er zwar noch oft nach Arolsen, schon weil er dem Vater viel mit dem Computer im Büro hilft, aber er hat immer weniger Zeit für unsere «Musikstunden».

Außerhalb der Familie und der Optisch' habe ich keine sozialen Kontakte. Als ich die Bücher über Autismus las, dachte ich, ich könnte nun vieles besser bewältigen, aber wenn dann im Alltag ständig neue Situationen entstehen, ist es immer noch schwierig.

Wenn ich alleine in der Wohnung, im Weinberg oder im Wald in Arolsen bin, und keiner ist in der Nähe, mit dem ich mich vergleichen muß, dann brauche ich mich nicht «anders» zu fühlen, und vor allem kann ich mich freier bewegen.

Trotz meiner anfänglichen Zweifel: Es war das einzig richtige, daß Christopher an die Mama geschrieben hat! Zum erstenmal im Leben darf die Susanne wirklich *ich* sein! Es ist, als sei mir ein Planet «vom Herzen gefallen»! (Allmählich werde ich richtig gut im Sprüchemachen, gell?)

Überraschend war, daß der Vater, Saaki und die Oma Iserlohn die Diagnose viel unkomplizierter als die Mutter akzeptiert haben. Wahrscheinlich denken sie logischer: Da ist ja nichts, was nicht immer schon gewesen war, und irgendwie hatten sie schon immer gewußt, daß Susanne nicht richtig tickte, egal wie man das nun in der Medizinersprache nennt. Sogar die Oma, die nun bald 80 ist, kam von sich aus mit alten Geschichten aus Susannes Kindheit, die ihr aufgefallen waren, und ebenso mit familienhistorischen Geschichten, die darauf hindeuten, daß es Personen unter unseren Verwandten gab, die zumindest «autistische Züge» hatten.

Ich war 18, als ich lernte, «Guten Morgen» und «Auf Wiedersehen» (bzw. «Moggään» und «Wirsing» in der Optisch') zu sagen, und ich war 25, als ich begann, mit der Mama *wirklich* zu sprechen. Und jetzt, nach Christophers Brief, glaubt sie mir endlich, daß ich Gefühle haben und glücklich sein kann, obwohl sie es nicht immer gleich an meinen Gesichtsmuskeln erkennen kann.

Letzten März habe ich Christoph, meinen deutschen Ex-Kollegen aus der Norwegen-Zeit, besucht. Über einige Briefe hatten wir noch etwas Verbindung behalten, so daß er über alles informiert war, was sich inzwischen ereignet hatte. Er besitzt noch viel mehr CDs als ich, teilweise haben wir sogar denselben Musikgeschmack. Wir haben das Wochenende lange und gut gequatscht, was mich für den Moment die kritische Situation der Firma vergessen ließ. Christoph und seine freundliche Mutter hatten sogar an Äpfel und große Colaflaschen für mich gedacht.

Es war ein echt reiselustiges Jahr: Im August habe ich auch noch Ines in Düsseldorf besucht, die ich ja noch viel länger nicht getroffen hatte. Ulkigerweise hatte sie wie Saaki Japanologie studiert und ihren Magister gemacht. Nun hatte sie mich eingeladen.

Ich erkannte sie anfangs nicht wieder, aber es war fantastisch, wie gut sie das «Würmchen» von früher noch in Erinnerung hatte. Sogar einen Korb voll roter Äpfel hatte sie extra für mich gekauft, ebenso Cola – wie bei Christoph. Da fühlte ich mich schon eher «wie zu Hause». Ich verreise nicht gerne, aber wenn ich weiß, dort, wo ich zu Besuch sein werden, darf Susanne sie selbst sein, dann ist es okay. Streß ist es allemal, aber okay!

Ines hat sich ganz anders weiterentwickelt als ich, und doch hatten wir vieles zum Reden; alte Anekdoten aus Kinderzeiten und aktuelle Erlebnisse. Wir haben sogar etwas gemeinsam: Wir backen beide gerne Vollkornbrot. Ines fuhr mit mir ins Neanderthal, wo wir einen langen Spazierweg gingen. Wir stellten fest, daß Susanne tatsächlich ein «Neanderthaler» ist: Immerhin bin ich ja direkt bei dem berühmten Neanderthal bei Düsseldorf geboren! So besuchten wir auch das dortige Museum, in dem verschiedenes Material über jene Steinzeitmenschen ausgestellt ist. Das Neanderthal-Museum war das einzige Museum, das ich Kultur-Banause jemals freiwillig besucht hatte, statt unter Zwang und Protestgeschrei (ich graulte mich fürchterlich vor der Besichtigung von Kirchen, Museen und Schlössern). Es war gut, wieder einmal dort zu sein.

Bei Ines wie bei Christoph hatte ich, da ich ca. 5 – 6 Stunden früher als meine Gastgeber aufzustehen pflegte, einen Schlafplatz im Wohnzimmer und Proviant für ein einsames Frühstück hingestellt bekommen, so daß ich ungestört meine Morgenstunden verbringen und dabei die jeweilige CD-Sammlung durchstöbern konnte, bei deren Anhören ich dann meinen ersten Tagesschlaf verbrachte.

Solche «Kleinigkeiten» machen mich glücklich und zufrieden für den Rest des Tages. Es tut so gut, wenn Leute verstehen, auf welche Details es bei Susanne ankommt. Ines meinte, eigentlich sei ich der «pflegeleichteste» Gast, den sie je gehabt habe. Oha, frag' mal die Mama, ob sie das auch findet!

Immerhin paßt die Familie jetzt auf, daß die Zwischentür zu meiner Diele stets geschlossen wird. Allein *dafür* hat es sich bereits gelohnt, sie über Autismus zu informieren.

Da ich nun bereits in Düsseldorf war, fuhr mich Ines noch kurz bei Frau Günter vorbei, die immer noch in unserem alten Haus wohnt. *Sie*, nicht ihre inzwischen erwachsenen Töchter, hatte zuletzt noch etwas Briefkontakt zu mir gehabt. Frau Günter, die mit einer Riesenschüssel voll Erdbeeren für mich wieder einmal ihr Herz für Vegetarier mit «komischen Eßgewohnheiten» bewies, ging mit mir am See spazieren. Anläßlich all der vertrauten Plätze, die ich schon so lange nicht mehr aufgesucht gehabt hatte, fingen wir an, über früher zu reden – über Susanne und Saaki, aber auch über die Mama. Ich war überrascht, wie sie das damals alles gesehen hatte.

Manchmal hatte ich den Eindruck, sie hätte sogar für Susanne Partei ergriffen – angesichts des Geschreies und «unmöglichen» Verhaltens –, eine ungewöhnliche Entscheidung seitens eines außenstehenden Beobachters! Während die Mama damals vorwiegend gedacht hatte: «Das Kind ist schlimm, es blamiert mich dauernd, was denken die Leute von mir, wie bringe ich das Kind dazu, sich anders zu verhalten?», fragte sich Frau Günter: «*Warum* ist das Kind so?» Beinahe hätte ich ihr jetzt von der Autismus-Diagnose erzählt! Als sie dann auch noch vorschlug, ich solle ein *Buch* über meine Erfahrungen schreiben, damit andere, denen es vielleicht ähnlich erginge, das lesen könnten, war ich sicher, sie könne tatsächlich Gedanken lesen! Ich starrte geradeaus, antwortete, ich *habe* bereits etwas geschrieben und versprach, ihr später einmal mehr zu erzählen.

Wenn dieses Buch auf Deutsch herauskommt, weiß ich genau, was ich zuerst machen werde: Dann besuche ich das hoffentlich bald fertig gebaute neue Neanderthal-Museum, und dann bringe ich Ines und Frau Günter endlich die Erklärungen über Susanne, die sie längst erhalten haben sollten.

Ich war lange auf der Suche nach «meinem Volk» gewesen. Ich hatte es weder unter den Neanderthalern, noch auf fremden Planeten, noch bei den Hobby-Astronomen, noch unter den «kühlen» Norwegern entdeckt. Nun habe ich mein Volk gefunden; es *gibt* andere, die so sind wie Susanne; Menschen mit Autismus. Es mag nicht so romantisch sein wie der Gedanke daran, vielleicht von Proxima Centauri oder aus einem Neanderthaler-Clan zu stammen, am falschen Ort oder in der falschen Zeit havariert zu sein, aber wenigstens weiß ich jetzt Bescheid.

Wenn es bloß der Optisch' nicht so schlecht ginge! Ich habe grausame Angst, daß sie mir die Linsen wegnehmen.

Was sollte ich dann machen? Selbst wenn ich willig und im Stande wäre, eine andere Arbeit auszuführen – ich würde doch nie einen neuen Arbeitgeber finden! Die würden wohl kaum jemanden mit Autismus einstellen, wenn sie so viele andere Bewerber zur Auswahl hätten, mit denen sie einfacher umgehen könnten. Damals 1985 war es einfacher gewesen: Damals hatten sie mehr Lehrstellen als Bewerber, und von einem jungen Lehrling erwartet man weniger als von einem erwachsenen Arbeiter, der viele Jahre Erfahrung mit dem Beruf *und* mit Menschen haben sollte.

Es geht mir nicht um materielle Verdienste; ich komme mit wenig Geld im Leben aus, aber ich muß eine *Beschäftigung* haben. Ich glaube, die Mama weiß, wie wichtig das ist. Außerdem bedeutet zur Arbeit zu gehen für mich: Ich habe einen Platz in dieser Gesellschaft!

Einen Arbeitsplatz zu haben und mich selbst fit für die Arbeit zu halten, ist mein stärkster Antrieb; in den Ferien ist es die Mama. Es heißt, wenn Menschen mit Autismus nicht ihr Leben lang von etwas oder jemandem angetrieben werden, verschlechtere sich ihr Zustand bzw. gingen sie in ihrer Entwicklung zurück.

Alleine und ohne meinen Arbeitsplatz könnte ich meinen Tag nicht mehr ausfüllen – oder sollte ich mich etwa wieder hinhocken und stundenlang Murmeln herumrollen oder Münzen tanzen lassen?! (In den Sommerferien habe ich im Wald ein altes 5-DM-Stück aus den 70er Jahren, wie sie sich heute nicht mehr im Umlauf befinden, gefunden und dann zu Hause auf dem Küchentisch tanzen lassen, weil mich die Münze so sehr an früher erinnert hat. Ich verstehe nicht, wieso die Mama daraufhin ärgerlich geworden ist.)

Ich glaube auch nicht, daß ich heute noch meinen Tag mit Astro-Büchern ausfüllen könnte. Das alles ist stagniert, seitdem ich selbständig leben muß. Ich kann mich nur selten lange auf's Lesen o. ä. konzentrieren. Das Erwachsenenleben und die Pseudo-Anpassung haben einige meiner früheren Fähigkeiten förmlich aus meinem Gehirn gebrannt.

Wenn immer Herbst wäre, dann könnte ich den ganzen Tag mit Apfelpflücken verbringen, aber es ist nicht immer Herbst.

Ich habe noch ein weiteres Hobby: das Blutspenden, aber das ist ja nur jeweils ein Tag alle 8 Wochen. Ein Kollege hat mich vor drei Jahren das erste Mal mit dorthin genommen, weil mich das interessierte, und nun gehe ich regelmäßig hin. Ich habe immer reichlich Eisen im Blut, obwohl ich nicht einmal das Mindestkörpergewicht von 52 kg besitze. Den erforderlichen Blutdruck baue ich vorher immer mit reichlich Cola-trinken auf, und dann geht es mir immer saugut!

Weil das Personal mich dort inzwischen kennt und weiß, daß mir nie übel wird, fragen sie auch nicht mehr, ob ich genug wiege. Ich mag es sehr, Blut zu spenden, weil das so lustig ist.

Je mehr ich überlege, desto unsicherer werde ich, ob ich überhaupt so wie die «Normalen» sein *möchte*. Man kann Autismus nicht mit den meisten anderen Sorten von Behinderungen vergleichen: Es ist anders, wenn sich ein Mensch mit gelähmten Beinen wünscht, gehen zu können, oder wenn ein Mensch, der blind ist, sehen können möchte, oder wenn ein Mensch, der eine geistige Behinderung hat, gerne «klüger» wäre.

Bei Autismus ist die Behinderung derart eng verbunden mit der eigenen Persönlichkeit, daß vielleicht gar keine Persönlichkeit mehr übrig bleiben würde, wenn man alles, was mit dem Autismus zusammenhängt, entfernen könnte.

Ich bin gerade von einem großen Autismus-Fachseminar in Drammen (Norwegen) zurückgekommen, was ich mit einem weiteren Besuch in Göteborg verbinden konnte. Es gab wieder Theater mit der Bahnpolizei, und diesmal bloß weil ich von 6.40 Uhr bis 14.00 Uhr am Bahnhof gesessen und gewartet hatte, bis das Seminar begann. Jetzt wird man schon für Ruhig-Dasitzen «verhaftet». Oh weh, und dann behaupteten sie noch, ich hätte gefixt, und das wegen eines einzigen Armstiches in der Armbeuge, den ich noch vom Blutspenden hatte!

Zum Glück habe ich diesmal halbwegs die Nerven behalten und denen die Nummer vom Seminarhotel gegeben, so daß sie nachprüfen konnten, daß ich angemeldet war.

Trotz allen Stresses, die so eine Reise mit sich führt, war es «tröstend» zu erleben, daß es so viele Menschen gibt, die sich mit der Autismus-Problematik beschäftigen. Einige sprachen sogar mit mir; es fiel mir leichter, weil ich wußte, sie waren ehrlich interessiert und hatten Erfahrung mit Autismus. Solche Menschen wissen am besten, wie man Menschen wie Susanne behandelt und anspricht.

Es wurden spannende Vorträge gehalten und ein faszinierender Film gezeigt, in dem u. a. auch normal begabte Menschen mit Autismus berichteten, so daß ich nur noch glotzte, weil es sich teils so anhörte, als sprächen sie mit meinen eigenen Worten. Außerdem waren im Film rotierende Schallplatten und tanzende Münzen zu sehen – geil!

Ich habe über Autismus gelernt, aber ebenso über Eltern, Lehrer und andere Menschen.

In Drammen habe ich Kari Steindal kennengelernt, die Rektorin der Nordvoll Schule in Oslo (Norwegens größtes Zentrum für Autismus) war. Das war auch wieder einer der glücklichen Zufälle in meinem Leben, daß Kari sich ausgerechnet neben mich setzte, als ich mir im Vortragsraum gerade ein sicheres Eckchen ergattert hatte, und daß sie so hartnäckig versuchte, ein Gespräch mit mir zu beginnen.

Sie hatte mich wohl von Anfang an durchschaut, aber *wie*? Kari bezeichnete sich als Susannes «Assistent». (Dieser Begriff stammt aus dem Norwegischen, wo er auch eine Art «persönlicher Helfer und Beschützer für Handicapper» bedeutet. Es ist in Norwegen üblich, daß viele Behinderte einen solchen «Assistenten» gestellt bekommen, der sie z.B. in die Schule, an den Arbeitsplatz oder in der Freizeit begleitet und für sie in der Welt der Normalen vermittelt und hilft. Ziel dieser Aktionen ist, die Betroffenen in das normale Leben zu integrieren statt sie in Institutionen abzugrenzen.)

So half sie mir mit allem möglichen im Hotel, sorgte dafür, daß auch für mich etwas Passendes in der Küche zu finden war, daß ich einen ruhigen Platz zum Essen bekam und «meinen» Stammplatz im Vortragssaal während des gesamten Seminars behalten durfte, was sehr wichtig für mich war, u. v. m.

Dies war auch der Grund dafür, daß ich den Aufenthalt dort so gut schaffte. Ich konnte mich, weil ich nun den Kopf frei von organisatorischen Dingen hatte, nun ganz auf die Vorträge konzentrieren und mich beinahe «gemütlich» fühlen. Später diskutierte ich mit Kari, wie es hätte sein können, wenn ich einen solchen «Assistenten» viel früher gehabt hätte, besonders in der Schule und bei der Arbeit. Das Leben hätte soviel leichter sein können; ich hätte mehr Kapazität für anderes als nur das «nackte Überleben» übrig gehabt. Vielleicht hätte ich einen sinnvollen Schulbesuch und einen Arbeitsplatz ohne Mobbing und Mißverständnisse gehabt.

Das war eine völlig neue Erfahrung: Ich konnte Karis Hilfe annehmen und sogar froh darüber sein. Ich wäre früher nie auf die Idee gekommen, andere um Hilfe zu bitten. Ich kam nie darauf, daß Hilfe möglich sein konnte; schließlich war ich doch allein auf diesem Planeten. Aber ich weiß heute, daß meine Eltern mir oft geholfen haben, ohne daß ich es bemerkt habe.

Auch Kari hielt einen Vortrag auf dem Seminar. Sie sagte, daß sie besonders viel aus Selbstbiografien von Menschen mit Autismus, von denen leider nur wenige geschrieben worden seien, gelernt habe. Das bestärkte mich darin, daß es richtig war, dieses Buch hier zu schreiben. (Bettina, ein prima Kumpel aus dem Zentrierraum, sagte einmal, daß wenn sie täglich das aufschreiben würde, was sie dort so alles mit Susanne erlebten – sowohl ernste als auch amüsante Ereignisse und Dialoge – und ein Buch daraus machen und verkaufen würde, so könnte sie, Bettina, vielleicht damit reich werden. Nun, reich werden will ich gar nicht, aber das Buch ist hiermit jedenfalls geschrieben.)

Nach dem Abschluß des Seminars saß Kari noch Stunden mit mir in der Vorhalle des Hotels zum Reden.

Als ich mit 5 kg Vorrat an norwegischem Braunkäse von Drammen abreiste, befand sich nichts als Frieden in mir …

Der Rückschlag

Ein halbes Jahr ist vergangen, seit ich das letzte Kapitel aufgeschrieben habe, aber was kurz darauf geschah, habe ich immer noch nicht verarbeitet:

Im November 1993 wollten sie mir die Linsen wegnehmen; das kann ich weder vergessen noch begreifen.

Ich erinnere mich nur noch an ein großes Chaos, das wie durch ein Wunder letztendlich gut wurde – dank Papa, Christopher, meinem Hausarzt in X-Stadt, dem Betriebsrat der Optisch', dem Versorgungsamt in Mainz und ganz gewiß nicht zuletzt den guten Kollegen aus dem Zentrierraum, die alle *für* Susanne sprachen. Ohne alle diese hätte ich das nicht überstanden.

Hier ist die Geschichte:

Schon vor 2 – 3 Jahren hatte mein Hausarzt mir empfohlen, einen Schwerbehinderten-Ausweis zu beantragen, weil man damit einen besseren Kündigungsschutz hat, denn er wußte, wie es um die Firma stand, und wie wichtig mein Arbeitsplatz für mich war. Schon wegen der Hüft-Dysplasie und der Bewegungsstörungen (wegen derer er mich in das Neurologische Krankenhaus geschickt hatte) meinte er, ich sollte in Mainz Prozente beantragen; erst recht, nachdem er sich mit Professor Gillberg ausgetauscht hatte.

Meine Familie hatte Bedenken vor solch einem Schritt, und erst recht ich selbst wollte nicht von irgendeinem Amt «abgestempelt» werden. Außerdem glaubte ich, es auch ohne einen solchen Ausweis schaffen zu können; schließlich lobte Herr Z. ja stets mein präzises Arbeiten und behauptete, Susanne würde die letzte Person sein, die aus der Firma entlassen werden würde – da müsse schon die gesamte Optisch' in Konkurs gehen, ehe so etwas geschehen würde ... schleim, schleim ...!

Außerdem schien er an Susannes psychischen Angelegenheiten interessiert zu sein, fragte, was denn los sei, denn Herr Oberst habe ihm schon einiges erzählt von wegen Problemen, forderte mich mehrmals auf, von Susannes «Krankheit» zu erzählen. Dabei benutzte er Formulierungen wie: «Sie können mir vertrauen.» «Ich habe ja Schweigepflicht.» «Ich kann Ihnen Steine aus dem Weg räumen.» «Ich bin Christ; ich möchte ein menschlicher Chef sein.» Meine Mama ist auch Christ, und da dachte ich, ein Christ muß ein guter Mensch sein.

Ich bin kein Mensch, der gerne über seine allerpersönlichsten Sachen spricht, aber irgendwie mußte ich Z. doch einmal antworten, vielleicht erklären, warum es manchmal Salzwasser-aus-den-Augen gab oder warum mir Veränderungen Angst machten.

Ende September gab ich ihm auf sein Drängen hin Christophers Brief. Außerdem entschied sich die Familie angesichts der bedrohlichen Situation, nun doch den Schwerbehinderten-Ausweis zu beantragen. Z. wußte, daß ich diese Möglichkeit hatte; ich Idiot hatte es ihm selbst erzählt! Später schimpfte der Papa mit mir, weil ich diesem feigen und falschen Chef vertraut hatte. Der Papa durchschaut solche Leute wie Z. und seinen damaligen Raumleiter Y. von Anfang an. Auch die Kollegen vom Zentrierraum hatten mich gewarnt, Y. und Z. würden mir nochmal böse in den Arsch treten, auch die «Hex'» spielte eine Rolle in dieser Angelegenheit ... So eine Firma kann ganz schön kompliziert sein.

Aber Z. redete so nett; ich hatte ja bloß seine *Worte*, an denen ich mich orientieren konnte, und die Worte waren doch gut. Ob ich die Wahrheit erkannt hätte, wenn ich mehr Empathie besessen hätte?

Alle Erkenntnis kam zu spät: Am 11. 11. 1993 um 11 Uhr (und das ist kein Narrenwitz!) wollten sie Susanne kündigen!

Ausgerechnet an jenem Morgen hatte ich starke Bauchschmerzen, weil ich die Tage kriegte, aber so schlimm wie dieses Mal war es selten gewesen. Ich konnte nicht mal mehr auf dem Stuhl sitzen bleiben und hockte mich unter meinen Kontroll-Kasten-Tisch im Zentrierraum, wo ich mich krümmte, um nicht losbrüllen zu müssen. Da kam plötzlich Herr Z. vorbei und sagte, daß ich besser nach oben in sein Büro gehen sollte, denn dort wäre es ruhiger als bei den lärmenden Maschinen und Menschen, dort könne ich mich ausruhen.

Eigentlich fühlte ich mich stets wohler im Zentrierraum als in seinem ungemütlichen Büro, aber ich war so schlapp, daß mir alles egal war. Außerdem tauchten noch Y. und eine von den jungen «Damen» auf und schleppten mich regelrecht ab, nachdem sie mich auch noch voll irgendwelcher Tabletten gestopft hatten; dabei muß ich mit sowas sehr vorsichtig sein.

Was ich nicht wußte, war, daß Z. bereits am Tag davor meine Eltern angerufen hatte: Sie sollten nach X-Stadt kommen und Susanne in Gewahrsam nehmen, weil sie ihr kündigen wollten. Er hätte sich ja so für Susanne eingesetzt, aber es sei nichts mehr zu machen gewesen. Man fährt ca. 3 – 4 Stunden mit dem Auto nach X-Stadt.

Kurz bevor die Eltern die Firma erreichten, kam ich in Z.'s Büro an, wo bereits der Personalchef saß. (Was hatte Z. noch gleich gesagt? *Ausruhen* sollte ich mich dort oben?)

Ich hörte nur den ersten Satz des Personalchefs, sprang auf und aus dem Zimmer heraus und wollte einfach nur fort. An der Treppe holten sie mich wieder ein und wollten mich festhalten – und so etwas vertrage ich gar nicht. Es wurde nun total chaotisch: Sie wollten mir die Linsen wegnehmen! Dann aber reagierte ich nur noch darauf, daß mich Personen festzuhalten versuchten; Z., der Personalchef und ein zufällig vorbeikommender dritter Mann.

Später wurde in der Optisch' herumgetratscht, Susanne hätte einen «Selbstmordversuch» unternommen, aber das war totaler Blödsinn: Ich wollte einfach nur abhauen, zurück in den

Zentrierraum, der inzwischen ein Stück zu Hause für mich geworden war, zu Bettina, die dort so eine Art Mischung aus Ines und Kari für mich war. Zurück zu meinen Linsen!

Ich *wollte* mich nicht umbringen, denn ich lebe sehr, sehr gerne. Müßte ich sterben, so würde es mir um jeden Apfel, den ich nicht mehr essen und um jede CD, die ich nicht mehr hören könnte, leid tun, u. v. m.

Ich gebe zu, während jener Zeit hatte ich manchmal gedacht, wenn es keinen anderen Weg gegeben hätte, und ich könnte weder alleine in X-Stadt leben, noch den Eltern zur Last fallen, dann hätte ich mich umbringen *müssen*. Dann wäre ich aber sicher nicht so blöd gewesen, das im Treppenhaus der Optisch' zu versuchen, sondern wäre zum X-Felsen gefahren. (Wenn man dort herunterspringt, ist man wenigstens garantiert tot.) Aber ich wollte doch lieber *leben*, ich fing ja gerade erst richtig damit an!

Im Moment also wollte ich nur fort von diesen Personen ... Es war gut, daß die Eltern noch an der Firmeneinfahrt warteten und erst später dazustießen: Ich glaube, wenn man diese Episode auf Video aufgenommen hätte, hätte man sie als Anschauungsmaterial für «katatonische Anfälle bei Autismus» benutzen können.

Die doofen Klatschmäuler in der Optisch'! Ich hätte mich schon deshalb gar nicht umbringen können, weil ich mich zu diesem Zeitpunkt gar nicht hätte zielgerecht bewegen können, weil ich da bereits mit völlig gelähmten Muskeln auf dem Treppenabsatz lag. Sowas geschieht eben manchmal, aber man bekommt ja schließlich nicht täglich eine Kündigung.

Den Rest weiß ich nur aus Erzählungen der Mutter: Irgendjemand hatte die Eltern ins Treppenhaus geführt. Ich erkannte sie erst kaum; es war wie ein seltsamer Traum, in dem plötzlich Personen an Orten auftauchen, zu denen sie nicht passen. Was machten die Eltern in der Optisch'?

Der Personalchef rief meinen Hausarzt an, er solle kommen und Susanne irgendwie ruhig stellen, aber da gab es eine Überraschung: Der Arzt sagte, die Firma habe gar kein Recht, Susanne so ohne weiteres zu kündigen, weil sie ja «schwerbehindert» sei; gerade an *jenem* Tag war unser Antrag vom Versorgungsamt anerkannt worden, und damit fiel die Sache unter das Schwerbehindertengesetz.

Es dauerte einige Zeit, bis Susanne etwas ruhiger wurde und überhaupt etwas von dem ganzen kapierte: Erst wollten sie mir die Linsen wegnehmen, dann wurde die Kündigung zurückgezogen (oder zumindest ausgesetzt), und die Eltern waren gekommen ... Irgendwann fragte der Papa, ob ich endlich aufstehen wolle oder ob man «vier Dänen holen müsse». Er bestand darauf, daß ich mich vom Arzt krankschreiben ließe, obwohl ich protestierte, denn ich war nicht krank. Dann nahmen sie mich erstmal mit nach Arolsen, wo ich ein paar Tage ausruhen und die Instruktionen des Papas anhören konnte, wie ich jetzt weitermachen sollte. An jenem Abend hatte ich schon rein körperlich das Gefühl, zusammengeschlagen worden zu sein, einen rasenden Brummschädel und innen eine rote Hose, weil die Damenbinde vom Morgen inzwischen hoffnungslos übergelaufen war.

Es war sehr merkwürdig, daß es am 11. November noch geheißen hatte, natürlich, wenn Susanne behindert sei, dann würde sie ihren Arbeitsplatz behalten, sie solle nur für ein paar Tage nach Hause zur Familie, um etwas zu entspannen. Z. sagte das so schleimfreundlich zur Mama, daß diese richtig froh und erleichtert war, daß Z. darüber informiert worden war, daß Susanne Autismus hatte.

Aber ... war er nicht schon mehrere Wochen zuvor informiert worden, also *bevor* bestimmt wurde, wer auf der Kündigungsliste stand? Warum wollten sie mir die Linsen wegnehmen? Ich tat doch niemandem etwas Böses und hatte doch nur gearbeitet, und das mehr als viele andere, wie gute Kollegen bestätigen können. Z. hatte doch immer gesagt, es sei alles in Ordnung, ich brauche mir keine Sorgen wegen einer Kündigung zu machen; das hatte er noch den Freitag zuvor behauptet, als die Liste schon längst geschrieben worden war.

Und nun, am 12. November, als ich gerade fertig mit meinen Morgenstunden war, erklärte Z. dem Papa am Telefon, daß Susanne gar nicht mehr in der Firma erscheinen bräuchte, weil sie ihr sowieso kündigen würden, ob Schwerbehinderten-Gesetz oder nicht.

Doch *noch* konnte mir keiner verbieten, auf die Arbeit zu gehen. Der Papa telefonierte mit seinem Anwalt, meinem Hausarzt und dem Betriebsrat, und dann reiste ich, wenn auch mit großer Angst im Magen, zurück. Seltsam, ich mußte auf einmal an mein Buch denken: Es sollte doch ein «Happy-End» haben!

Was für ein Glück, daß ich so schnell wieder in die Optisch' kam: Auf diese Weise bekam ich sehr interessante Hintergrundinformationen betreffs der versuchten Kündigung mit, die ich sonst niemals erfahren hätte. Wenn alles so verlaufen wäre, wie Z. es geplant gehabt hatte, so hätte man Susanne schnell gekündigt, sie mit den Eltern heimgeschickt und fertig damit. Ich hätte nicht einmal Gelegenheit gehabt, mich von den Kameraden im Zentrierraum zu verabschieden.

Wie ich nachträglich erfuhr, waren Y. und seine Kumpanin bereits während wir anderen noch im Treppenhaus gehockt bzw. gelegen hatten, im Zentrierraum gewesen, um meinen Spind auszumisten und meine persönlichen Sachen einzupacken, worüber Bettina, die gute, sich arg aufregte. Später berichtete sie, es sei ein «Bild für die Götter» gewesen, als Susannes Mama in den Zentrierraum gekommen war, um zu erzählen, daß die Kündigung zurückgestellt worden sei … und wie im selben Augenblick Y. Susannes Stiefel, die er gerade aus der Garderobe gegriffen hatte, zu Boden klatschen ließ, und wie sowohl Y. als auch seiner Helferin förmlich die Kinnladen herunterklappten. Bettina mag die beiden auch nicht.

Nun hatte die Firma immer noch die Möglichkeit, bei der Hauptfürsorgestelle die Erlaubnis, Susanne entlassen zu dürfen, zu beantragen, was aber wesentlich komplizierter als eine normale Kündigung war.

Trotzdem probierten sie es hartnäckig. Es gab eine Menge Schreiberei und drei Verhandlungen in der Firma, bis sie zu einem Ergebnis kamen. Der Papa wurde eine Art Vormund in dieser Angelegenheit für Susanne und mußte in jenen Wochen deshalb oft nach X-Stadt fahren; dabei hatte er doch niemals Zeit übrig. Nur jetzt, da es wirklich um «Kopf und Kragen» ging, wie er sagte, da schien er alle Zeit der Welt von seiner Arbeit abzweigen zu können!

Ich selbst durfte nicht einmal als Zuschauer an den Verhandlungen teilnehmen. Einer der Gründe war, daß der Papa befürchtete, Susanne könnte irgendwas machen oder schreien und damit ihre Chancen zerstören. Er bat sogar Christopher um Hilfe, und der schrieb postwendend per Fax einen langen Brief zurück, den der Vater zur Unterstützung seiner Stellungnahme einsetzte.

Während dieser Wochen war es schlimm auf der Arbeit. Ich wurde von einer Abteilung in die nächste geschubst. Die Firma wollte beweisen, daß es nicht genug Arbeit gab. Z. war sehr gemein, er war zu feige, mir das meiste direkt ins Gesicht zu sagen, aber ich hörte die Klatschgeschichten von den anderen.

Den September-Brief von Christopher hatte er damals wohl gleich zum Produktionsleiter weitergereicht, und von dort aus wurde dessen Inhalt in die halbe Firma weitergetratscht, was ich daran bemerkte, daß selbst normale Arbeiter an der Maschine mich auf Details aus jenem Brief ansprachen. Ich verstehe nicht, wie jemand das Vertrauen einer anderen Person so mißbrauchen kann.

Er wußte genau, daß eine von Susannes Schwächen «zu viele Veränderungen» war: Jetzt wechselte ich im Laufe von drei Wochen zwischen sechs verschiedenen Produktionsabteilungen. Das war anstrengend, doch da ich nur Handlangerdienste zu machen hatte, schaffte ich die Arbeit, und die Kollegen dort behandelten mich alle anständig.

Einmal sollte ich sieben Kartons mit Lupen, die in der Kontrolle I standen, auspacken, durfte dies aber nicht in jenem

Raume ausführen: Z. sagte mir, man könne es den anderen nicht zumuten, mich im selben Raum arbeiten zu lassen. So mußte Y. einen schwarzen Neonröhren-Kasten, die schweren Kartons und einen Stapel Bretter zum Absetzen der Lupen hinauf in ein enges, leerstehendes Büro in der 3. Etage tragen, wo ich ganz alleine war. Immerhin ersparte ich mir dadurch die Gesellschaft der Hex' und den Aufenthalt in der «Leichenhalle», wie andere und ich den Kontrollraum nannten, weil es da so kalt war, keine ordentliche Musik im Radio lief und die «Stimmung» stets zum Reihern war. Nach nur zwei Stunden war ich fertig, und Y. trug wieder alles herunter. Hatte sich dieser Aufwand gelohnt?

Sie wollten mich herausekeln, doch je übler sie Susanne behandelten, desto bessere Argumente hatte der Papa, zu beweisen, daß die Firma unrecht handelte. Als der Betriebsrat später während einer Verhandlung diese «Einzelhaft»-Episode erwähnte, bekam Z. einen scharfen Verweis von den Beauftragten der Hauptfürsorgestelle. So dürfe man nicht einmal mit einer gesunden Person und schon gar nicht mit einem Behinderten, für den die Firma Verantwortung trage, umgehen.

Es war auch noch eine Psychologin dabei, die die Situation beurteilen sollte. Sie unterhielt sich u.a. mit denen, die mich am besten kennen: den Kollegen vom Zentrierraum. Und diese fanden überhaupt nicht, daß Susanne eine «Zumutung» für sie sei.

Bettina wagte es sogar, für mich zum Betriebsrat zu gehen und ihm einiges über die ganzen Ungerechtigkeiten zu erzählen, die im Laufe der letzten Jahre geschehen waren. Das werde ich nie vergessen, sie hat für mich ihren eigenen Arbeitsplatz riskiert, denn *sie* hatte keinerlei Kündigungsschutz, und zu ener Zeit war es sehr, sehr gefährlich, das Mißfallen der Geschäftsleitung zu provozieren. Es war so fantastisch, daß es derart mutige Menschen gab, die «pro Susanne» sprachen.

Bettina sagte, sie könne es einfach nicht ausstehen, wenn auf Menschen, die sich nicht verteidigen könnten, herumgetram-

pelt würde. Sie hat später mit der Mama ein paar Briefe ausgetauscht und meinte, zumindest *eine* gute Sache habe das
ganze Theater gehabt: Sie habe wenigstens mal Susannes
Mama getroffen, und die Eltern hätten mal unseren schönen,
ölverpappten Zentrierraum kenenngelernt.

Am Montag vor Weihnachten entschied die Hauptfürsorgestelle: Die Firma muß Susanne weiter beschäftigen. Der Papa
hatte den Kampf für mich gewonnen, obwohl Z. alles unternommen hatte, den Beauftragten zu beweisen, daß es eine
«Zumutung» sei, Susanne zu beschäftigen, daß niemand «Verantwortung für sie übernehmen könne» und daß Susanne z. B.
manchmal unter dem Tisch säße und manchmal überhaupt
nicht ansprechbar sei.

Das war gemein. Ich war (zumindest am 11.11.) unter den
Tisch gekrochen, weil ich vor Bauchweh nicht mehr konnte,
und das wußte Z. (andere hätten sich krank gemeldet, aber
Susanne kann sich nicht krank melden, weil Kranksein nicht
eingeplant ist). Hier ein Auszug aus dem Protokoll:

«Im Rahmen der zweiten mündlichen Verhandlung wurde
von Arbeitgeberseite des weiteren ausgeführt, daß die Schwerbehinderte zwar qualitativ hochwertige Arbeit abliefert, was
die rein manuelle Tätigkeit betrifft, jedoch Probleme bei der
Entscheidungsfindung hat. Hierbei benötigt die Schwerbehinderte lt. Arbeitgeberangaben immer eine unterstützende Person. Auch wurden die erheblichen Artikulierungsprobleme der
Schwerbehinderten sowie die damit verbundenen Integra-
tionsprobleme in die Abteilung angesprochen. Auch kommt es
lt. Arbeitgeberangaben immer wieder zu Verständnisschwierigkeiten. Hierbei handelt es sich nach Auffassung der Hauptfürsorgestelle um rein behinderungsbedingte Probleme.
Wegen ihrer Behinderung kann es zur Kontaktstörung und
Isolierung von der Umwelt kommen. Gerade in solchen Fällen
soll jedoch das Schwerbehindertengesetz sicherstellen, daß
Schwerbehinderten bei behinderungsbedingten Schwierigkeiten am Arbeitsplatz geholfen wird.»

Es war richtig interessant, wie Z. die wenigen Informationen, die er über Autismus erhalten hatte, auszuschlachten verstand, um mich aus der Firma zu werfen. Wie war das noch gewesen? Sie wollten Susanne kündigen, weil sie angeblich *keine Arbeit* mehr hatten? Inzwischen sah die Sache ganz anders aus: Die Behinderung selbst war der Grund. Z. stellte Susanne wie eine geistesgestörte Person dar, die jederzeit und ohne Grund einen «Anfall» bekommen könne, die nicht hören könne, was man zu ihr sage, weil sie oft total abgeschirmt sei ...

Aber weil laut Gesetz die Behinderung selbst nicht der Kündigungsgrund sein soll, und weil ich auch schon ohne meine Prozente noch in der «Sozialauswahl» im Vergleich zu den anderen in der Gütesicherung (meist jüngere Doppelverdiener-Frauen, teils sogar ohne Fachausbildung) besser abschnitt, durfte ich meine Linsen behalten. Und entgegen aller Hetzparolen: Es mußte auch niemand anderes an meiner Stelle die Firma verlassen; das hätten weder der Papa noch ich gewollt, nicht einmal, wenn es sich dabei um eine «Hexe» gehandelt hätte.

Nun kam ich vorerst wieder in den Zentrierraum zurück, aber nicht mehr als Kontrolleur, sondern als Arbeiter zum Einlegen von Linsen in die Zentriermaschinen. Diese Arbeit konnte ich gut bewältigen, zumal die anderen Leute dort alle freundlich zu mir waren: Bettina und sieben Männer verschiedenen Alters. Fast jeden Tag bekam ich dort einen Apfel geschenkt; nach all dem Chaos der letzten zwei Monate kam mir der Zentrierraum wie ein Sanatorium vor.

Es ist allerdings eine ganz eigentümliche Abteilung. Entweder man paßt dorthin oder nicht. Während in den anderen Abteilungen Neid, Hetzereien, Konkurrenzkampf und Buhlerei um die Gunst des Vorgesetzten herrschen (und von Jahr zu Jahr mehr um sich greiften), gibt es im Zentrierraum noch echten Zusammenhalt. Ich kenne außerhalb niemanden, der gerne dort arbeiten würde, weil es nirgendwo soviel Dreck und vor allem fettes, gelbes Öl gibt wie dort. Das Öl ist überall; es wird zur Schmierung und Kühlung der ca. 30 Zentrier-fräser gebraucht, bedeckt den Fußboden, tropft von der Decke und liegt als dünner Film über allen im Raume befindlichen Gegenständen. Es ist nur schwer von den Händen zu waschen, aber auch wenn ich bis zum Ellenbogen ins Öl greifen muß, macht mir das nichts aus. Vor Dreck habe ich keine Angst.

Aber die Gerüchte in der Firma belasteten mich. Viele taten, als sei ich nicht ganz klar im Kopf, aber so hatten sie mich auch schon früher behandelt. Man sollte ihnen vielleicht sagen, daß Autismus nicht gleichzeitig eine geistige Behinderung sein muß. (Und selbst *wenn*: Auch jemand mit einer geistigen Behinderung ist ein *Mensch*.)

Manche lästerten, Susanne sei nicht ganz mündig, weil der Papa alles für mich übernahm, was mit Verträgen und Unterschriften zu tun hatte. Andere ratschten: «Jaja, ich hab's ja schon immer gewußt, Susanne war …» oder: «Jetzt kommt sie in ein Pflegeheim – die können ihr bloß nicht kündigen, weil die Eltern noch einen Platz für sie suchen!» usw. Diese Gerüchte waren derart stark, daß sogar Petra sie zuerst glaubte und mich fragte, «wann ich denn nun in das Heim käme»! Es hieß, wenn sie das nächste Mal Susanne loswerden wollten, dann würden sie nicht erst die Eltern, sondern gleich die «Männer mit den weißen Kitteln» herbestellen. Was mach' ich denn so Schlimmes?!

Wieder unter den Lebenden

(geschrieben März 1994)

Doch es gab auch eine Menge positive Erfahrungen in diesen kritischen Monaten. Die ganze Familie ist sich jetzt darüber im klaren, daß die Beantragung des Ausweises das einzig richtige, was wir hätten tun können, war. Wohlgesonnene Kollegen meinen, das hätte ich schon viel früher machen sollen.

Holger vom Zentrierraum, der damals auch in meinem Lehrjahr gewesen war, sagte, wenn ich die Behinderungs-Prozente schon zu Beginn meiner Lehrzeit offiziell gemacht und jemand den anderen ein bißchen über Susanne erklärt hätte, dann wäre doch alles viel einfacher gewesen. «Dann hätte mer uns besser druff innstelle könne», meinte er – stattdessen hätten sie unter sich ihre Witze gerissen und Susanne veräppelt. So ..., da hatte ich ja kaum was von bemerkt gehabt – zum Glück! Und dann erzählte Holger einige Anekdoten aus der guten, alten Lehrzeit. Ich kam aus dem Staunen nicht heraus, was die anderen alles damals bemerkt hatten, wovon ich gedacht hatte, ich hätte es geschickt verborgen.

Ich erklärte, ohne eine korrekte Diagnose hätte ich ja gar keine Prozente beantragen können, und außerdem hätte ich mich geschämt wegen des Etikettes «behindert». Holger sah das alles viel unkomplizierter: «Was 'e Kappes! Des g'hört doch zu dir wie deine zwee Arm' un' zwee Been! Ohne des wär'scht jo net ds' Susi!» (Ich hoffe, ich habe den lokalen Dialekt korrekt wiedergegeben. Auch diesen lerne ich allmählich.) Ich war sehr verblüfft, wie selbstverständlich er das sagte. Das war genau das, was ich meinte mit «bei Autismus sind das

Handicap und die Persönlichkeit so eng miteinander verbunden, daß man sie nicht trennen kann»! Es hat lange gedauert, das auch wirklich einsehen zu können.

Die Mama sagt, selbst *wenn* die Firma vollständig in Konkurs gehen sollte, so brauchen wir uns nicht länger zu «verstekken». Ich gelte trotz meiner abgeschlossenen Lehre als «nicht vermittelbare Person» auf dem offenen Arbeitsmarkt, aber das Schwerbehindertengesetz sagt, wenn man wegen *Grad* oder *Art* des Handicaps nicht vermittelt werden kann, so müssen sie einem eine Arbeit in einer Behindertenwerkstatt anbieten.

In einer normalen Fabrik mit einer Arbeit ohne Linsen wäre ich wahrscheinlich nicht schnell genug. Wegen der Hüftgelenke darf ich nicht mal mehr Bäcker werden, weil man da den ganzen Tag stehen muß. (Ich hatte immer gedacht, im Notfall könnte ich Bäcker werden, weil sie da immer noch Arbeiter suchen und ich gerne mit Teig arbeite.)

Arbeitsplätze, bei denen man viele Menschen treffen oder Auto fahren muß, scheiden ebenfalls aus. Ach, die Arbeit mit den Linsen ist für mich einfach das Optimale! Aber in der Firma ist es nicht mehr so wie früher, jetzt, da ich nur durch «Zwang» von der Hauptfürsorgestelle dort bleiben durfte und soviel Getratsche über Susanne die Runde gemacht hat. Und falls die Optisch' wirklich kaputtgehen sollte, rettet auch kein Schwerbehindertenausweis meinen Arbeitsplatz.

Aber die Eltern hatten gerade auch an die fernere Zukunft gedacht, als sie sich entschieden, wir sollten Prozente beantragen. Wir haben auch erlebt, daß die Behörden einem manchmal sehr helfen.

Durch diese «Flucht nach vorne», indem wir Susanne offiziell den Autismus bescheinigen ließen, bin ich nun wenigstens vor evtl. Fehldiagnosen geschützt, falls ich nochmal solchen Typen wie im Neurologischen Krankenhaus in die metaphorischen «Hände» geraten sollte. Und bevor ich *garnichts* arbeiten ginge (was sowieso nicht lange gutgehen würde), würde ich notfalls tatsächlich in so eine beschützende Werkstatt gehen. (Einige in der Optisch' wollen mich ja sowieso in die Diakonie oder zur Lebenshilfe stecken, wie ich hier mit etwas Galgenhumor bemerken darf.) Ob man da auch Kugellager machen oder weben kann? Früher habe ich viel gewebt. Daß man dort fast nichts verdient, würde mir nicht viel ausmachen, weil mich das alles, wofür die anderen das meiste Geld ausgeben, nicht interessiert. Was sollte ich mit Auto, Motorrad, Fernseher, modischen Klamotten, Hotelreisen, Zigaretten usw. anfangen?

Für mich ist es schon ein enormer Luxus, daß ich mir jetzt viel leckereres Essen als z. B. während der Lehrzeit leisten kann, daß ich so viele CDs besitze und mir die *gesamte* Star-Trek-Serie auf original-amerikanischen ungekürzten Videos gekauft habe. Das ist eine ganze Regalwand in Saakis und meinem Zimmer voll, aber es lohnte sich, weil Saaki die auch gerne guckt. Von diesen Filmen habe ich inzwischen mehr Englisch gelernt als von sämtlichen Lektionen meiner Schul-Laufbahn.

Nein, Geld macht wirklich nicht glücklich, auch wenn die anderen das zu glauben scheinen; sonst wären sie nicht so gierig. Hätte ich das Geld nicht gehabt, um mir die Videos leisten zu können, dann hätte ich sie halt nicht gekauft und trotzdem gut gelebt.

Im Moment bin ich aber heilfroh, noch einen «echten» Arbeitsplatz zu haben.

Im Zentrierraum werde ich nicht gemobbt, und dort habe ich einen Chef, der sich ganz anders ausdrückt als Z.: mit klaren und deutlichen Worten, die ich in der Regel auch verstehe. Kunststück; Hardy, der Chef, kennt mich auch schon seit der Zeit, als wir 1985 noch als kleine Lehrlinge beide in der Lehrwerkstatt am Schraubstock standen.

Außer Susanne haben sich die anderen Azubis im Laufe der Jahre alle mehr oder weniger ein Stück hochgeschafft oder außerhalb des Betriebes weitergebildet. Selbst wenn ich zu so etwas fähig wäre, hätte ich keinerlei Interesse an «Karriere». Ich bin froh, wenn ich das behalten kann, was ich jetzt habe.

Bettina, die sogar zwei Jahre jünger als ich ist, ist ein echter Telepath: Es mag komisch klingen, aber manchmal ist sie «wie eine Mutter» für mich, verteidigt mich gegenüber gemeinen Leuten, ist gleichzeitig freundlich und «erzieherisch»- streng zu mir, wenn sie meint, das sei mal nötig. Ich komme gut mit Leuten aus, die manchmal streng sind, solange sie dabei nicht verletzend oder ungerecht sind. Hardy schimpft manchmal los, und ich weiß nicht, was ich dann falsch gemacht habe, aber bei den Männern ist das meistens schnell wieder gut.

Bettina hat nicht einmal Optiker gelernt, sondern Friseurin, aber sie arbeitet an der «Kitt-Loh» – Maschine, was normalerweise früher gelernte Feinoptiker gemacht haben. Dort muß sie sehr präzise Linsen auf Spindeln aufkitten und ausrichten.

Sie schimpft die anderen aus, wenn sie mich mit plötzlichen Geräuschen erschrecken (gefährlich: dann fällt mir die Linse hin, und dann ist sie *kaputt*!) oder z. B. beim Trinken ansprechen (dann verschlucke ich mich meistens).

Wenn mir die Worte nicht einfallen, versucht sie, den anderen zu übersetzen, was ich meine. Wir sind zwar fast gleichaltrig, aber sie spricht ganz anders zu mir als zu den anderen Leuten in unserem Alter, die sie oft an ihrem Platz besuchen kommen. Wenn dann die anderen miteinander erzählen, dann bekomme ich nicht mit, um was es geht. Spricht Bettina alleine zu mir, dann verstehe ich.

Sie fährt Auto, Motorrad (eine richtig dicke Maschine!), reitet auf Pferden, die sie auf ihrem eigenen Bauernhof hält, von dem sie mir oft Äpfel, Eier und Honig mitbringt. Als sie mir neulich erzählte, ihre eigene Mutter hätte sie als «primitive Rockerin» bezeichnet, verstand ich die Welt nicht mehr. Die sollte mal *meine* Mutter fragen, was sie von Bettina hält!

Die Männer und Bettina haben gesagt, sie seien froh, daß «sie ihren Papagei wieder zurückbekommen haben, anders hätte etwas gefehlt». Wir haben gerade sechs Wochen lang auf Drei-Schicht-Betrieb umgestellt, *soviel* Arbeit gab es! Die Nacht-schicht war am geilsten: Ich hatte meine «Morgenstunden» zwischen 16 und 19 Uhr, und von 22 bis 6 Uhr waren wir die drei einzigen Menschen in der großen Fabrik: Holger, Bettina und ich. Da haben sie mir beigebracht, wie man mit der Kaffeemaschine Kaffee kocht, und seitdem bin ich ganz eifrig dabei, für die ganze Abteilung Kaffee zu kochen, obwohl ich selbst davon nicht trinke. «Susi, – Kaffee kochen!» rufen sie, wenn sie neuen brauchen, und ich rufe als Bestätigung zurück: «Susi, Kaffee kochen!»

Bettina meinte, für Susanne wäre es am besten, wenn sie ausschließlich Nachtschicht schaffen müsse: Da wären keine Leute unterwegs, die sie nur nervös machten; besonders keine solchen wie Z.: Der pflegte sich immer derart leise heranzuschleichen, daß man ihn nie im voraus hören konnte, so daß ich jedes Mal, wenn er dann plötzlich hinter mir stand, fast einen Herzschlag bekam. Ich kann es sowieso nicht ausstehen, wenn sich jemand hinter mir aufhält!

Ach, was hatte ich es gemütlich auf der Nachtschicht!

Ich gehe jetzt viel leichter durchs Leben. Der Papa sagt, jetzt brauche ich endlich keine Angst mehr vor «Hexen» und Z.'s & Co. zu haben, und jetzt sei Schluß mit Gratis-Überstunden!

Ich glaube, durch das ganze Chaos in Folge des 11. November 1993 habe ich letztendlich viel mehr gewonnen als verloren. Vor allem habe ich einen Papa gewonnen, den ich auf diese Weise noch nie gesehen hatte! Wir mögen eine «komische Familie» sein, und ein Außenstehender würde uns sicher völlig falsch interpretieren, könnte er uns nur kurz und oberflächlich betrachten, wie jeder mehr oder weniger seinem eigenen Kram nachgeht, wo die Mama meist für jeden ein extra Essen zubereiten muß (wobei ich mir jetzt meistens selbst etwas koche), wo kaum gegrüßt oder geherzt wird (angeblich habe *ich* die Familie beeinflußt) – aber der Papa hat zu mir gesagt: «Vergiß nicht, wir Schäfers halten zusammen!»

Ist das derselbe Vater, der früher von mir nur «der da» genannt worden war und, wenn überhaupt etwas, nur eine Bedrohung bedeutet hatte? Nun, die Firma hat erfahren, wie es ist, wenn die Schäfers zusammenhalten!

Das Essen schmeckt mir wieder, und seit ich zurück im Zentrierraum bin und diesmal ohne Z. als Vorgesetzten, habe ich kein einziges Mal mehr Bauchweh gehabt. Ich habe mehr Energie für andere Aktivitäten übrig. Ich schwimme öfter, wenn ich auch jedesmal entsetzlich unter dem kalten Wasser leide.

Es ist genau umgekehrt wie zur Kinderzeit: Bis ich ungefähr 14 war, wußte ich überhaupt nicht, was Kälte eigentlich war. Heute aber läuft mir vor Frieren im Schwimmbad pausenlos das Salzwasser aus den Augen, und wenn dann hinterher auch noch die Duschen kalt sind, nachdem ich 2 – 3 Stunden am Stück geschwommen bin, dann bin ich ganz frustriert. Ich weiß nicht, wielange ich mich noch zum Schwimmtraining aufraffen kann, wenn das so weitergeht! Vielleicht können die Herren Neurologen mir das mal erklären?! Oder ist das die Strafe dafür, daß ich früher nie gehört habe, wenn die Mutter mich aus dem See herausscheuchen wollte, weil es zu kalt war? Heute ist es dieselbe Mutter, die mich ins Wasser *hinein* jagt, wenn sie mit mir zum Schwimmbad in Arolsen geht.

Warum bloß muß Susanne immer einen «Chef» haben, der sie antreibt?

Während der letzten Monate habe ich mir einen Wunsch erfüllt, den ich seit dem 10. Lebensjahr gehabt hatte, als ich so gerne die Schallplatte mit schottischer Musik, die der Vater sich gekauft hatte, anhörte: Ich habe mir eine echte Great Highland Bagpipe gekauft, und nach etlichen Problemen habe ich sogar darauf spielen gelernt, allerdings wie üblich nicht mit der offiziellen Spieltechnik.

Meine komischen Hände greifen nicht ganz so wie die der anderen Dudelsack-Spieler, aber die Musik, die dabei herauskommt, klingt schon ziemlich echt.

Da dieses Instrument viel zu laut ist, um es in einem Miethaus zu spielen, übe ich in den Weinbergen. Die Mutter sagt, die Leute würden mich jetzt erst recht für verrückt erklären, wenn ich Dudelsack blasend durch die Weinberge marschiere, aber das ist doch die einzig logische Lösung, wenn ich überhaupt üben will. Am letzten Arbeitstag vor den Weihnachtsferien habe ich den Dudelsack dabei gehabt, weil ich ja gleich von der Arbeit aus nach Arolsen fuhr, und «Amazing grace» im Zentrierraum gespielt, was ich schon vor einiger Zeit hatte versprechen müssen. Da war es mir, als würde ich nach dem ganzen Chaos wieder zu den Lebenden zurückkehren. Es gab sogar eine Menge Applaus. Der Papa warnte spöttisch: «Paß auf, nächstes Mal, wenn jemand vom Versorgungsamt kommt, behauptet Z., daß Susanne nun schon so durchgedreht sei, daß sie Dudelsack blasend durch die Optisch' marschiere – ohne zu erwähnen, daß es sich dabei um eine Weihnachtsfeier gehandelt hat!»

Saaki hat mir sogar ein Stück für meine Pipes komponiert, das ich besonders gerne übe. Außerdem haben wir jetzt ein echtes Didgeridoo aus Australien, das wir zu erlernen versuchen. Saaki soll dann mal ein Stück für Dudelsack und Didgeridoo komponieren, das wird geil!

Bettina fragte mich, als wir Nachtschicht und damit Ruhe zum Reden hatten: «Und wer paßt auf dich auf, wenn deine Eltern nicht mehr da sind?» Das wußte ich auch nicht. Soso, muß man also auf Susanne «aufpassen»?!

Manchmal ist es ganz gut, daß die Eltern nicht alles mitkriegen, was ich in X-Stadt erlebe und was die anderen sagen.

Die Mama sagte neulich, sie sei so enttäuscht von gewissen «netten» Leuten in der Firma, die sich als falsche Freunde erwiesen hatten. Aber denen trauere ich nicht nach: Man kann keine Freunde verlieren, die man nie besessen hat.

Ich weiß jetzt wenigstens, auf wen ich mich verlassen kann und auf wen nicht!

Die Odyssee geht weiter

(geschrieben Juni 1996)

Die Ruhe, die während der wenigen Wochen, die man mich im Zentrierraum ließ, langsam in mir einkehrte, wurde allzu bald gestört. Es begann damit, daß der Betrieb einen finanziellen Zuschuß für Susannes Arbeitsplatz bei der Hauptfürsorgestelle beantragt hatte und nun deren Beauftragten beweisen mußte, daß Susanne so stark behindert sei, daß die Firma eine Menge Geld für Extra-Betreuung benötige. Aus irgendeinem Grund mußte es dabei so aussehen, als arbeite Susanne noch in der Gütesicherung; auf keinen Fall dürfe man sie im Zentrierraum entdecken, und so wurde ich genau für den *einen* Tag, an dem der Beauftragte kam, in die Kontrolle II gesteckt. Z. stellte mich so dar, als könne ich überhaupt nicht sprechen, als sei ich gar nicht zurechnungsfähig; ich durfte kein einziges Wort zu dem Thema selbst sagen.

Diese Taktik war erfolgreich. Nun bekam die Firma jeden Monat einen ziemlich hohen Zuschuß von der Hauptfürsorgestelle. Das war ja gar nicht soviel weniger als ich selbst verdiente! Hier wieder ein Auszug aus dem offiziellen Schreiben der HFS:

«Aufgrund der Art ihrer Behinderung hat Frau Schäfer Probleme, sich mit ihrem beruflichen Umfeld zu verständigen und eigenständig Entscheidungsprozesse wahrzunehmen.

Gemäß Stellungnahme des Technischen Beratungsdienstes der Hauptfürsorgestelle vom 9. 3. 1994 benötigt die Schwerbehinderte in erster Linie bei Entscheidungsprozessen ständige Betreuung. Um eine kompetente und fachlich fundierte Entscheidung zu ermöglichen, ist es nach Ansicht des Technischen Beraters erforderlich, daß die Betreuung in erster Linie durch den Bereichsleiter der Gütesicherung, Herrn Z. , erfolgt. Aus fachtechnischer Sicht wird ein Betreuungsaufwand von ca. 1,25 Stunden täglich bestätigt, daraus ergibt sich ein Pauschalzuschußbetrag in vorgenannter Höhe.

Durch die Sicherstellung einer ständigen Betreuung am Arbeitsplatz kann nach Auffassung der Hauptfürsorgestelle die dauerhafte berufliche Eingliederung von Frau Schäfer zumindest erleichtert werden.

Nach Auffassung des Technischen Beraters wäre es der beruflichen Eingliederung von Frau Schäfer jedenfalls dienlich, wenn Frau Schäfer nicht auf wechselnden Arbeitsplätzen eingesetzt würde, sondern ein Einsatz in einem ihr vertrauten Umfeld erfolgt.»

Das ganze war ein mehr als schlechter Witz! Mag sein, daß ich kein Recht habe, Z. vorzuwerfen, daß er mich damals auf die Kündigungsliste ganz oben hingeschrieben hatte; schließlich ging es der Firma tatsächlich schlecht. Ich verachte ihn nur für die Art, wie er sich erst mein Vertrauen erschlichen und dann gewisse Informationen ausgenutzt hatte, und für alles, was *nach* dem 11. November gefolgt war, für die Gemeinheiten, die er mir sagte, als er mit mir alleine war und für die Weise, auf die er mich vor den Behörden hingestellt hat, um mich loszuwerden oder aber Geld für die Firma zu erhalten. (Und dann meiner Mama erzählen, er hätte sich für Susanne eingesetzt und wolle nur ihr Bestes!)

Außerdem sprach er nicht *direkt*, ich hatte ihn nie recht verstanden. Und *der* sollte nun mein «Betreuer» werden?!

Aber keine Angst, der guckt schon weg, wenn er mich nur von weitem sieht. (Es ist ihm sicher peinlich, mir nach alldem immer noch ab und zu im Betrieb zu begegnen.)

Ich habe meinen offiziellen «Betreuer» seit März 1994 nicht mehr gesprochen und auch die «Leichenhalle» nicht mehr betreten. Was für ein Glück!

Z. erfüllte keine der Auflagen, die mit dem Zuschuß verbunden waren: Es kamen weder Z. noch sonst jemand, um mich 1,25 Stunden täglich zu «betreuen». Aus meinem «vertrauten beruflichen Umfeld», dem Zentrierraum, war ich gerade wieder herausgerissen worden, und just *nach* diesem Schreiben begann es erst richtig mit den «wechselnden Arbeitsplätzen», auf denen ich ja eigentlich gar nicht eingesetzt werden sollte! Die Zeit im Zentrierraum sei nun endgültig vorbei, hieß es.

Eine ein Jahr lange Odyssee durch diverse Abteilungen begann: Schmirgeln, Kittraum, Lackieren, Fräsraum … und dann innerhalb dieser Abteilungen tägliches Wechseln zwischen verschiedenen Arbeitsgängen bis zu 8 x am Tag! Selten konnte ich einen Posten fertig abschließen, denn vorher kam meistens jemand und schickte mich auf einen anderen Platz. Bis ich mich dort etwas eingewöhnt hatte, kam jemand anderes und schleppte mich auf den nächsten Platz, und immer mußte ich unfertige Arbeiten stehen lasssen!

Außerdem wußte ich nie, wer der Chef war, denn es waren fünf verschiedene Männer, die alle irgendwo in der Firma eine Abteilung unter sich hatten, die mir nun sagten, was ich zu tun habe. Ich brauche doch nur immer einen *einzigen* Chef, an den ich mich mit allem, was ansteht, wenden kann, der der einzige ist, der mir meine Arbeit zuteilt. Das mutet man ja keinem Hund zu, fünf Herren gleichzeitig zu gehorchen!

Gerade bei mir ist es doch so wichtig, eine einzige Bezugsperson zu haben – und seine Arbeiten fertig machen zu können, im voraus zu wissen, wann man wo welche Arbeit zu tun hat – und nicht dauernd zu wechseln! Da schien jemand gut gelernt zu haben, wie man einen Menschen mit Autismus das absolute Chaos erleben läßt – oder bilde ich mir das alles bloß ein?

Außerdem gab es im Kittraum eine Frau im mittleren Alter, die mich böse beschimpfte: ich sei zu langsam; ich würde Leuten, die besser schaffen könnten, den Arbeitsplatz wegnehmen. Oft gab sie regelrechte Nazi-Sprüche von sich. Wenn man die auf Kassette aufgenommen hätte, hätte man sie wegen Volksverhetzung anklagen können. «Bei Hitler hätten sie Susanne schon längst ins Lager gesteckt», usw. Als wäre es ein Verbrechen, daß ich überhaupt existierte!

Dann kam der Terror mit den Radios: Manchmal saß ich zwischen zwei Radios, die verschiedene Sender eingestellt hatten. Die Frauen, denen die Radios gehörten, konnten sich nicht auf einen gemeinsamen Sender einigen, und ich war derjenige, der darunter leiden mußte. Hier SWF 1, da SWF 4, weiter hinten lärmende Maschinen, woanders ein klingelndes Telefon oder laute Gespräche; all das kreiste unentwegt in meinem Kopf herum. Wie soll man sich dabei noch auf die Arbeit konzentrieren?!

Ich sehnte mich so nach dem Zentrierraum! «Susi, Kaffee kochen!» sagte ich dann traurig vor mich hin. «Susi, Kaffee kochen!» – das hieß nichts anderes als: «Ich habe Heimweh nach dem Zentrierraum!», aber die Frauen kapierten das nicht und sagten, die spinnt, die Susanne.

Manchmal, wenn es hektisch zugeht, sage ich auch «Susi, Telefon!» zu mir. Das heißt etwa: «Jetzt muß ich mich beeilen, sonst wird es brenzlig!» Das kommt daher, daß Bettina oft gerufen hat «Susi, Telefon!», wenn es klingelte und ich drangehen sollte. Dann mußte ich mich auch schnell bewegen, und deshalb setze ich «Susi, Telefon!» mit «Hektik» und «Beeilen» gleich.

Wenn ich z. B. am Bahnhof beim Umsteigen Angst habe, den Anschlußzug nicht mehr zu erreichen, dann sage ich zu mir: «O weh, Susi, Telefon!» … und renne schnell zu dem entsprechenden Bahnsteig.

Ich weiß nicht, wieviele meiner Formulierungen oder Sprüche die anderen auch noch nicht kapieren, wenn sie mir zuhören. Aber sicher sind sie alle erklärbar.

Das war ein schlimmes Jahr, obwohl ich mich doch innerlich so gut gefühlt hatte, aber das Affentheater mit den beiden Radiosendern & Co. legte wieder alle Nervenbahnen bloß.

Petra, die gleich nebenan arbeitete, holte mich oft heraus

aufs Klo, um mich etwas aufzumuntern und mir zu sagen, wie ich den Leuten contra geben sollte.

Wie sollte ich unter diesen Bedingungen weiter durchhalten? Ich hatte doch dem Papa versprechen müssen: Keine «Anfälle» mehr, bei denen man «vier Dänen holen müßte»!

Nachdem es mehrmals Zoff und Chaos gegeben hatte, einmal, weil sie mir im letzten Moment meinen dreiwöchigen Herbsturlaub streichen wollten (als ich schon fix und reisefertig war) und mehrmals wegen der beiden Radios und den wüsten Beschimpfungen der einen Frau, wurde ich im März 1995 in den Zentrierraum geschickt: nur für ein paar Stunden zur Aushilfe, wie es zuerst hieß ... und ich bin bis heute dort geblieben!

Im Nachhinein, mit einem dreijährigen Abstand von den schlimmen Ereignissen, denke ich, eigentlich waren es immer nur einige wenige «Böse», die mir das Leben schwer machten. Inzwischen hat sich vieles geändert: Zwei der «Hexen» haben längst die Firma verlassen, Y. ist versetzt worden, und in der ehemaligen «Leichenhalle» arbeiten lauter neue Leute, mit denen ich, soweit überhaupt ein Kontakt erforderlich ist, zurecht komme. Sogar der Personalchef behandelt mich trotz allem Ärger, den es damals gab, stets anständig, fast freundlich. Nein, es ist nicht die «Firma», die böse ist – das waren immer nur einzelne Leute. Ich habe vorerst meinen Frieden mit der Optisch' gemacht.

Vom letzten Depp
zum Wunder an der Kitt-Loh

Seltsam, wie sich manchmal die Umstände ändern, wenn man es gar nicht hatte vorher absehen können: Wenn es mir ganz schlimm geht, kann ich mir überhaupt nicht vorstellen, daß es je wieder gut sein könnte; dann ist wirklich jedesmal die «Welt» am untergehen!

Umgekehrt kann ich, wenn ich ganz doll lustig bin, nicht denken, es könnte je wieder etwas Übles geschehen; deshalb ist es auch so schwierig, solche Zustände zu beschreiben, wenn ich mich gerade nicht in ihnen aufhalte. Deshalb kann mir wohl in dem Moment auch niemand helfen.

Ich *erinnere* mich zwar an sie in jeder Einzelheit, aber ich kann sie in diesem Moment nicht mehr «fühlen».

So ist es auch z. B. mit dem Temperaturgefühl: Wenn ich im Eiswasser im Freibad stecke und noch Stunden Schwimmen vor mir habe, dann besteht die Welt nur noch aus kaltem Wasser, und ich glaube, mir wird nie wieder warm werden. Wenn mir heiß ist, kann ich mir nicht vorstellen, daß ich je wieder frieren könnte.

Mit dem Verstand weiß ich das wohl, aber das hilft mir nicht. Ob das an Susannes angeblich fehlendem Zeitbewußtsein liegt? Wenn Februar ist, kann ich mir absolut nicht vorstellen, es könnte je wieder Herbst werden. Es ist verrückt; die Erinnerungen sagen mir, daß es bis jetzt immer wieder Herbst geworden ist. Selbst wenn schon die Apfelbäume blühen, glaube ich einfach nicht, daß wieder Äpfel dort wachsen werden.

Ich kann mein ganzes Jahr im voraus planen, aber nicht fühlen, daß alle diese Ereignisse in nachvollziehbarer Zeit auch wirklich stattfinden können. Erst, wenn auch deutlich ausgeprägte, wenn auch noch grüne, saure Äpfel an des Nachbars Bäumen hängen, dann kommt mir so ein vages Gefühl, es könnte wirklich bald soweit sein, daß es rote, süße Äpfel gibt. Und dann freue ich mich!

So war es jetzt auch: Einen Tag dachte ich noch, ich müsse ewig von allen Seiten an mir herumzerren lassen, und am nächsten Tag war ich im Zentrierraum, obwohl man mir doch klipp und klar gesagt gehabt hatte, dort dürfe ich nie wieder arbeiten.

Ich arbeitete wieder mit Bettina zusammen, und es gab nur *einen* Chef, der in dieser Abteilung alles regelte. Das war für mich viel übersichtlicher. Schon bald ging es mir wieder besser. Hardy setzte sich dafür ein, Susanne nun endgültig in der Abteilung behalten zu können. Arbeit gab es ja genug, aber ich glaube, er war der einzige Abteilungsleiter in der Firma, der mich freiwillig anforderte.

Vorerst durfte ich dableiben, was wohl für sämtliche Beteiligten die beste Lösung war. Nun war endlich Frieden.

Dann jedoch bekam Bettina wieder die Öl-Allergie. Schon etliche Personen vor ihr hatten den Zentrierraum wegen einer solchen Allergie verlassen müssen; auch Bettina selbst hatte in den Jahren davor zweimal einen Schub gehabt. Der letzte war nur mühsam verheilt, während sie in einer anderen Abteilung gearbeitet hatte. Der Rückfall jetzt war so stark, daß sie zwei Wochen lang krank geschrieben war.

Hardy jammerte, weil eilige Arbeit auf Bettina wartete, jedoch niemand außer ihr noch die alte Kitt-Loh-Technik beherrschte. Die wenigen, die das genaue Ausrichten der Linsen auf den Zentrier-Spindeln noch gekonnt hatten, hatten die Öl-Allergie bekommen.

Ich weiß nicht, ob sonst irgendwo in Deutschland noch diese Zentriertechnik eingesetzt wird; es ist das älteste Verfahren des Optik-Zentrierens überhaupt. Unsere fünf Kitt-Loh-Maschinen selbst sind vielleicht 50 Jahre alt. Die anderen Maschinen sind teilweise schon computergesteuert, aber es gibt dennoch ein paar Linsentypen, die nur auf der Kitt-Loh laufen.

Die Qualitätsanforderungen an optische Linsen sind heute wesentlich größer als vor 50 Jahren. Es heißt, das menschliche Auge, an das beim Kitt-Loh-Ausrichten große Ansprüche gestellt werden, könne dabei nicht mehr mithalten; außerdem seien die modernen Maschinen viel rationeller.

Deshalb gibt es heute nur noch einen einzigen Kitt-Loh-Arbeitsplatz in der Optisch', und an dem habe ich schon viele Leute, die nicht so genau sehen konnten, verzweifeln sehen.

Was nun tun mit den eiligen Linsen? Hardy meinte, ich solle doch mal versuchen, ob ich das Ausrichten könne, schließlich hätte ich ja so einen scharfen Blick, woraufhin ich erst erschrak: Die normalerweise veranschlagte Anlernzeit an der Kitt-Loh betrug drei Monate, und manche Leute schaffen bis dahin keine einzige gute Linse am Tag. Aber was gab es zu verlieren? Ich probierte es. Die erste Übungslinse war schon nach wenigen Minuten gut. Zufall, dachte ich. Dann gelang eine Linse nach der anderen, was ich kaum fassen konnte.

Hardy sagte: «Morgen brauchen wir unbedingt 25 von den eiligen Linsen, fertig zentriert. Du brauchst nur diese eine Sorte aufzukitten, laß die anderen vier Maschinen stehen, aber mach mir die 25 Linsen!»

Ich dachte, wie soll ich am zweiten Anlern-Tag schon 25 echte Linsen für die laufende Produktion schaffen? Es wurden sogar 30 Linsen!

Ausgerechnet Susi, die Schnecke, die angeblich nur noch für die Lebenshilfe-Werkstätten taugte!

Als Bettina wieder zur Arbeit kam, hatte ich bereits drei Maschinen mit verschiedenen Linsen gleichzeitig laufen. Ich hatte ein schlechtes Gewissen, weil ich auf Bettinas Platz saß. Ich kannte etliche Personen, die darauf mit Konkurrenzkampf und Mißgunst reagiert hätten.

Damals, während der Zeit der Kündigungsversuche, hatte ich etwas Neues gelernt: Es gibt eine Kameradschaft, die mehr wert ist als ein Arbeitsplatz. Bevor ich ausgerechnet Bettina ihren Platz streitig gemacht hätte, wäre ich freiwillig gegangen.

Das Einlegen von Linsen machte ja auch Spaß, bloß manchmal erwischte ich eine falsche Spindel, und dann fräste die Maschine nicht nur die Linse kaputt, sondern gleich das ganze Messingrohr – und das unter einem ohrenbetäubenden Singen und Kreischen, daß das anzuhören allein schon Strafe genug war.

Hardy, der dann neue Rohre drehen mußte, schimpfte mich den «Rohrkiller» und setzte die zerfetzten Messingteile gut sichtbar neben meinen Arbeitsplatz, damit ich diese «Schande» immer schön angucken sollte. (Richtig böse wurde er aber nicht.) Im Laufe der Zeit kam da eine nette kleine Galerie aus Rohrtrümmern zusammen …

Aber Bettina ging es nur noch schlechter mit der Allergie. Sie sagte, es ginge nicht mehr, sie müsse sich in eine andere Abteilung versetzen lassen. Ich hatte Angst, sie würden ihr dann auch kündigen, aber sie bekam einen neuen Platz und, flexibel wie sie ist, kam sie auch dort gut zurecht.

Und ich stand alleine mit den fünf Kitt-Loh-Maschinen da und vermißte meine «Dolmetscherin». Bettina kam zwar noch oft mal zum Quatschen in den Zentrierraum, aber es war nicht dasselbe wie sie ständig in meiner Nähe zu wissen, falls irgendetwas passierte.

Hardy sagte, das schaffen wir schon. Und fortan wurde er mein «Oberboß», nicht nur in Dingen des Arbeitsablaufes (z. B. wenn er mir eine Maschine neu einrichtete), sondern auch bei personenbedingten Fragen und Schwierigkeiten.

Mit der Arbeit kam ich so gut zurecht, daß es schon wie ein kleines Wunder war.

Ich schaffte es, Bettinas und meine frühere Arbeit zu einem einzigen Arbeitsplatz zusammenzuziehen. Was ich aufkittete, legte ich nach dem Abkühlen selbst ein. Bald hatte ich alle fünf Maschinen parallel zueinander laufen und schaffte an guten Tagen bis zu 100 Linsen; das war mehr als genug.

Was alle am meisten verblüffte, war, daß keine einzige Linse, die ich ablieferte, von der Kontrolle wegen Zentrierfehlern zurückkam. In anderen Abteilungen hatte ich mich anstrengen müssen und nicht einmal annähernd das Soll erfüllt. An der Kitt-Loh ging mir die Arbeit so leicht von der Hand, daß es mir wie ein Spiel vorkam: Ich «spielte» wieder mit rundem Glas, das ich beim Ausrichten hin und her schob.

Nirgendwo sonst wie an diesem Platz konnte ich eine meiner wenigen natürlichen Stärken derart erfolgreich einsetzen: Details sehen, genau sehen ... Ich liebte es, mich förmlich in die Sehvorrichtung, die vor meinem Gesicht hing, zu verkriechen und auf die rotierenden Muster zu starren, mit deren Hilfe ich die Linsen ausrichtete.

Vom letzten Depp in der Optisch' war ich zum «Star-Aufkitter» an jener uralten Maschine geworden!

Ich weiß nicht, wielange die Firma einen solchen Platz noch nicht wegrationalisieren wird; damit muß man immer rechnen, und ich wage nicht daran zu denken, wo sie mich dann wieder hinstecken werden. Ich weiß nur, ich bin dankbar für jeden Tag, den ich im Zentrierraum bleibe.

Die Männer sind alle gut zu mir und verwöhnen mich mit Äpfeln o. a. Hardy ist der beste Chef, den ich je hatte.

Es gibt zwar auch manchmal Chaos im Zentrierraum, aber selbst wenn dabei so stark herumgebrüllt wird, daß die Spukketropfen fliegen, so ist das nach kurzer Zeit vorbei, und dann sind alle wieder Freunde.

Einzig wegen des Fensters an meinem Platz gibt es manchmal Gemecker. Ich reiße es immer auf, weil ich stets nach frischer Luft giere und Zigarettenrauch nicht ausstehen kann; ich schlafe ja sowieso schon dauernd ein, auch bei guter Luft. Im Winter war das den Männern zu kalt, und eines Morgens hatte der Karl das Schloß des Fensters derart mit Sekundenkleber zugepappt, daß es keiner mehr aufbekam. Da bin ich durchgedreht vor Panik, daß das Fenster nie wieder zu öffnen sei! Ich *muß* immer das Fenster aufmachen! Es gab viel Salzwasser aus den Augen, und dann riß ich mit der Kraft der Verzweiflung so stark an dem Fenster, daß es fast aus den Angeln flog und das Schloß aufbrach – das hatten nicht einmal die starken Männer geschafft!

Diese hatten inzwischen begriffen, wie wichtig gerade dieses Fenster für mich ist, und Hardy hat mir versprochen, der Karl wird es nie mehr zukleben. Dafür mache ich es eine Zeitlang freiwillig zu, wenn es jemandem gar zu kalt wird. Es dauerte einige Zeit, bis ich lernte, daß Sätze wie: «Es zieht!» oder «Ist dir zu warm?» in Wirklichkeit bedeuten: «Mach das Fenster zu!»

Und der Karl, der ist immer noch ein feiner Kumpel, auch wenn er manchmal so laut schreit!

Ein noch größeres Problem gab es, als im Betrieb Stechkarten und Gleitzeit eingeführt wurden: Ich konnte nie die Zeit abschätzen, die ich benötigte, um vor Feierabend allmählich die Maschinen auslaufen zu lassen. Es war irritierend, nicht mehr pünktlich um 16 Uhr nach Hause zu gehen. So kam es, daß sich ständig mehr Plus-Stunden auf meinem Gleitzeit-Konto anhäuften, weil ich jeden Abend «eben noch ein paar Linsen fertigmachen» wollte.

Als ich eines Morgens mitgeteilt bekam, den nächsten Tag hätte ich (zwangsweise) zu Hause zu bleiben, damit meine Stunden abgebaut würden, war der Zoff mal wieder groß! Ich konnte doch nicht mitten in der Woche zu Hause bleiben, wenn es nicht lange vorher geplant war! Lieber hätte ich der Firma die Stunden «geschenkt», als so ohne Vorwarnung zu Hause bleiben zu müssen, aber das war nicht möglich. Hardy, der einzige, der das halbwegs nachvollziehen konnte, setzte sich erfolgreich dafür ein, daß ich noch einen Aufschub erhielt. «'S Susi müßte eigentlich wieder feste Arbeitszeiten bekommen,» hörte ich ihn zum Produktionsleiter sagen. Es dauerte mehrere Monate, bis ich so lala mit der Gleitzeit zurechtkam, und das auch nur, weil Hardy täglich mein Stundenkonto überprüfte und aufpaßte, daß sich nicht zuviel anhäufte. Manchmal hat er doch arg seine Last mit Susanne …

Sogar die Raumaufteilung im Zentrierraum ist wie geschaffen für mich: Mein Kitt-Loh-Platz befindet sich in einer Ecke des Vorraumes zur eigentlichen Maschinenhalle und ist der einzige Arbeitsplatz dort. Ich habe ein eigenes Radio direkt vor mir stehen, auf dem den ganzen Tag Musikprogramm läuft. Mit jedem Song, der gespielt wird, verbinde ich bestimmte Erinnerungen aus der Zeit, in der er gerade aktuell war. Das Radio ist mein persönlicher Motor. (*Ein* Radio, wohlgemerkt, kein Durcheinander aus verschiedenen Sendern!)

Zu drei Seiten bin ich von der Ausricht-Bank, Tischen und Linsenablagen umgeben und damit gemütlich abgeschottet. Von meinem Platz aus kann ich die Lage bestens überblicken. Ich sehe Hardys Büro, den riesigen Jahreskalender und vor allem den Ein- und Ausgang. Somit kann es nie passieren, daß plötzlich jemand hinter mir auftaucht und mich erschreckt.

Da der Zentrierraum keine Durchgangsabteilung ist, sondern ganz am Ende der Optisch' liegt, kommen sowieso nicht gar so viele Leute vorbei. Seit ich mir auch für die Pause ein Extra-Eckchen, abseits des großen Tisches der anderen, fest als Stammplatz gesichert habe, kann ich in der Pause sogar etwas essen und in Ruhe trinken. Es ist zwar überall ölig, doch ich habe es da richtig gemütlich, sogar einen kleinen Rollwagen mit einer Herdplatte zum Teekochen. Und das Öl, da könnt' ich mich glatt drin suhlen. Ich mag sogar, wie es riecht. Bis jetzt habe ich noch keinerlei Anzeichen einer Allergie bekommen, und ich bin mir sicher, so wird es bleiben.

Vorlaute Münder behaupten, die Susi sei immun gegen das Öl, weil dieses bei ihr gar nicht erst durch die eigene Dreckschicht dringen könne. Die machen manchmal auch Witze, die ich nicht ganz verstehe. Bettina hat mir sowas dann erklärt; oft geht es dabei um Sexuelles: Also, wenn einer «Iiihhh!» ruft, dann war es ein Witz über «Schweinekram».

Neulich z. B. sprachen einige mit mir über meinen Dudelsack; ich sollte spätestens Weihnachten wieder einmal vorspielen. Da sagte Otmar, ich solle zum Herrn Produktionsleiter gehen und fragen, ob ich ihm Weihnachten auch «einen blasen dürfe» (und nicht nur den Leuten im Zentrierraum).

Ich wäre vielleicht darauf gekommen, daß das mit dem Blasen auch noch eine zweite Bedeutung haben könnte, aber schließlich hatten wir ja gerade noch vom Blasen eines Musikinstrumentes gesprochen! So ging ich vor, um den Produktionsleiter zu fragen, ob ich ihm zu Weihnachten einen blasen dürfe. Hardy hielt mich auf, und als ich ihm erklärte, schließlich habe der Otmar es mir so gesagt, da schimpfte er «…und wenn der Otmar sagt, du sollst aus dem Fenster springen, machst du's dann auch?!»

Aber woher soll ich wissen, wann ein Befehl ernst gemeint ist und wann nicht? Seit Bettina weg ist, erklärt es mir keiner so richtig mehr.

Wenn jemand «Susi, Kaffee kochen!» ruft, quietsche ich freudig zurück: «Susi, Kaffe kochen!» und koche Kaffee, egal ob sie welchen brauchen oder nicht. Inzwischen hat mir der Holger eine «Ausnahmeregelung» wegen des Kaffeekochens gesagt: Also, wenn der *Otmar* sagt «Susi, Kaffee kochen!», dann gilt das nicht. (Der sagt das nämlich andauernd, so daß wir eine Zeitlang arg viel Kaffee zuviel hatten.) Selbst Bettinas Anweisungen, denen ich voll vertraue, habe ich Depp manchmal falsch verstanden.

Da ich manchmal keine passenden Formulierungen finde, um Zustimmung oder Ablehnung mitzuteilen, besonders wenn ich nicht weiß, ob mich die anderen mit etwas «Sauigem» necken wollen, oder ob sie es ernst meinen, eklärte mir Bettina: «Das ist doch ganz einfach: Du brauchst doch nichts rechtfertigen! Sag' ja oder nein – und fertig!» Fortan benutzte ich bei jeder Gelegenheit diese «Zauberformel» und antwortete auf blöde Fragen :»Ja oder nein und fertig!»

Das lockerte zwar erheblich die allgemeine Stimmung auf, war aber nicht im Sinne von Bettinas Ratschlag. Es dauerte ein paar Wochen, bis ich raffte, daß ich nur «ja *oder* «nein» hätte sagen sollen.

Im Zentrierraum kann ich wieder lachen, und wenn es nicht gar zu laut oder ausdauernd ist, meckert keiner, im Gegenteil.

Jemand sagte einmal, es habe keinen Zweck, der Susi einen Witz zu erzählen, weil sie dann frühestens nach zwei Wochen darüber lachen würde. Aber ich kann mich köstlichst über Dinge amüsieren, die die anderen nicht verstehen. Neulich habe ich ganz toll gelacht, weil sich das Geräusch, mit dem ich einen kittverklebten Wattetupfer in den Eimer warf, so lustig anhörte, etwa wie wenn man einen dicken Käfer aus dem Fenster auf den Bürgersteig schmeißt.

Einmal habe ich zwei Tage lang, nur von einigen Atempausen unterbrochen, über den Bio-Mülleimer gelacht, weil der schimmelte und alle sich ekelten. Überhaupt bereitet es mir großen Spaß, wenn ich irgendwo Sauereien (z.B. abgelaufene Lebensmittel, Schnecken im Salat, mitgekochte Hundertfüßler im Grünkohl, Dreck im Salztopf, Schimmeliges im Kühlschrank oder eben angefaulte Mülleimer) entdecke.

Meine eigene kleine *Küche* ist nämlich 100% sauber – egal, was man ansonsten über mich und den Rest der Wohnung sagen mag!

Und wehe, es sortiert jemand den Müll nicht richtig! Ich habe nämlich extra verschiedene Eimer für Papier-, Metall-, Glas-, Bio- und Restmüll und einen Gelben Sack im Zentrierraum aufgestellt, und oft genug muß ich dort drin herumwühlen, wenn jemand etwas Falsches hineingeworfen hat. Wildschweine sind das! Und wie die rülpsen, also, da könnte sogar mein Papa noch was von lernen!

Außenstehende sagen den Leuten im Zentrierraum nach, irgendwie hätten die alle den «Öl-Koller». Hardy sagt manchmal zu mir: «Hier bist du gut aufgehoben.» Uwe sagt (besonders wenn Susanne auf die anderen ängstlich oder unruhig wirkt): «Hier tut dir keiner was!»

Also, solch eine Mannschaft im Zentrierraum, die gibt's nur einmal – und ich möchte sie nicht mehr missen!

Neue Aktivitäten

Auch von Erlebnissen und Aktivitäten, die die letzten zwei Jahre außerhalb des Arbeitslebens stattfanden, könnte man eine Menge berichten. Die Mama, die in den deutschen Verein «Hilfe für das autistische Kind» – schon der Name klingt scheußlich – eingetreten ist, nahm mich im November 1994 zu einer großen Autismus-Tagung mit, welche drei Tage dauerte und zufälligerweise ganz in der Nähe von Arolsen stattfand, so daß wir zu Hause übernachten konnten. Im November hatte ich, wie üblich, drei Wochen Ferien (zum Apfelpflücken; in der Gegend dort reift alles ziemlich spät).

Ich fand die Tagung eher stressig, unübersichtlich und ganz anders organisiert als die Seminare in Skandinavien. Einige der Fachvorträge waren wissenschaftlich okay, während andere nur zu deutlich werden ließen, daß Deutschland im Vergleich zu anderen Ländern (z. B. USA, England, Norwegen, Schweden, Dänemark) noch etliches aufzuholen hat.

Man hatte teilweise den Eindruck, daß alte Mythen über das «geheimnisvolle, autistische Kind, das sich zwar aus Furcht vor der Welt total abschottet, kein Wort spricht, aber in Wirklichkeit hochintelligent ist und ganz tolle Fantasien hat», wieder gefördert statt bekämpft wurden. Stichwort: «Gestützte Kommunikations»-Wunder. Im Ausland *lachen* sie darüber, was hierzulande im Fernsehen und in der Literatur darüber berichtet wird, weil das bisher keiner wissenschaftlichen Überprüfung standgehalten hat.

Außerdem zuckte ich anfangs dauernd zusammen, wenn ich hörte, wie gedankenlos manche Referenten Leute wie mich

«Autisten» nannten. Sie sollten sich mal von Christopher Gill-berg erklären lassen, wieso das besser «Menschen mit Autis-mus» heißt! Christopher selbst hielt auch einen Vortrag, für den er extra aus Schweden hergeflogen kam, und es war eine richtige Gaudi für mich, die Mama und ihn in der Pause einander vorzustellen.

Mein wichtigstes Erlebnis auf der Tagung war, daß es einen «Workshop» gab, in dem erwachsene Menschen mit Autismus zusammenkamen. Dort habe ich zum ersten Mal im Leben welche getroffen, die so wie Susanne waren! In einer solchen Gesellschaft brauchte man sich ausnahmsweise einmal nicht «anders» zu fühlen. Weil der Workshop aber nicht gut organisiert war, gab es keine Chance, die anderen auch nur ein biß-chen kennenzulernen oder Adressen auszutauschen. Jeder hatte drei Minuten Zeit, sich vorzustellen, und das war's auch schon. Als ob jemand mit der Stoppuhr daneben saß; denn danach wurde unser Raum für etwas anderes gebraucht. Ät-zend!

Nach dieser Tagung hatte die Mama eine gute Idee: Ihr war aufgefallen, daß es im deutschen Fachliteratur-Angebot kaum Informationen über «high-functioning»-Autismus zu geben schien.

Kurz vorher war ein großes Heft über Asperger Syndrom und «high-functioning»-Autismus auf norwegisch herausgekommen, das von niemand anderem als Kari geschrieben worden war. Noch während sie an dem Manuskript gearbeitet hatte, hatte ich sie im Anschluß an einen Göteborg-Termin bei sich zu Hause in Oslo besucht, wo sie mich auf ähnliche Weise «verwöhnte», wie es Ines oder Chris getan hatten. Kari hat so viel Erfahrung; sie weiß genau, wie man Leute wie Susanne behandelt, damit sie sich sicher und wohl fühlen.

Sie gab mir das Manuskript zu lesen, und ich fand darin sogar einige Zitate von Susanne und der Mama wieder. Das Heft ist informativ und anschaulich beschrieben. Ich dachte, schade, daß es sowas nicht in deutsch gab.

Die Mama schrieb an den deutschen Professor Remschmidt und schlug ihm vor, daß wir Karis Heft übersetzen könnten. Dieser antwortete, es bestünde tatsächlich Bedarf an einem solchen Heft, und so kam es, daß wir uns an die Arbeit machten: Ich übersetzte den norwegischen Text ins Deutsche, und die Mama schrieb ihm auf dem Computer ins Reine, korrigierte mein vernorwegischtes Deutsch und übernahm die ganze Korrespondenz, die es brauchte, bis das Heft nach anderthalb Jahren dann endlich gedruckt wurde. *Sie* hatte gewiß den größeren Anteil unserer gemeinsamen Arbeit, durch die wir beide selbst einen ständig besser werdenden Kontakt bekamen.

Eine gewisse Rolle spielte auch dabei, daß ich jetzt ein Telefon, gegen das ich mich bis dahin hartnäckig gewehrt hatte, in meine X-Städter Wohnung bekommen hatte. Der Papa hatte darauf bestanden, erst recht nach dem Theater in der Firma, daß ich telefonisch erreichbar sein müsse. Damit mich kein unerwartetes Telefonklingeln erschrecken kann, steht die Nummer nicht im Telefonbuch; nur meine Eltern und einige Fachleute in Skandinavien wissen sie. Ansonsten bin ich in der Optisch' gut zu erreichen. Ehrlich, ich wollte das Telefon absolut nicht haben – aber nun, da es da war, da wurde es tatsächlich eifrig benutzt.

Anfangs konnte das arg teuer werden, wenn ich die Zeit nicht abmaß und z. B. eine Stunde mit Kari in Norwegen sprach. Obwohl wir viele Briefe schreiben, ruft mich die Mama zwischendurch auch mal an. Seit es den neuen, billigen Nachttarif gibt, machen wir ab und zu mal «Telefon-Nacht». Arolsen gehört bereits zur Fernzone, aber zwischen 2 und 5 Uhr nachts kann man dorthin ungefähr so günstig wie tagsüber im City-Bereich telefonieren.

Die Bekannten der Mama verstehen es nicht, daß man *nachts* telefonieren kann, aber die Mama geht hinterher noch etwas schlafen, und ich selbst bin sowieso meistens um diese Zeit auf.

Wegen des Schwimmens und Frierens im kalten Frei- und Hallenbad haben wir inzwischen auch eine Lösung gefunden:

Auch wenn es komisch aussieht, ich schwimme in einem «Taucher»-Anzug aus Neopren und fühle mich sauwohl dabei! In den Arolser Bädern durfte ich das schon lange; dort sind alle Bademeister freundlich zu mir, und überhaupt: Wenn die Mama dabei ist, dann trauen sich andere Leute nicht, mich anzumeckern oder zu veräppeln; nur, wenn ich alleine bin.

Neulich ließen mich fünf junge Mädchen gar nicht mehr in Ruhe, woraufhin ein anderer Schwimmer und der Bademeister, die das wohl beobachtet hatten, sie aus dem Hallenbad verwies. Die Mama sagt, ich würde so komisch schwimmen, und das fiele genauso auf wie der Anzug. Mag sein, daß ich meinen eigenen Schwimmstil habe, und dabei *kann* ich einfach nicht die Finger zusammenhalten, sondern klatsche die völlig gespreizte Hand mit aller Kraft aufs Wasser, als ob ich damit rechnete, daß ich Schwimmhäute zwischen den Fingern hätte.

Aber die anderen haben keinen Grund, mich deshalb auszulachen, denn ich kann auf diese Weise durchaus schnell, vor allem aber *ausdaurnd* schwimmen. Drei Stunden schaffe ich am Stück, ohne auch nur im geringsten erschöpft zu werden. Seit ich im Neopren-Anzug schwimmen darf, gibt es da kaum noch eine Grenze. Meinen Stil nenne ich «Manta», weil ich mir dabei wie ein durchs Wasser fliegender Riesenrochen vorkomme.

So langsam und deppich ich auf dem Lande bin, so beweglich fühle ich mich im Wasser – wenn es nicht gar zu kalt ist; denn dann bekomme ich die Muskeln überhaupt nicht auseinander und schlafe beim Abkühlen manchmal sogar ein, mit dem oberen Drittel des Körpers auf dem Beckenrand liegend.

Ich muß ja auf ärztliche Empfehlung viel schwimmen, das ist gut für die Hüftgelenke, die Koordination und gegen das Zusammenkrampfen der Muskeln. Außerdem ist es eine aktive Beschäftigung, die sogar ein bißchen Kontakt mit sich bringt. Bei den freundlichen Leuten an der Kasse und den Stamm-Badegästen bin ich inzwischen bekannt «wie ein bunter Hund», und sie sprechen auch mal mit mir und nennen mich

«Susanne». Ich gehe auch zur Freibad-Saison bei jedem Wetter schwimmen, wenn ich es geplant habe, viermal pro Woche, egal ob es 10° C draußen ist oder stürmt und regnet. Manchmal habe ich dann das große 50 m x 25 m – Becken für mich ganz alleine; dann könnte ich ewig weiterschwimmen!

Bevor ich die Neopren-Anzüge (inzwischen besitze ich vier verschiedene) hatte, war das nicht so lustig:

Es gab dauernd Ärger mit einigen der X-Städter Bademeister, weil die meinten, ein solcher Anzug sei unhygienisch, würde die anderen Schwimmer zum Nachahmen veranlassen, und außerdem sei das Wasser warm genug. Das können *die* doch gar nicht beurteilen, was *ich* als «warm genug» empfinde!

Die Mama hat dann von Arolsen aus alle möglichen Ämter angerufen, die mit den X-Städter Schwimmbädern zu tun haben, hat eine Bescheinigung vom Gesundheitsamt vorgelegt, daß der Anzug «sauber» sei, hat vom Arzt attestieren lassen, daß Susanne viel schwimmen muß – und nach langem Kampf erreicht, daß ich nun auch in X-Stadt mit Neopren schwimmen darf! Wenn dann auch noch die Duschen hinterher heiß sind, was leider nicht immer der Fall ist, dann bin ich der glücklichste und zufriedenste Mensch der Welt. Und die Mama und ich singen wieder einmal das alte Lied von Desmond Dekker, das die letzte Zeit so eine Art Leitspruch für uns geworden ist:

«You can get it if you really want, you can get it if you really want, but you must try, try, try, try, try and try – you'll succeed at last!» (mit anderen Worten: Man kann mit viel Willen und Ausdauer fast alles schaffen, auch wenn es verdammt schwierig ist und oft erst nach einigen Rückschlägen oder Hindernissen gelingt.)

Das Schwimmen hat noch einen weiteren Vorteil. Es macht dicke Armvenen, welche ich beim Blutspenden benötige.

Dieses Hobby habe ich inzwischen intensiviert. Seit ich das Jubiläum zur 25. Blutspende, auf das ich sehr stolz bin, feiern durfte, gehe ich auch noch alle vier Wochen Thrombozyten (Blutplättchen) spenden. Thrombozyten-Übertragungen bekommen vor allem Menschen mit Erkrankungen des Knochenmarks, z. B. Leukämie-Patienten. Ich habe so ein starkes Immunsystem, daß ich gut davon etwas abgeben kann, zumal sich das alles sehr schnell regeneriert.

Da meine Blutgruppe Rh positiv (eigentlich eine langweilige Blutgruppe) wegen ihrer Untergruppe CCD.ee (wegen der zwei großen Cs) bei den Ärzten der Transfusionszentrale sehr begehrt ist und ich die Entnahme immer so gut verkrafte, darf ich gerne alle vier Wochen spenden. Wenn sie dringend etwas brauchen, rufen sie mich sogar noch eher. Deshalb haben sie auch meine private Telefonnummer.

Da eine Thrombozytenspende komplizierter als eine normale Blutspende ist, muß ich dazu nach Mainz in die Uni-Klinik fahren. Das macht mir einen Heidenspaß, weil ich an dem Tag drei meiner liebsten Beschäftigungen nachgehen kann: Essen, Trinken und Zug fahren. Um fit zu sein, damit das Blut ordentlich läuft, kippe ich dann flaschenweise Cola, Tee und mit Vorliebe Schaumzuckerbonbons und natürlich Äpfel in mich hinein.

Meistens bin ich dann in einer total ausgelassenen Stimmung, wenn ich in der Transfusionszentrale ankomme. Die Leute dort kennen mich schon lange und rufen «Ach, die Susi!» oder sowas. Als einmal eine fremde Ärztin vorbeikam und meinte, ich sei wohl bekifft und solle nicht spenden, da erklärte die Frau an der Anmeldung: «Das ist in Ordnung, die ist immer so!»

Als Thrombozytenspender muß man immer erst einen Einzeltermin vereinbaren und wird besonders überwacht. Zwei Stunden liegt man dabei an eine Maschine angeschlossen, die insgesamt sechsmal Blut entnimmt, die Thrombozyten herausschleudert und den Rest plus ein Anti-Gerinnungsmittel wieder zurück in die Vene leitet. Jeweils am Ende der Rücklaufphase wird einem dann etwas komisch, aber kurz danach fühle ich mich so fit wie nie zuvor. Anfangs hatte ich mir immer etwas zum Lesen mitgenommen, aber dazu komme ich während der Spende gar nicht, weil das alles so interessant ist.

Die Ärztin bringt mir dann Calcium-Brause gegen das komische «Flattern», und ich nutze die Gelegenheit zum Fragenstellen rund um das Thema «Blut». Gerne beobachte ich auch, wie das Blut und dann die gelbe Thrombozyten-Masse durch die vielen Beutel und Schläuche fließt oder gucke der Maschine beim Schleudern zu. Also nein, da kommt man wirklich nicht zum Lesen! Es ist richtig gemütlich auf dem breiten Liegesessel. Die Ärztin lobt oft meine schönen «Spendervenen» und daß das Blut so gut läuft. Ich bereite mich auch immer 1 – 2 Tage davor gut auf das Spenden vor, z. B. durch fettlose, aber eisen- und zuckerreiche Ernährung, durch viel Trinken und Ausruhen.

Hinterher kriege ich meist schon im Zug einen regelrechten Freßkoller; da habe ich einmal in meiner Wohnung u. a. einen halben Weihnachtsstollen gefuttert, obwohl der noch halb tiefgefroren war. Ich dachte, ich verhungere! Der Witz ist, daß ich troz allem dann an den Tagen nach der Spende auch noch an Gewicht verliere. Spätestens nach zwei Wochen bin ich schon wieder total geil auf den nächsten Termin bei der Transfusionszentrale.

Die nächste Ehrennadel gibt es zur 50. Spende. Ich denke, so bin ich wenigstens zum Blut-Melken nützlich. Wenn ich schon keine Kinder haben werde, dann gebe ich wenigstens ein Stück meines Lebens in Form von Blutzellen weiter.

Ob denn Saaki der Mama je ein Enkelchen bringen wird? Er ist sehr erfolgreich bei seinem Studium. Unglaublich, wieviel fremde Sprachen, die oft nicht einmal die Schriftzeichen gemeinsam haben, er schon in seinen Kopf gequetscht hat! Ich glaube, er hat besonders attraktive Haare; die sind inzwischen so lang gewachsen, daß er aussieht wie einer von der «Kelly Family». Bei mir selbst sind seine Haare aus einem ganz anderen Grund begehrt: Weil sie so schön dick sind, stopfe ich einzelne als Abstandhalter in die störrischen Rohrblätter der Drone-Pfeifen meines Dudelsackes.

Ein Buch, ein großer Autismus-Kongress und ein kleiner «Rain Man»

Im März 1996 war es soweit: Ich konnte mein erstes Buch fertig und eingebunden in der Hand halten. Nach fast vier Jahren Wartezeit vom ersten Manuskript bis zur endgültigen Realisierung des Buches hatte ich gar nicht mehr damit gerechnet. Ist ulkig, dachte ich; schließlich war ich noch keine 30, wurde von den meisten Leuten auf unter 20 geschätzt und auch so behandelt – und hatte bereits meine «Memoiren» veröffentlicht.

Da das Buch auf schwedisch gedruckt war, konnte ich es nicht einmal der Familie zum Lesen geben. Unmittelbar nachdem es aus der Druckerei gekommen war, trat ich meine zehnte Reise nach Göteborg an, wo ein zweitägiger Mammut-Kongreß über Autismus unter Christophers Regie stattfinden sollte. Dort würde u. a. mein Buch vorgestellt werden, und ich sollte mich vor 2000 Teilnehmern interviewen lassen.

Nicht daß ich davor Angst gehabt hätte – ich machte mir viel mehr Sorgen wegen der Anreise, weil ich diesmal zu einer ganz anderen Tageszeit in X-Stadt abfahren würde – aber es ging alles gut. «Meine» Bank im Göteborger Zentralbahnhof steht auch immer noch dort.

Vor dem unvermeidbaren Hotel-Aufenthalt graulte ich mich kaum; hatte ich doch Informationen über den genauen Ablauf erhalten und wußte, daß sich verschiedene Leute, die ich schon von anderen Terminen her kannte, um mich kümmern würden, so wie «Assistent» Kari damals in Drammen.

Am Abend vor dem Beginn des Kongresses zeigten sie mir den gigantischen Hörsaal des Messegebäudes, der wie eine Arena gebaut war, und wo ich morgen sprechen würde. Alle

Referenten hatten reservierte Plätze; meiner war ganz vorne am Rand, so wie ich es am liebsten hatte.

Christopher sagte, morgen würde vielleicht einer der wichtigsten Tage meines Lebens sein, was ich mir erst gar nicht vorstellen konnte.

Was ich aber auf dem Kongreß alles erlebte, war so fantastisch, daß ich mehr als einmal dachte, in Deutschland glaubt mir das kein Mensch!

Ein Buch zu schreiben, erst recht ein derart persönliches, ist schon ein Abenteuer, aber gegenüber dem Treffen mit all den Menschen auf dem Kongreß rückte der Gedanke an mein Buch immer mehr in den Hintergrund.

Bereits am Vormittag des ersten Tages war ich an der Reihe. Ich dachte, nun müßte ich eigentlich nervös werden, aber da war gar nichts. Vielleicht lag es daran, weil ich wußte: All die Leute, die hier saßen, hatten auf die eine oder andere Weise mit Autismus zu tun, sie waren interessiert und sicher auch voller Verständnis für das Thema.

Da meine lieben «Betreuer» dafür gesorgt hatten, daß ich gut verpflegt und ansonsten, vor allem morgens, in Ruhe gelassen worden war, stieg ich in bester Stimmung auf die Rednerbühne. Da mir helle Scheinwerfer in die Augen strahlten, sah ich die 2000 Zuhörer sowieso nicht. Ist das nicht komisch? – Noch vor sechs Jahren hatte ich mich bereits geschämt, in einer Buchhandlung nach Literatur über Autismus zu fragen; heute veröffentlichte ich selbst ein Buch und trat vor 2000 Leute hin, um quasi zu gestehen: «Ich habe nicht mehr alle Tassen im Schrank!»

(Nun, ganz so war es ja nicht …)

Vor mir hatte Gunilla, die auch eine Form von Autismus hat, aber noch viel selbständiger als Susanne ist und ebenfalls eine Autobiografie veröffentlicht hatte, einen eigenen Vortrag gehalten. Nun war ich an der Reihe und antwortete auf die Fragen, die mir gestellt wurden, auf schwedisch mit norwegischen Einlagen.

Ich fühlte, vor *diesem* Publikum durfte Susanne *ich* sein. Entgegen der Ermahnungen der Mama hatte ich mich auch nicht speziell fein angezogen, sondern trug dieselbe alte Jeans und das lila Sweatshirt, das ich *immer* auf meinen Norden-Reisen angehabt hatte, und mein einziges Schmuckstück, einen indianischen Ketten-Ohrring.

Ich mußte mir das Lachen verkneifen, als ich die Unwirklichkeit der Szene bedachte. Am Schluß des Interviews meinte Christopher, es sei alles bestens verlaufen. Ich sagte, weil es so komisch war, wie wir alle da vorne standen, «das war ein großer Witz» – und dann mußte ich vor versammelter Mannschaft doch noch loslachen!

Von da ab hatten Gunilla und ich keine ungestörte Minute mehr während der Pausen. Ständig kamen neue Leute, die uns Fragen stellten, um Autogramme baten, wenn sie unsere Bücher gekauft hatten oder sich einfach nur bedanken wollten. Ich fragte, für was denn *bedanken*?

Für den Mut, vor allen gesprochen zu haben und für das Buch; das war meistens die Antwort. Ich meinte, das sei nun wahrhaftig kein großer Akt gewesen.

Es war an *mir*, dankbar zu sein: weil sie mich alle so freundlich aufgenommen hatten. Ich hatte ja so manches Mal an dem Sinn, dieses Buch zu schreiben, gezweifelt gehabt. Seit ich dieses ehrliche Interesse und diese überwältigenden Komplimente auf dem Kongreß erfahren habe, weiß ich, es hat wirklich Sinn gehabt. Christopher hätte mich aber vorwarnen sollen, daß diese Leute mich fast «aufessen» würden. Gunilla und ich hätten gerne etwas mehr Zeit gehabt, uns gegenseitig kennenzulernen, doch es kamen immer andere Leute dazwischen, wenn wir gerade anfingen zu sprechen.

In der Vorhalle, in der die Bücher verkauft wurden, hatte sich nach unserem «Auftritt» eine große Menschenmenge vor dem Stand unserer Verlegerin angesammelt. Am zweiten Kongreßtag waren die vorhandenen Exemplare alle ausverkauft und konnten nur noch bestellt werden. Sogar meine Astro-Fotos, von denen die Verlegerin einige aufgehängt hatte, wollten manche kaufen.

Seltsam, früher wollte niemand etwas von Susannes Astronomie-Tick wissen. Heute reißen sich die Leute um meine Aufnahmen, aber wohl hauptsächlich, weil sie von einem «Handicapper» gemacht worden sind.

Früher hat sich niemand dafür interessiert, was Gunilla oder ich dachten. Heute *bedanken* sich die Leute, wenn wir über unsere Gedanken und Erlebnisse berichten.

Ich mußte zwischendurch noch zwei sehr ausführliche Interviews (mit Foto-Session, ätzend, ich bin doch kein Model!) an die Fachjournalisten verschiedener Austimus-Zeitschriften geben. Das war Streß, doch ich sagte mir, dies ist ein Ausnahmezustand, und ausruhen könnte ich mich später noch genug. Da diese Reporter auch gleichzeitig Fachleute und sehr geduldig und rücksichtsvoll waren, antwortete ich gerne.

Am interessantesten war es, wenn Angehörige von Menschen mit Autismus mit mir sprachen, oder auch Lehrer und Psychiater. Später konnten Gunilla und ich uns etwas mehr unterhalten und tauschten gegenseitig unsere Bücher aus.

Wir stellten fest, daß wir uns in einigen Dingen wie Zwillingsschwestern glichen (obwohl Gunilla etwas älter ist), manchmal aber auch ganz verschieden waren. Gunilla «funktioniert» besser als Susanne, und das, obwohl sie gar keine Hilfe bekommt, weder von ihrer Familie noch von irgendeinem anderen Helfer oder «Assistenten». Nicht einmal eine regelmäßige Beschäftigung hat sie. Wie mögen dann ihre ganzen Tage aussehen?

Ich glaube, ein Außenstehender würde ihr nichts anmerken. Wie schafft sie das bloß? Habe *ich* mich dagegen nicht genug angestrengt, um «normal» und «erwachsen» zu werden?

Gunilla kennenzulernen war auch ein wichtiges Erlebnis, das mir der Kongreß brachte. Vor allem die Briefe, die wir seitdem austauschen, sind für mich sehr wertvoll. Wir stellten amüsiert fest, daß wir für die beiden Tage so etwas wie die «Pop-Stars» des Kongresses darstellten.

Die anderen Fachvorträge waren interessant, dagegen kam mir die Tagung, die die Mama und ich in Deutschland besucht hatten, richtig armselig vor. Die Schweden (und die Norweger) legen auch nicht einen solchen Wert auf Titel. Wer in Deutschland «Herr Professor Dr. Soundso» heißen würde, könnte in Schweden gerne mit «du» und Vornamen angeredet werden. Es tat mir fast leid, nach dem Kongreß wieder abreisen zu müssen, obwohl ich mich nach Ruhe sehnte.

Weil ich von ca. 19.00 Uhr bis 2.20 Uhr am Bahnhof auf meinen Zug warten mußte und aufgrund schlechter Erfahrungen Angst vor der Bahnpolizei hatte, hatte mir Bengt, einer der Fachärzte aus Christophers Stab, eine Art Referenz-Zettel geschrieben, den ich notfalls würde vorweisen können:

«Susanne hat Autismus. Sie ist nicht psychisch krank und steht auch nicht unter Drogen. Laßt sie in Ruhe auf den Zug warten.»

Unterzeichnet hatte er mit seinem Namen und seiner Telefon-Nummer.

Sechs Stunden alleine am Bahnhof zu sitzen und gar nichts anderes tun zu müssen, das war genau das, was ich jetzt benötigte. Ich fühle die Zeit ja nicht. Je später es wurde und je mehr sich die Halle leerte, desto mehr fielen mir zwei Beamte auf, die in der Nähe patrouillierten. Bis Mitternacht ging es gut, dann kamen sie und fragten, warum ich immer noch dort säße. Also hatten sie mich doch schon seit Stunden beobachtet!

Ich sagte nur, ich warte auf den Zug, aber irgendwie schienen sie mir das nicht zu glauben, denn sie kamen später nochmal. «Aber wie willst du wissen, wann der Zug da ist?» fragten sie. Da war ich verwirrt; schließlich hatte ich mir doch den Reisewecker gestellt. Als sie kurz vor 2 Uhr dann das vierte Mal kamen und ich Angst hatte, jetzt würden sie mich aufhalten, gab ich ihnen den Zettel. Ab da ging alles gut: Der eine Polizist sagte: «Jaha, das ist doch ganz in Ordnung!» Als der Zug dann gekommen war, nahmen sie mich mit dorthin; denn das Gleis lag etwas abseits und war von meiner Bank aus nicht einzusehen gewesen. Sie halfen mir sogar, meinen Sitzwagen zu finden; schließlich handelte es sich um einen Nachtzug mit vorwiegend Schlafwagenabteilen.

Ich würde mich jedoch nie in ein solches Abteil legen. Stattdessen rollte ich, wie immer, meine Iso-Matte auf dem Boden der Gepäckecke aus: mein Stammplatz in schwedischen und norwegischen Zügen! Die Bahnhofspolizisten, die ich doch erst gefürchtet hatte, waren nun richtig nett: «Hab eine gute Reise, Suzann! Und paß auf dich auf ...» rief der eine zum Abschied.

Später dachte ich, so ein Zettel kann halbe Wunder wirken. So etwas müßte ich immer dabei haben, passend für alle möglichen unerwarteten Situationen. Das Leben könnte leichter sein.

Die Mama sagte, daß sie schon länger an so ein Schreiben, das Susanne immer dabeihaben könnte (ähnlich wie eine Epilepsie-Marke o. ä.), gedacht habe. Daraufhin haben die Mama, Bengt und Christopher mir ein solches vorbereitet. Der Text lautet:

«Ärztliche Bescheinigung – Susanne hat Autismus und Katatonie. Sie ist nicht krank und steht nicht unter Drogeneinfluß. Sie wirkt manchmal etwas abwesend. Wenn etwas Unvorhergesehenes passiert, kann es sein, daß sie sehr verstört ist, nicht richtig antworten kann und sich verkrampft. Wenn es die Umstände ermöglichen, sollte man Susanne nach einem katatonischen Anfall eine Weile in Ruhe schlafen lassen. Sie braucht keine Medikamente und keine psychiatrische Behandlung. Telefonnummern ... Göteborg 1996 – 06 – 06

Prof. Christopher Gillberg, Arzt Bengt Hagström, Arzt»

Vielleicht kann es mir ja wirklich einmal helfen, und damit kann ich jedenfalls beweisen, daß ich kein Narkomane bin.

In Deutschland ging ich wieder zu meinem Alltag mit den Linsen über. Die Rezensionen, die mein Buch nach und nach in Schweden erhielt, waren durchweg positiv. Ich bekam sogar ein paar Briefe von Personen, die irgendwo meine Adresse aufgetrieben hatten, um mir zu schreibn, was ihnen das Buch alles «gegeben» hätte, daß sie vieles bei Autismus jetzt besser verstünden, als wenn es in einem Lehrbuch gestanden hätte.

Ich dachte, das ist einfach zuviel für mich, soviel Lob habe ich doch gar nicht verdient! Was habe ich denn so Tolles gemacht? Ich habe doch nur mein Leben aufgeschrieben, wie es war und wie es ist – und fertig damit!

Am geilsten waren die Reaktionen auf das Buch im Zentrierraum. Eigentlich hatte ich das Buch überhaupt niemandem zeigen wollen außer Bettina und Petra, die schon vorher Bescheid gewußt hatten. Petra hatte inzwischen die Optisch' verlassen, worüber ich traurig bin, auch wenn der Anlaß ein freudiger ist. Sie hat ein Baby bekommen. Als die kleine Jenny zwei Tage alt war, besuchte ich Petra im Krankenhaus. Da hat sie mir ihr Baby in den Arm gedrückt, als sie zu einer Untersuchung mußte. Da saß ich nun mit einem hungrigen Baby allein, das anhub, loszubrüllen. Da habe ich die kleine Jenny, so, wie es echte Mütter machen, vorsichtig an meine Herz-Seite gehalten (davon hatte ich mal gelesen), leicht geschaukelt und ihr leise mein schönstes Duadon-Lied vorgesungen. Es war jenes Lied, das ich früher für Saaki zum Einschlafen oder Beruhigen gesungen hatte.

Und nun geschah das kleine Wunder: Jenny schmatzte genießerisch und kuschelte sich gemütlich in den Arm, hörte zu und brüllte nicht, obwohl sie längst hätte hungrig sein müssen! Es war eine große Ehre für mich, daß Petra mir ihr kleines Kind anvertraut hatte, ein noch so kleines und verletzbares Neugeborenes. Ausgerechnet mir!

Als Bettina mich nach dem Kongreß fragte, ob ich mich im «Urlaub» gut erholt hätte, entgegnete ich, das sei wohl kaum ein «Urlaub» gewesen. «Ei, was denn?!» – «Das glaubt mir ja doch kein Mensch!» – «Susi – bei *dir* glaube ich *alles*!» – «Okay, ich habe wie ein Pop-Star auf der Bühne gestanden, viele hundert Bücher verkauft, Interviews und Autogramme gegeben ...»

Manchmal ist die Wahrheit eben abenteuerlicher als jede

Dichtung! Ich mußte lachen. Da sagte Bettina: «Ja, das glaub’ ich dir.» Und dann, Scherz beiseite, fügte ich ein paar Erläuterungen hinzu und zeigte ihr das Buch. Zumindest ihren Namen auf der Widmungs- und Dankseite und die Worte «Zentrierraum», «Kitt-Loh» und «Susi, Kaffe kochen!» oder «Susi, Telefon!» konnte sie ja auch in schwedisch verstehen.

Kurz danach, das muß wohl während der Osterferien gewesen sein, kam der Film «Rain Man» im Fernsehen. Als vor ca. sieben Jahren der Film im Kino gelaufen war, hatte ich ihn nicht gesehen, erst als die Mama ihn neulich auf Video mitgebracht hat.

Die Kollegen im Zentrierraum überraschen mich immer wieder, für was sie sich doch alles interessieren und über was sie nachdenken – sowas habe ich in manchen «besseren», intellektuelleren Kreisen, in denen man auf die «einfachen Arbeiter» mit einer gewissen Arroganz herabschaut, nicht erlebt.

Jedenfalls hörte ich jetzt, wie sich einige Männer, während sie wie üblich um den Aschenbecher am Gang herum standen, über den Film unterhielten. Auf einmal blickte der Uwe herüber zu mir und rief: «Gell, Susi ist der Rainman…!» Ich hätte mich fast an meiner eigenen Spucke verschluckt, denn ich war mir sicher, daß keiner von ihnen den genauen Namen meiner Diagnose wußte. Ob die mich jetzt veräppelten?

Als dann wenig später Chef Hardy unabhängig davon plötzlich mitten im Gespräch über meine Linsenpläne und darüber, daß man an meinem Arbeitsplatz nichts durcheinanderbringen sollte (weil ich dann, wie ein Mensch, der blind ist, mich kaum noch orientieren kann), fragte: «Sag’ mal – kennst du zufällig den Film «Rain Man?», da wußte ich, es war Zeit für eine Erklärung.

Es ist schwierig für mich, zu Nicht-Fachleuten über Autismus zu sprechen, weil das so ein kompliziertes Thema ist, daß ich es selbst nicht ganz erfassen kann. Ich fragte vorsichtig, wie er jetzt gerade *darauf* käme. Hardy meinte, da wäre auch so einer gewesen, bei dem es so wichtig war, daß jede Einzelheit genau stimmte, z. B. daß sein Bett am Fenster und die Schuhe stets an der richtigen Stelle standen usw.

Bei Susanne sei es so ähnlich: Eine kleine Veränderung könne manchmal das Chaos bedeuten und auf die Art, wie Susanne sich die Linsen an der Kitt-Loh einteile und sich dort in ihrer ganz eigenen speziellen «Ordnung» etwas zurechtkrame, habe noch keiner vor ihr dort geschafft.

Ich fragte, ob er wirklich nicht gewußt hatte, daß Susanne tatsächlich dasselbe wie der «Rain Man» hat. Er meinte, er hätte es sich denken können, wollte es aber genau wissen: «So heißt das also? .. Au-tis-mus?» Ich bestätigte es und sagte nebenbei, daß ich sogar ein Buch darüber geschrieben hatte, unter Anleitung meines Doktors. «Was?!» schimpfte Hardy, «und wieso kriegt man das nicht gezeigt?!» Ich hatte doch nicht ahnen können, daß sie so interessiert waren, und außerdem wollte ich nicht damit «protzen»; es ist ja auch nicht gerade eine Helden-Historie über mich.

Am nächsten Tag brachte ich mein Buch dann doch noch einmal mit. Am Titel konnte man ja erkennen, um was es ging. Die Reaktionen waren faszinierend; wir hatten eine Mordsgaudi! Die Männer gratulierten mir regelrecht, fragten, wann denn ein «Faß» dafür aufgemacht werde? (In unserer Abteilung ist es üblich, daß man zu Geburtstagen oder besonders guten Ereignissen eine Runde Spießbraten o. ä. spendiert – *mir* geben sie dann immer Äpfel und Cola statt Fleisch.) Der Ralf rief: «Geil, was?!» Einer wollte mich gleich mit ins Spielkasino nehmen, fragte, ob ich auch so ein Super-Gedächtnis wie der Rainman hätte. Nun, ganz so ist es ja nun nicht, obwohl ich manchmal auch ein sehr gutes Gedächtnis habe, nur kein Kurzzeitgedächtnis. Ich erklärte, jeder Mensch mit Autismus habe andere Spezialbegabungen und selten so extrem ausgeprägte wie in dem Film.

Susannes «Wundertalent» kannten sie bereits: Keiner sieht so gut auf Linsen wie ich! Ich weiß, man soll sich nicht selbst loben, aber das wird jeder im Zentrierraum bestätigen.

Uwe meinte, es sei gut, daß ein Film wie «Rain Man» den

Leuten gezeigt habe, daß es so etwas wirklich geben kann: Daß ein Mensch einerseits fließend sprechen und sogar verblüffende Fähigkeiten haben kann – und dann in anderen Bereichen so hilflos und gehandicapt ist. Wie Susi.

«Ja, und wann kommt das Buch denn auf deutsch 'raus?» fragten sie. Oh, ich verspreche euch, dann gibt es ein Fest im Zentrierraum!

Hardy bestand darauf, daß er in diesem Falle ein Exemplar «mit persönlicher Widmung» bekommen müsse. «Steht da auch drin, wie man mit solchen Leuten umgehen soll?» fragte er. «Wenn ich das dann lese, versteh' ich dich vielleicht besser …»

Ich glaube, die ganze Mannschaft der «öligsten» Abteilung der Optisch' versteht auch ohne eine «Pflegeanleitung für Autismus» bereits eine ganze Menge.

Und sowohl sie als auch ich lernen immer noch ein bißchen dazu, erst recht jetzt, wo sie wissen, daß ihr Papagei Susi sozusagen ein «kleiner Rainman» ist.

Dieses Buch ist kein erfundener Kitsch-Roman, sondern eine reale Lebensgeschichte.

Ein Tag in Susannes Leben

(Dieses sowie das übernächste Kapitel
sind «Aufsätze» nach Titelvorgabe
von Christopher Gillberg)

Hier soll ein durchschnittlicher Tagesablauf beschrieben werden, also ein Arbeitstag in X-Stadt, ohne irgendwelche Zwischenfälle. Durch die Gleitzeit, die seit neuestem in der Firma herrscht, sind die hier angegebenen Arbeitszeiten nicht immer genau dieselben.

Schlafzimmer:
Wecker «Nr. 1» um 4 Uhr morgens. (Meistens bin ich schon vorher wach, aber das richtige «Tagesprogramm» beginnt erst um 4 Uhr.)

Aufsetzen. Strümpfe und Sandalen anziehen. Fenster öffnen. Nachsehen, wo im Bett das Ohropax liegt. Kopfkissen ausschütteln.

Bad:
Licht an, Pulli ausziehen, aufs WC gehen, Hände waschen, Wasser ins Gesicht und unter die Arme, abtrocknen, Pulli anziehen, Wasserlache auf dem Boden aufputzen. Zahn-Aufbeißschiene ausziehen und putzen (Diese Schiene hat mir der Zahnarzt hergestellt, weil ich nachts derart die Muskeln verkrampfe, daß ich mir sonst die Wangen blutig beiße und mir damals durch den Druck fast die ganzen Kauflächen und Zahnhälse ruiniert hätte).

Küche: Frühstück abholen.

Schreibtisch:
Essen und Trinken, alles schön der Reihe nach!
a) selbstgemachtes Roggen-Weizen-Müsli

b) ¹/₂ l Buttermilch oder Tee plus eine Mineral-Brause
c) ein großer Kubus Brot: erst die Kruste, dann das zu
einer Kugel gepreßte Innere. (Ich esse Brot immer ohne
alles, also ohne Butter, Marmelade, Käse o. ä.)

Wenn der eingefrorene Brotvorrat aus Arolsen aufgebraucht
ist, wird das Frühstück anders; dann kann es durchaus mal
fünf Löffel Honig oder eine Schale Nüsse oder auch einen
Napf voll Himbeereis zum Frühstück geben. Ich esse nur Brot,
das die Mama gebacken hat. Die letzte Zeit backe ich aber
manchmal auch selbst Brot, und zwar in meiner beschichteten
Deckelpfanne.) – Abwasch in die Küche stellen.

Bad:
¹/₂ l Kranwasser trinken, Zähne putzen.

Schlafzimmer:
Fenster schließen, mit dem Gesicht zur Wand ins Bett legen.

«Morgenstunde» von 5 – 6 Uhr = Erster Tagesschlaf.
(Während dieser Morgenstunden, die an arbeitsfreien Tagen
bis 10 Uhr ausgedehnt werden, darf Susanne auf keinen Fall
gestört werden! Manchmal kommt es mir so vor, als sei dieser
Schlaf nach dem Frühstück tiefer und wichtiger als der gesamte Nachtschlaf. Wehe mir, ich darf nach dem Frühstück nicht
schlafen!)
Wecker «Nr. 2» 6 Uhr.
Vorsichtig aufsetzen.

Wecker «Nr. 3» 6.20 Uhr – falls ich doch wieder schlafe.

Bad:
Aufs WC gehen, waschen, Hausklamotten ausziehen, Arbeitsklamotten anziehen. Prüfen, ob im einen Ohrläppchen noch
ein Ohrring steckt. (Ich habe nie im Leben auch nur das ge-
ringste Interesse an Schmuck gehabt, aber dieses eine Ohrloch,
rechts, wird jetzt gehegt und gepflegt: Als ich es mir aus einer
dummen Idee heraus vor 2 ¹/₂ Jahren stechen ließ, wurde ich

wegen der strengen Sicherheitsvorschriften beim Blutspenden für ½ Jahr gesperrt!)

Licht aus. Arbeitsrucksack und Müll mitnehmen. Stiefel auf der Fußmatte anziehen. Tür abschließen. Aufzug von «6» bis «minus 1» fahren. (Wird der Aufzug unterwegs angehalten, was so früh zum Glück selten vorkommt, und Leute kommen herein, laufe ich zu Fuß weiter, weil ich mich dann erschrecke.)

Keller:
Fahrrad herausholen.

Aufzug:
Von «minus 1» bis «0» fahren. Haustür. Müllcontainer: Müll ausleeren; meistens Bio-Müll, aber die Tüte kommt in den Restmüll-Container. Fahrrad fahren.

Briefkasten:
Nachsehen, ob ich einen Brief in der Tasche habe; wenn ja, einwerfen. Kontrollieren, ob der Kasten auch wirklich um 13.30 Uhr geleert wird.

Falls es nach Auto-Abgasen riecht oder jemand gafft: auf die Straße spucken.

An der Optisch:
Die Hand hochheben, wenn der Pförtner guckt. Rad abstellen. Aufzug zum 1. Stock nehmen. Ca. 7 Uhr Stechuhr: Karte durchziehen, kontrollieren, ob die Stunden vom Vortag noch stimmen.

Durch den Poliersaal, wo es nach Pech und Poliermittel duftet, zum Zentrierraum gehen. Wenn Leute da sind: «Moggään!» brüllen (d. h. «guten Morgen»). Fenster aufreißen.

Kitt-Loh-Platz:
Herdplatte, Gas, Lichtkreuz an der Decke, Radio und Maschinen anstellen. Evtl. über Apfel freuen, den mir der Karl hingelegt hat.

Jacke & Co. ausziehen. Arbeitssandalen und Kittel anziehen. Hände waschen. Tasche in meiner Pausenecke auspacken.

Hände mit Schutzcreme einreiben, Armschienen anziehen. (Letztere hat mir der Arzt verschrieben, damit die Muskeln nicht anders machen als ich es ihnen selbst befehle – sonst fallen die Linsen runter, was sehr schlimm ist, weil sie dann kaputt gehen!)

Öl-Lappen-Vorrat holen, Meßuhren kontrollieren, Aceton-Flasche auffüllen.

Im Maschinenraum mit Schrubber das Öl von den Rohren an der Decke abtupfen, damit es einem am Tage nicht auf den Kopf tropft.

Arbeiten:

Rohe Linsen auf Herd legen. Fertig zentrierte Linse auf Spindel drehen lassen und mit Feile Facette ziehen. Linse mit Heißluft-Föhn abwärmen und aufs passende Brettchen legen, evtl. messen. Das Rohr auf der Spindel wieder erhitzen, drehen, Kitt anschmelzen und aufs Rohr streifen. Linse vom Herd aufs Rohr setzen, drehen, erwärmen und ausrichten, drehen, mit dem anderen Auge nachkontrollieren. Spindel zum Abkühlen in die Karussell-Schleuse zum Maschinenraum stellen.

Wenn alle Spindeln mit rohen Linsen bestückt sind, in den Maschinenraum gehen und die fertig abgelaufenen Linsen-Spindeln aus den fünf Maschinen holen. Jeweils neue, abge-kühlte Spindeln einlegen; Maschinen einschalten.

Wieder zurück an den Kitt-Loh Platz gehen. (Auf diese Weise wiederholt sich alles, bis ich insgesamt ca. 100 Linsen am Tag fertig zentriert habe. Wenn aber eine Linsensorte fertig ist und Chef Hardy mir eine Maschine neu einrichten muß, gibt es Unruhe und Unterbrechung, und dann werden es nicht soviele Linsen. Aber es hetzt mich keiner, weil sie schon gemerkt haben, daß sie die Linsen am schnellsten bekommen, wenn sie mich in Ruhe lassen. Unter Druck geht nur mehr kaputt, und ich kann nicht richtig denken.)

8.50 Uhr
Teewasser aufsetzen.

9.06 Uhr
Wasser kocht, Herdplatte ausstellen,
Teebeutel in Topfkanne hängen.

9.10 Uhr
Teebeutel herausnehmen und in Biomüll-Eimer werfen.

9.25 Uhr
Hände entölen, aufs WC gehen und dabei den Mülleimer
mitnehmen, der gerade am vollsten ist.

9.30 Uhr
Es brummt zur Pause: Hände waschen. In meine Pausenecke
gehen: Füße auf den Fenstersims legen. Tee trinken, Äpfel
o. ä. essen, aus dem Fenster gucken.

(Auch dies zählt mit zu meiner neuen gesteigerten Lebensqualität: Während ich fast meine ganze Schul- und Firmen-
Laufbahn hindurch meine Pausen stets auf Toiletten, in
Treppenhäusern oder Gebüschen verbringen mußte, weil ich
nirgendwo einen ruhigen Ort fand, habe ich, seit ich im Zentrierraum bin, eine ungestörte Ecke für mich alleine, in der ich
mich ganz auf das Essen und Ausruhen konzentrieren kann.)

Daß die Männer im Hintergund dabei sehr laut Karten spielen und rülpsen, stört mich nicht, solange sich mir keiner von
hinten nähert und dabei die «Fluchtdistanz» überschreitet. Die
Kumpel, die mich kennen, machen das nicht, schon gar nicht
in der Pause.

Es hat aber schon einige Male Chaos gegeben, wenn Neue
oder Fremde in der Pause da waren, die das nicht wußten.

Mein «Oberboß» Hardy hat denen das dann aber erklärt!

Manchmal, wenn ich fühle, daß es nötig ist, lege ich mich in
der Pause auch auf Filzlappen oder in einen Pappkarton unter
meine Maschine und schlafe ganz fest. Dann trinke ich den Tee
hinterher während der Arbeitszeit. Manchmal schlafe ich auch
bereits während der Arbeitszeit ein. Das merke ich dann kurz
vorher, und irgendwann kann ich das dann nicht mehr unter-
drücken. In dem Moment ist es mir egal, ob der Geschäftsfüh-

rer persönlich vorbeikäme, ob die anderen nachher lachen o. ä. Ich will dann nur die Augen zumachen und mich ganz flach legen.

Das konnte ich schon während der letzten Schuljahre gut und sorgte später bei meinem Lehrmeister und den Mit-Azubis für Heiterkeit. Manchmal, wenn ich es rechtzeitig bemerkte, bin ich dann auch kurz zum Schlafen aufs WC gegangen. Auch im Zug oder zu Hause im Garten kann ich mich manchmal hinlegen, sofort einschlafen und nach 5 – 15 Minuten (grob geschätzt) – wenn man mich solange in Ruhe läßt – munter wie ein neuer Mensch aufwachen und bis spät in die Nacht hinein nicht mehr müde werden. Manchmal schlafe ich auch mehrmals am Tag, oder aber ich liege bis zum Nachmittag wie im Tran. Spätestens, wenn der Boden vor mir Wellen zu schlagen scheint, dann ist es Zeit, sich zu legen.

Da vor meinem Kitt-Loh-Tisch ein «Schutzschild» in Form einer den Tisch um ca. 40 cm überragenden Blechwand besteht, dauert es meistens lange genug, bis mich jemand beim Schlafen entdeckt, so daß ich dann wieder richtig frisch werde, wenn «mein Oberboß» mir Wasser über den Kopf schüttet.

Es ist Wahnsinn, was so ein paar Minuten Schlaf bewirken können: Erst könnte man fast sterben vor Kopfweh und dann, nach einer kurzen Aufwachphase, am besten noch von Colatrinken unterstützt, habe ich eine Energie, als könnte ich bis zur Marsbahn springen!)

9.45 Uhr
Es brummt zum Pausenende. Teegeschirr abwaschen.
Hände eincremen. Weiterarbeiten.

12.00 Uhr
Kaffee-Wasser aufsetzen, einen Eine-Tasse-Vanille-Aroma-Kaffeepulver-Beutel kurz «Käffchen» genannt, bereitlegen.
(Außer im Sommer, da gibt es Cola light.)

12.10 Uhr
Tasse fertigmachen, Herd abstellen.

12.25 Uhr
Hände entölen, aufs WC gehen und dabei den Mülleimer mitnehmen, der gerade am vollsten ist.

12.30 Uhr
Pause: siehe vorige Pause – es gibt diesmal nur mehr zum Essen (zusätzlich Kekse oder einen Braunkäse-Würfel) und eine Mineral-Brause zum Käffchen.

13.00 Uhr
Pausenende. Abwaschen, eincremen, weiterarbeiten.

13.30 Uhr
Schreibt Hardy alle bis dahin abgegebenen fertigen Linsen ab. (Er kommt auch zwischendurch immer mal vorbei, um die nächsten Tage zu planen. Manchmal kommen auch die anderen aus dem Zentrierraum oder Bettina vorbei. Ansonsten arbeite ich zufrieden so vor mich hin und höre dabei Radio SWF 3. Nach jeder Linse muß ich auf die Uhr gucken, um nicht die Orientierung zu verlieren.)

15.45 Uhr
Maschinen auslaufen lassen. Armschienen ausziehen und Lichtkreuz, Gas und Herd abschalten. Den Müll, der gerade am vollsten ist, wegbringen. Auf WC gehen und gründlich entölen und waschen.

Umziehen, Fenster schließen. Radio und Maschinen ausschalten. «Wirsing!» brüllen (d. h. «auf Wiedersehen!»)

16.00 Uhr
Stechuhr: Karte durchziehen, kontrollieren, wieviele Stunden ich gut habe. Treppenhaus herabsteigen. Fahrrad holen. Einkaufen fahren, je nachdem, was auf dem Merkzettel steht.

(Schwierig wird es, wenn etwas ausverkauft ist, so daß ich in anderen Geschäften suchen muß, weil ich meinen Eß-Plan unbedingt einhalten möchte.)

Zurück am Mietshaus:
Briefkasten nachgucken.
(Ich freue mich bereits über Reklame-Blätter, aus denen ich Apfel-Bilder ausschneiden und auf meine Briefe kleben kann. Aber echte Post zu bekommen, ist natürlich noch schöner.)

Fahrrad wegbringen. Zur Wohnung in den 6. Stock fahren. Tür aufschließen. Stiefel und Arbeitsklamotten ausziehen. Hände waschen. Hausklamotten anziehen. Alle Fenster öffnen. (Ich muß immer alle Fenster auf haben, außer während der Morgenstunden oder wenn im Winter starker Frost ist.)

Radio auf Sender HR 3 einschalten. Rucksack auspacken. Post lesen. Frühstücksgeschirr spülen. Abendessen laut Plan zubereiten. (Auch hier hat sich seit der Lehrzeit einiges geändert: Es kommt keine einzige Konservendose mehr ins Haus. In Norwegen habe ich ja gelernt, wie man nach Rezept arbeitet. Ohne Rezept kann ich nicht einmal einen Pfannekuchen backen. Aber inzwischen besitze ich eine Serie von 35 Vollwert-Kochbüchern, in denen die Rezepte mit Hilfe von vielen einzelnen Anweisungen und Fotos schrittweise erklärt sind, und die kann ich gut zubereiten. Außerdem kann ich es mir inzwischen leisten, mehr Geld als zur Lehrzeit für gute Lebensmittel auszugeben.)

1 Liter Tee kochen.

ca. 19.00 Uhr
Abendessen. Abwasch in die Spüle stellen. Zähne putzen. Aufs Bett legen und eine CD anhören, evtl. schlafen. (CD's sind eine herrliche Erfindung; das einzig Traurige daran ist, daß man ihnen kaum noch beim Rotieren zuschauen kann, so wie es früher beim Schallplatten- und Cassettenhören möglich war. Ich habe mir extra einen kleinen CD-Spieler mit einem «Fenster», durch das man die CD huschen sehen kann, gekauft. Der CD-Spieler in Arolsen ist völlig zugeschlossen.)

Irgendwann:

Aufstehen. Aufs WC gehen. Abwaschen. Nächsten Tag genau planen; weitere Tage grob planen. Frühstück vorbereiten und Rucksack packen. Spüle saubermachen.

Kontroll-Runde durch die Wohnung. Wecker stellen, Radio aus, Fenster zu.

Bad:

Aufs WC gehen, Zahn- und Aufbeißschiene anziehen.

Schlafzimmer:

Ohropax in das Ohr, auf dem ich nicht liege, stecken.

21.30 – 2 Uhr (je nach Tag): Licht aus.

Wenn ich jedoch bereits nach dem Abendessen geschlafen habe, z. B. von 20 bis 23 oder 24 Uhr, dann bleibe ich gleich bis zum Frühstück auf.

Auch wenn es mal relativ ruhig ist, schlafe ich oft nur wenig und wache dauernd zwischendurch auf, aber das belastet mich nicht; Hauptsache, ich kann liegen und die Augen zu halten. Wenn man nicht einschläft, dann ist man eben nicht hinreichend müde. Es gibt Wochen, da bin ich fast die ganze Nacht lang auf – und fühle mich am nächsten Tag kein bißchen müde, ganz im Gegenteil, ich bin total «aktiv» in allen Bewegungen, jedenfalls die ersten zwei Stunden. Manchmal schlafe ich relativ viel, aber nie mehr als vier Stunden am Stück; fünf Stunden sind schon eine große Ausnahme, und diese sind dann nicht einmal erfrischend, im Gegenteil, je länger ich liege, desto mehr Kopfweh habe ich danach. (Obwohl ich wenig schlafe, träume ich viel und kann mich meist gut an alles erinnern.)

Dies war ein Standardtag in Susannes Leben. Es gibt hiervon abweichend allerdings einige Ausnahme-Tage: Wenn Blut- oder Thrombozytenspende-Tag ist, sieht der Ablauf natürlich anders aus, ebenso an Schwimm- und Arolsen-Reise-Tagen. An arbeitsfreien Tagen stehe ich auf usw. wie an Arbeitstagen;

nur statt zur Optisch' zu fahren steht etwas anderes auf meinem Programmzettel: Zur Freibadsaison *immer* Schwimmen, zur Herbstzeit immer eine ausgiebige Erntetour.

Während der stilleren Monate geht es nur samstags ins Hallenbad, außer wenn dort wegen Streik oder Hochwasserschaden geschlossen ist. Dann gehe ich ausnahmsweise mal unter meine eigene Dusche, die ich dann aber erstmal von einer dicken Staubschicht befreien muß. Ich hasse Duschen: Erst komme ich kaum hinein, und dann will ich nicht wieder aufhören.

Sonntags gucke ich dann nach, ob was in der Wohnung zu putzen ist. Großaufräumen findet jeweils am Wochenende vor Arolsen-Reisen statt; dazwischen darf man keinen in die Bude lassen, aber das ist egal: Es kommt ja schließlich keiner!

Während der stilleren Monate gehe ich sonntags immer eine Runde durch die Weinberge, die mit meiner herbstlichen Ernte-Tour identisch ist, nur daß es nichts mehr zu pflücken gibt.

Ich gehe immer denselben Weg. Wege sind sehr wichtig für mich. Ich mag keine neuen Wege.

Die Mama sagt, es sei schade, daß ich am liebsten immer die bekannten Wege gehen will, wenn ich in den Ferien in Arolsen bin. Sie würde gerne mit mir mit dem Auto weiter hinaus fahren, um neue Wege zu zeigen. Warum können die Menschen nicht verstehen, daß jemand mit wenig Abwechslung zufrieden sein kann? Sie verstehen auch nicht, wie man ohne Fernsehen, Zeitungen und Ausgehen ein ausgefülltes Wochenende haben kann. Kritisch wird es bei mir nur, wenn ich mehr als zwei Tage hintereinander frei habe – aber dann bin ich ja zum Glück immer in Arolsen.

Die Test-Ratte vom Schlaflabor

Nach und nach kommen immer mehr Puzzle-Teilchen, die zusammengesetzt ein komplettes Bild zur Erklärung von Susannes Zustand ergeben, zusammen:

Inzwischen ist August 1996, und ich habe gerade zwei abenteuerliche Wochen in einer auf Schlafforschung und Schlafmedizin spezialisierten Klinik hinter mir.

Ursprünglich aus wissenschaftlicher Neugier, und weil ich der ständigen Ladungen öligen Wassers über meinen Kopf (wenn ich am Arbeitsplatz geschlafen hatte) überdrüssig war, hatte ich dort einmal meinen Schlaf untersuchen lassen.

Ein Neurologe in X-Stadt hatte gemeint, die Symptome des ständigen nächtlichen Erwachens bzw. stundenlangen Hellwachseins, sowie die zwanghaften Schlafanfälle oder langen Tran-Phasen am Tage deuteten evtl. auf «Narkolepsie» hin.

Ich selbst hatte dies nie als «Krankheit» angesehen, eher als peinliche mangelhafte Körperbeherrschung, die ich seit der Pubertät, spätestens seit Beginn der Lehrzeit mit allen möglichen Ausreden und Tricks zu verbergen versucht hatte.

«Was schaffst du bloß nachts?!» – «Mal wieder die Nacht durchgefeiert?!» – «Geh' doch beizeiten ins Bett!!» – Derartiges bekam ich oft zu hören.

Ich dachte, es sei meine eigene Schuld, daß ich meinen Schlafhaushalt einfach nicht geregelt bekam. Selbst wenn ich voller guter Vorsätze früh ins Bett ging, half das nichts: Nach 3 – 4 Stunden war ich «ausgeschlafen» und konnte nicht mehr liegenbleiben. Das dicke Ende kam dann am Tage. Es schien so, als könnte ich nicht länger als 3 – 4 Stunden am Stück schlafen und nicht länger als ca. 6 – 7 Stunden ununterbrochen wach bleiben. Nachts störte jedes kleine Geräusch meinen Schlaf, tagsüber konnte ich in jeder beliebigen Situation an den unmöglichsten Orten einschlafen, z. B. auf dem öligen Fußboden im Zentrierraum, im Schwimmbad, beim Arzt, in Vortrags- oder Festsälen (egal wie überfüllt, hell und laut es dort war), und auf Wiesen, Bänken, und im Zug sowieso.

Wenn mich in Arolsen die Mama beim Einnicken erwischte bzw. auch nur andeutete, ich könnte in meinem Zimmer tagsüber geratzt haben, wurde ich richtig grantig. Es war eine Schande und Schwäche, tagsüber zu schlafen – protzte ich doch so gerne damit, daß ich nachts mit so *wenig* Schlaf auskam! Bezeichnenderweise ist weder mein Bett tagsüber gemacht, noch benutze ich einen Schlafanzug für die Nacht: Beides würde sich gar nicht lohnen, da ich mich nachts kaum mehr Stunden im Bett aufhalte als tagsüber.

Natürlich schreckte mich die Aussicht auf eine Nacht im Schlaflabor ab, aber nach einigen Wochen Bedenkzeit entschloß ich mich, es zu wagen. Ach, da hatte ich mir wieder mal eine hübsche Suppe eingebrockt! Aus der einen Nacht wurden zwei Wochen, die mich mehr als die Hälfte meiner Sommerferien kosteten.

Bereits die erste Nachtableitung, während der ich von Kopf bis Fuß an unzähligen EEG-Elektroden und anderen Meßgeräten hing, zeigte, daß mein Schlaf tatsächlich total zerrupft, von langen Wachphasen durchzogen und bis auf eine einzige Tiefschlafphase ganz oberflächlich war. Weitere Tests waren erforderlich.

Besonders die Tagesableitungen führten zu einem verblüffenden Ergebnis: Ich konnte, selbst wenn ich mich gar nicht übermäßig müde fühlte, praktisch «auf Kommando» einschlafen, und das auch noch in ungewohnter Umgebung, mit völlig verkabeltem Kopf und vor laufender Videokamera. Alle zwei Stunden mußte ich mich für je 20 Minuten ins Schlaflabor begeben, und das fünfmal am Tag; das war ja fast schon «Pennen im Akkord». Der Witz war, ich schlief tatsächlich jedesmal binnen weniger Minuten, manchmal in weniger als einer Minute ein, und fing teilweise sogar an zu träumen.

Eine Wiederholung des Versuches an einem anderen Tag führte zum gleichen Ergebnis. Susannes Schlaf war krank. Immerhin konnte die Diagnose Narkolepsie nach weiteren Tests und Gesprächen mit den Ärzten ausgeschlossen werden, aber es gibt noch etliche andere «Schlafkrankheiten», die sich durch ähnliche Symptome äußern. Sie haben leider eines gemeinsam: Sie sind noch seltener und unerforschter als Narkolepsie.

Ich habe auf meiner Station etliche Leute mit den unterschiedlichsten Schlafproblemen kenenngelernt, die teilweise deshalb seit vielen Jahren von einer Klinik in die nächste geschickt wurden und ein Medikament nach dem anderen ausprobierten – ohne Resultat.

Ich schwor mir, so etwas würde ich gar nicht erst anfangen; schließlich habe ich einen Job zu machen! Eigentlich bin ich doch kerngesund! Warum kann ich nicht einmal wie andere Leute eine einfache Grippe o. ä. kriegen? Warum muß ich immer nur so komische und seltene «Macken» haben?!

Aber es war interessant, sich mit den anderen Patienten auszutauschen. An dieser Stelle: Yvonne, hab' Dank für das, was Du mir über Freundschaft, Selbstbewußtsein und Nichtaufgeben erzählt hast – und daß Du mir sowohl mit ehrlichen Worten (symbolisch) als auch mit den Händen (um die EEG-Elektroden-Pellets-Reste aus dem Haar zu entfernen) gründlich «den Kopf gewaschen» hast!

Es tat gut, zur Abwechslung einmal von den Ärzten ernst genommen zu werden, das Gefühl zu haben: Hier wollen sie einem helfen. Die Verpflegung war wesentlich besser als damals im Neurologischen Krankenhaus, und die Schwestern und Pfleger waren einfach alle lieb. Manche duzten mich immer noch – das werde ich wohl nie los. Eigentlich fühle ich mich viel wohler dort, wo man «du» zu mir sagt.

Nur mit meiner Krankenhaus-Disziplin haperte es mal wieder, weil ich abends und nachts gerne noch draußen im Park herumlief oder schlief und dabei zweimal versehentlich ausgesperrt bzw. verzweifelt gesucht wurde.

Dann kam ich für acht Tage ins «zeitgeberfreie Labor», kurz der «Bunker» genannt. Dort wurde getestet, wie sich das Schlafverhalten einpendelt, wenn man völlig isoliert von der Umwelt, ohne Uhr oder Blick nach draußen, ohne Kontakt zu Menschen in einem kleinen Selbstversorger-Appartement lebt. Kommunikation gab es nur über beschriebene Zettel, die man in die Eingangsschleuse legte.

Dennoch wußte das Schlaflabor-Personal draußen zu jeder Zeit besser darüber Bescheid, wie es mir ging, als ich selbst, denn ich war wieder völlig verkabelt und schleppte ständig vier verschiedene Meßgeräte mit mir herum, die per Funk alle Daten nach draußen leiteten. (Da hätte man mal ein Foto von machen sollen: Ich sah aus wie ein «Borg», jene Maschinen-Menschen aus der *Star-Trek*-Serie; bei denen schauen ebenfalls eine Menge Kabel aus dem Körper heraus!)

Zusätzlich mußte ich vor jeder neuen Handlung entsprechende Signalschalter betätigen, und von außen konnten sie sogar sehen, welches Licht ich gerade brennen hatte, oder auf welchem Teil des Fußbodens oder Bettes ich mich aufhielt.

Hatte ich vorher den «Bunker» noch im Zuge einer romantischen Anwandlung mit einer Raumkapsel verglichen, kam ich mir nun mehr und mehr wie eine Laborratte vor – und machte meine galgenhumorvollen Witze darüber. Manchmal kann ich ein echter Spaßvogel sein – wenn ich ausgeschlafen bin!

Von den unbequemen, teils sogar schmerzhaften Meßgeräten am Körper abgesehen, fühlte ich mich aber sauwohl: Im «Bunker» hatte ich wenigstens meine Ruhe und konnte schlafen, wann und so lange oder kurz ich das Bedürfnis dazu hatte. Ich fühlte mich total sicher aufgehoben, durch fünf Türen von dem lärmenden Rest der Welt abgeschottet, dennoch in dem Bewußtsein, daß draußen eine Menge Leute meinen Schlaf bewachten.

Ich futterte von meinen reichen Vorräten und amüsierte

mich mit den mitgebrachten Büchern, *Star-Trek*-Videos und einem Trimm-Rad. Binnen kürzester Zeit hatte ich jegliches Gefühl für die Tageszeit verloren, konnte nicht einmal mehr zwischen «Nacht»-Schlaf und diversen längeren Schlafperioden meines subjektiven «Tages» unterscheiden, weil sie alle gleich lang zu sein schienen.

Nach einigen Tagen fühlte ich mich ausgeglichen wie nie zuvor in meinem Leben. Ich wartete gespannt auf das Ergebnis des Bunker-Versuches. Gab es vielleicht Menschen, die überhaupt keine «innere Uhr» besaßen?

Als ich wieder ans Tageslicht geholt wurde und mir der Oberarzt die ersten Auswertungen der zahlreichen Messungen zeigte, präsentierte sich ein abenteuerlicher «Tages»-Verlauf: Ich schlief in der Regel 3 – 4 Stunden und war dann 6 – 7 Stunden lang wach. Das bedeutete, daß meine «innere Uhr» mehr als doppelt so schnell lief wie die der Normalmenschen mit einem 24-Stunden-Tag! Kein Wunder also, daß meine Nächte stets zerrissen und die Tage von Schlafattacken heimgesucht wurden. Ich stöhnte scherzhaft, ich sollte auf den Jupiter auswandern, weil der eine Rotationszeit (und damit einen Hell-Dunkel-Wechsel) von nur ca. 10 Stunden hat und damit fast genau meinem eigenen Rhythmus entspricht.

Die medizinische Diagnose lautet nun: «Circadiane Schlaf-Wach-Störung mit bicircadianem Schlaf-Wach-Muster.»

Na herrlich! Und wie soll ich dies jemals mit dem Rhythmus der realen Welt in Einklang bringen? Schließlich kann ich weder auf dem Jupiter noch ewig im «Bunker» leben.

Die ersten Tage danach hatte ich regelrechte «Entzugserscheinungen» und lag fast nur im Tran. Zum erstenmal im Leben hatte ich meinen ureigenen Takt gefunden und gelebt, und es kam einer Vergewaltigung meines Schlafhaushaltes gleich, sich jetzt wieder auf die Welt «draußen» umzustellen.

Die vorläufige Therapie besteht aus einer 600-fachen Tagesdosis Vitamin B12 und zwei Stunden Sonnenlichtexposition zum Frühstück sowie dem Tragen einer Sonnenbrille ab 16

Uhr. Wenn das nicht hilft, drohen stärkere Medikamente, vor denen ich großen Horror habe. Außerdem muß ich weiterhin ein genaues Schlafprotokoll führen.

Da in der Schlafmedizin noch vieles unerforscht ist, gibt es nur wenige erprobte Therapie-Ansätze. Der Arzt sagte, eine derartige circadiane Schlaf-Wach-Störung wie meine sei ihm bislang noch nicht untergekommen, und ich sei jetzt die «Versuchsratte mit dem weißen Fell und den roten Augen».

Während der letzten Wochen habe ich über die möglichen Zusammenhänge von Autismus und Schlafhaushalt nachgedacht: In der Literatur heißt es ja immer wieder, daß Menschen mit Autismus oft unter massiven Schlafstörungen und fehlendem Zeitgefühl leiden; jedoch scheint niemand die Ursachen dafür herausgefunden zu haben; es werden allenfalls Medikamente zur Ruhigstellung empfohlen. An mir selbst habe ich beobachtet, daß die oft innerhalb weniger Stunden schwankenden Zustände «deprimiert – fröhlich», «völlig unkonzentriert – sehr aufnahmefähig», «sprechlahm – pausenlos quatschend», «lethargisch – überaktiv» und «zurückgezogen – sozial interessiert» eng an den Grad des Ausgeschlafenseins gekoppelt sind.

Wenn ich Schlafmangel habe, dann kann ich keine drei Sätze nacheinander lesen, bin knatschig wie ein müdes Kleinkind, kriege auf Fragen hin kaum das Maul auf und fühle mich, als ginge die Welt unter. Alles egal. Hier entstehen die meisten Situationen mit Salzwasser-aus-den-Augen. Wenn ich dann einmal «darüber geschlafen habe» – und hierbei reicht ein kurzes Tages-Nickerchen völlig aus – , dann bin ich wie um 180° gedreht, bewege mich flink, erzähle mit anderen Menschen herum, lache ausgelassen, und in jenen knapp begrenzten klaren Stunden kann ich körperliche und intellektuelle Höchstleistungen vollbringen; dann hole ich alles dreimal so schnell nach, was ich vorher im «Halbschlaf» verbummelt habe. «Susi hat mal wieder ein Ecstasy geschmissen!» sagen die im Zentrierraum dann (scherzhaft, hoffe ich).

Wenn ich die Schlafmediziner richtig verstanden habe, und ich vergleiche mich mit einem Durchschnittsmenschen, der um 7 Uhr aufsteht und um 23 Uhr schlafen geht, dann wäre ich um 14 Uhr bereits so müde wie jener Mensch um 23 Uhr, und würde ich ohne Tagesschlaf-Pause bis 23 Uhr wach bleiben, entspräche das einer Zubettgehzeit von ca. 16 Uhr des *darauffolgenden* Tages – nach einer durchgemachten Nacht! Kein Wunder, wenn man dann «knatschig» ist und der Boden vor einem Wellen schlägt!

Als Ausgleich, daß mein wacher «Tag» nur 7 – 8 Stunden kurz ist, benötige ich dafür aber nur eine 3 – 4-stündige «Nacht», um mich zu regenerieren. Ein schwacher Trost, denn dieses läßt die Umwelt im Alltag nicht zu.

Ich bin kein Fachmann. Aber wäre es vielleicht möglich, daß bei Menschen mit Autismus, bei denen auch eine Störung des Schlaf-Wach-Zentrums im Gehirn vorliegt, persönliches Befinden, Verhalten und Lernvermögen in engem Zusammenhang mit einem abnormen Schlaf-Wach-Rhythmus oder irgendeiner anderen Schlafkrankheit stehen?

Wenn man das herausfinden könnte, wäre das evtl. eine Chance, günstige Stunden zum Lernen auszunutzen und während kritischer Stunden unerwünschtem Verhalten vorzubeugen? Könnte man durch Koordination von subjektivem und realem Tagesverlauf vielleicht generell die Lebensqualität der Betroffenen erhöhen? Wäre ich ein Student der Neuro-Psychiatrie, ich hätte eine prima Idee für das Thema meiner Doktorarbeit: «Zusammenhänge von Schlafstörungen / Zeitbewußtsein und Verhalten / Konzentrationsvermögen bei Autismus.»

Leider bin ich aber nur eine «Ratte mit weißem Fell und roten Augen» und ein «Penner-Artist», weshalb ich dieses Thema hiermit an die Forscher weiterreiche.

Es ist sicher schwierig, ausgerechnet bei Menschen mit Autismus Schlafforschung zu betreiben, allein schon wegen der aufwendigen Messungen, die kaum jemand, erst recht kein kleines Kind, mit sich geschehen lassen wird.

Vielleicht gibt es ja einen Mediziner, der dennoch diese Herausforderung annimmt.

Was wünscht sich Susanne vom Leben?

Ich wünsche mir, daß sie mir nie mehr die Linsen wegnehmen. Daß ich noch ganz viele Erntezeiten erleben kann, in denen die Mama mit mir zum Apfeltal fährt. Daß ich nie ganz den Kontakt zu Saaki verliere, obwohl er sich so schnell weiterentwickelt, obwohl er vielleicht nach Japan oder Amerika zieht.

Ein wolkenloser Himmel soll auch in der Zukunft *blau* und nachts voller Sterne sein. (Es wäre schlimm, wenn sich die Farbe des Himmels wegen Krieg oder Naturzerstörung verändern würde.)

Ich hoffe, die Astronomen dürfen bald die sogenannte «fehlende Materie» entdecken, was bedeuten würde, daß das Modell des «pulsierenden Universums» (also ein Universum, das sich immer wiederholt) zutreffend ist. Alle anderen zur Auswahl stehenden Theorien sind mir unheimlich.

Ein großer Wunsch von mir ist mehr *Toleranz* auf der Erde. Dies würde das Leben für Menschen mit Autismus um einiges leichter machen – und für viele andere Menschen ebenso.

Ich hoffe, die Forscher werden noch mehr über Autismus herausfinden und die immer noch unter Laien und manchen Fachleuten kursierenden Mythen beseitigen können – und daß sie denen, die Autismus haben, *wirklich helfen* können, ohne ihnen dabei Individualität und Freiheit zu nehmen.

Ich bin mir sicher, sie können viel Freude am Leben haben – vielleicht mehr als die «Normalen»? – trotz ihrer «autistic aloneness.»

Habt Ihr mich jetzt etwas verstanden?

Das Polarlicht
und die kühnen Norweger

von Kari Steindal

«Wie konntest du mich so rasch durchschauen? Wie konntest du direkt erkennen, daß Susanne Autismus hat?» Mehrere Male hat Susanne mich dieses gefragt. Ich hatte Schwierigkeiten, ihr zu erklären, wieso. Wahrscheinlich war es mein Fehler. Ich war nicht korrekt genug mit meiner Erklärung. Dies soll ein neuer Versuch sein; ich werde versuchen, dieses Mal etwas detaillierter zu sein.

Eines der ersten Dinge, die mir auffielen, als ich Susanne 1993 auf einem Kursus über Autismus traf, waren einige diskrete Fingerhaltungen. Sie saß gegen die Wand gedrückt in der ersten Reihe des Vortragraumes, wo sie sich ihren Platz rechtzeitig gesichert hatte. Sicher hatte sie diesen Platz gewählt, um sich den Kontakt zu den anderen Teilnehmern zu ersparen. Hier war es nicht einmal nötig, für andere aufstehen zu müssen.

Der Platz lag gleich bei der Ausgangstür. Die anderen, die in der ersten Reihe saßen, waren vorwiegend Referenten. Mein erster Gedanke war, daß sie das Kind eines der Referenten sein müsse. Sie sah jung aus. Kleidung, Frisur und ein etwas verwunderter und genierter Blick ließen mich annehmen, daß sie 13 – 14 Jahre alt sein könnte.

Sie sieht unglücklich aus, als zur Eröffnung des Kurses ein Panflötist auftritt, und sie klatscht nicht wie die anderen aus Höflichkeit. Nach einer Weile frage ich sie, ob ich ihr Programm sehen dürfe. Sie sagt: «Sieh» und blickt flüchtig zur Seite. Ich versuche, mich vorzustellen, nenne meinen Namen und bekomme als Antwort «Zweihundertundeins». (Dies stellt sich als ihre Teilnehmernummer heraus – eine höchst ungewöhnliche Weise, sich vorzustellen.)

Ich frage weiter, ob sie mit jemandem zusammen hier oder alleine ist und erhalte die knappe Antwort: «Alleine». Hätte ich nicht den Verdacht gehabt, daß es ein Mensch mit Autismus war, mit dem ich sprach, hätte ich die kurzen Antworten als eine Abweisung aufgefaßt und nicht weiter mit Susanne gesprochen. Aber ich fühlte wohl eine gewisse Verantwortung für diesen Menschen, der neben mir saß und so unbeholfen in dieser Situation wirkte. Ich frage, woher sie kommt (eine gewöhnliche Frage, wenn man eine Bekanntschaft einleitet) und bekomme als Antwort den Namen des Ortes, von dem sie heute morgen mit dem Zug angereist ist.

Ich hätte selbstverständlich fragen sollen, wo sie normalerweise wohnte, um die Antwort auf das, was ich eigentlich mit meiner unpräzisen Frage meinte, zu erhalten. Aber es ist nun einmal so, daß wir ungenau in unserer Wortwahl sind. Nach einigen klärenden Fragen erfuhr ich, daß sie aus Deutschland gekommen war, um an dem Kurs teilzunehmen. Meine Verwunderung wurde noch größer, als sie erzählte, daß sie mit Hilfe eines Cassettenkurses norwegisch gelernt hatte. Warum norwegisch lernen und nach Norwegen reisen?

«Norweger sind so wenig aufdringlich.»

Spontan kommentiere ich, daß sie damit ja gerade einen Punkt erwähnt hat. Alle Touristen klagen ja ansonsten darüber, daß die Norweger so kühl seien. Ernsthaft wendet sie sich an mich und sagt leicht zurechtweisend mit monotoner Stimme: «Da machst du aber einen Fehler. Alle Menschen auf der Erde haben dieselbe Körpertemperatur; sie beträgt $37° C$, sie kann bis $40° C$ steigen, wenn sie krank werden, aber wenn sie über $41° C$ steigt, dann sterben sie!»

Ich versuche zu erklären, daß das mit dem «kühl» eine Metapher sei. Es bedeutet ungefähr dasselbe wie, daß Norweger nicht nur als wenig aufdringlich, sondern auch als etwas abweisend und schwierig kennenzulernen gelten.

Wenn ich anfangs den Verdacht auf Autismus gehabt hatte, so war ich jetzt sicher.

Von einem anderen Planeten?

Daß ein Mensch mit Autismus eine Autobiografie schreibt, ist derart bemerkenswert, daß sich manche fragen mögen, ob der Verfasser wirklich ein Mensch mit Autismus ist, oder ob es sich um eine erfundene Geschichte handelt. Besonders bemerkenswert ist es, wenn ein Mensch einen so hohen Grad an Selbsteinsicht wie Susanne aufweist. Diese Selbsteinsicht sowie die große Kenntnis und Begeisterung u. a. für Astronomie machen es interessant, Susanne zuzuhören.

Ihre Perspektiven und Standpunkte, ihre Art, bei den selbstverständlichsten Wörtern, Ereignissen oder Handlungen Fragen zu stellen, sind interessant – und das nicht nur für Leute, die ein besonderes Interesse an Autismus haben. Das, was sie so auffällig, so «klassisch» macht, ist, daß sie vieles von dem, was wir als ganz normal hinnehmen, nicht versteht. Aber wenn niemand bei diesen Selbstverständlichkeiten Fragen stellen würde, würden wir nie etwas davon merken.

Menschen mit Autismus brechen so grundlegend viele unserer gemeinsamen, einleuchtenden, ungeschriebenen Normen, Regeln und Werte. Susanne hat selbst darüber nachgegrübelt: «Ich sage dir, ich bin überall ein Ausländer, nicht zuletzt in Deutschland.»

Als ich ihr erzählte, wie ein amerikanischer Mann mit Autismus sich beschrieb, als käme er von einem anderen Planeten, sah ich, daß es Susanne «kalt den Rücken herunterlief». Sie schnappte nach Luft: «Hat er das wirklich gesagt? Das ist ja genauso wie *ich* das fühle!»

«Auf einige Weise bin ich schlecht ausgestattet, in dieser Welt zu überleben. Ich bin wie ein Außerirdischer, der ohne einen Reiseführer, an dem er sich orientieren könnte, gestrandet ist.» (Sinclair, 1992)

Vor einiger Zeit rief mich ein Mann mit Aspergers Syndrom an. Er war angetan davon, daß Menschen mit Aspergers Syndrom und Autismus beginnen müßten, ebenso wie andere Minderheitsgruppen bekannt zu werden. Er kannte niemanden, der so wie er war. Er verglich diese unsichtbare Behinderung mit dem Schicksal der Samen*, die vor Jahrzehnten ihre ethnische Zugehörigkeit geheim gehalten hatten.

Er fragte, ob ich ihm irgendein Kennzeichen, das er bei sich haben könne, beschaffen könnte. Seitdem habe ich überlegt, wie ein solcher Anstecker, T-Shirt o. ä. aussehen sollte. Vielleicht wäre der Text: «Sprich eindeutig! Ich habe Autismus!» ein Vorschlag.

Aber zuvor sind mehrere Bücher wie das von Susanne nötig, mehrere Berichte, die den Leuten eine gewisse Einsicht in die Verständnisschwierigkeiten, mit denen Menschen mit Autismus sich herumquälen, geben können. Wir müssen mehr Erzählungen aus erster Hand darüber bekommen, wie die Umwelt gesehen und erlebt wird, wie die Interessen entwickelt werden, über Schwierigkeiten und nicht zuletzt über Freuden.

Das Chaos der vielen Bedeutungen

Im Laufe der drei Tage, die ich zusammen mit Susanne auf dem Kurs war, und später durch lange Briefe, Telefongespräche und einem Besuch bei mir in Oslo im Herbst 1994, habe ich nicht nur wachsende Kenntnisse darüber erhalten, mit welchen Schwierigkeiten sich Susanne herumschlägt. Ich habe

---

* Die in Skandinavien früher als «Lappen» diskriminierte ethnische Minderheit.

auch verstanden, welche großen Anstrengungen es sie gekostet hat, mit diesen Schwierigkeiten zu leben oder sie zu überwinden. Und nicht zuletzt habe ich gesehen, wie bedeutsam es für sie war, eine verständnisvolle Familie zu haben.

Die Familie hat ihr beigebracht, selbständig zu werden. Gleichzeitig war sie da, wenn die Probleme für sie zu überwältigend geworden waren. Sie respektieren ihr Bedürfnis, ein Gebiet im Haus, in dem sie ihre eigene Ordnung bewahren kann, zu haben. Gleichzeitig bietet sie gemeinschaftliche Aktivitäten und Interessen an. Die Familie beweist einen hohen Grad an Fantasie, Einfühlung und Flexibilität. Gleichzeitig hat sie die Fähigkeit zu Struktur, Regelmäßigkeit, Konsequenz und Deutlichkeit.

Warum ist dies so schwierig? Es ist eine große Herausforderung für alle nahestehenden Personen, zu verstehen, was Menschen mit Autismus nicht verstehen. Nicht alle haben dieselben Probleme mit dem Verständnis, aber einige Schwierigkeiten sind besonders typisch.

Wortwörtliches Verständnis von Sprache

Susanne ist sprachbegabt. Sie kann deutsch, norwegisch und englisch. Sie schreibt lange Briefe. Trotzdem hat sie Sprachschwierigkeiten.

Nicht nur «kühle» Norweger sind ein Problem. Nachdem Susanne meinen Vortrag 1993 gehört hatte, sagte sie: «Das war alles prima, was du gesagt hast. Das über die Pausen, die das Schlimmste an der Schule sind, das stimmt. – Aber warum müssen diese Kinder denn einen Schneider haben?» Ich verstand erst nicht, was sie meinte. Aber dann kam ich darauf, daß ich gesagt hatte, daß Kinder mit Autismus «maßgeschneiderte» Schulpläne haben müßten. Ich erklärte, was ich gemeint hatte, daß die Kinder ein ganz individuell angepaßtes Programm haben müßten. Da wurde sie sichtlich irritiert und argumentierte: «Aber warum hast du das denn nicht gesagt?»

In einer Pause sage ich: «Du möchtest wohl etwas Tee haben?» «Nein!» antwortet sie bestimmt. «Aber du hast doch gestern so gerne Tee getrunken, warum willst du heute keinen haben?» «Ich möchte nicht *etwas* Tee haben. Ich möchte *viel* Tee haben!» Und dann holt sie sich acht Tassen.

Das wortwörtliche Verständnis zeigt sich besonders bei Metaphern, Ironie und anderem bildhaftem Sprachgebrauch. Es ist schwierig, ungenaue und indirekte Sprechweisen zu verstehen. Darüber ist sich auch Susanne im klaren.

Wortwörtliches Verständnis von sozialen Regeln

Das wortwörtliche Veständnis ist nicht nur auf das Gebiet der Sprache begrenzt. In allen sozialen Zusammenhängen halten wir uns an eine Reihe von geschriebenen und ungeschriebenen Regeln.

Es gibt Regeln darüber, was für eine Kleidung zu verschiedenen Anlässen paßt. Wir haben Vorstellungen darüber, was als häßlich oder hübsch, höflich oder unhöflich, freundlich oder unfreundlich gilt. Diese Regeln sind von Kultur zu Kultur verschieden.

In unserer westlichen Gesellschaft haben wir Regeln für Hygiene. Wir sollen die anderen z. B. nicht mit Schweißgeruch plagen. Im sozialen Zusammenleben gilt es meistens als häßlich, mit fettigem oder strubbeligem Haar herumzulaufen.

Susanne erlebt dies als ein kompliziertes Gebiet. Als wir uns besser kennengelernt hatten, fragte sie mich: «Wie oft, meinst du, muß man duschen? Warum muß man mehr als einmal in der Woche duschen?» Eine ungewöhnliche Frage für einen Menschen Ende 20.

«Christopher sagt, daß ich jeden Tag einmal duschen muß, aber die Mutter sagt, daß ich jeden zweiten Tag duschen muß. – Was soll ich machen?»

Eine Frage, die die meisten von uns nie plagen würde, aber für Susanne wurde es zu einem schwierigen Konflikt, sich an zwei verschiedenen Vorschlägen von zwei Personen, zu denen sie Vertrauen hat, orientieren zu müssen. Eine Einschätzung vorzunehmen, eine Situation zu bewerten, das ist mit das Schwierigste, was man von ihr verlangt.

Als sie mich in Oslo besuchte, sollte sie alleine in meiner Wohnung bleiben, während ich zur Arbeit ging. Ich bat sie, sich Essen zu nehmen, wenn sie hungrig würde. «Aber man darf doch nicht an den Kühlschrank anderer Leute gehen!» protestierte sie ausdauernd. Ich mußte ihr sagen, daß sie nun eine neue Regel von mir erhielt: «Du *sollst* Essen aus Karis Kühlschrank nehmen, wenn du hungrig wirst, und du *sollst* von den Äpfeln auf dem Tisch essen, wenn du Lust darauf hast!» Dies nahm sie an, aber es war deutlich problematisch, eine Regel verändern zu sollen.

Geschwächte Fähigkeiten, die Bedeutung einzelner Aspekte in menschlichen Umgebungen zu erfassen

Die meisten Menschen mit Autismus plagen sich herum mit rigidem, diffusem oder fehlendem Verständnis von Mimik, Gesten, Blick, Tonfall u. a. Sie finden es zu schwierig, alle Signale, die wir zusätzlich zu den gesprochenen Worten von uns geben, zu übersetzen. Diese Verständnisprobleme führen zu fehlenden oder falschen Reaktionen auf diese Signale.

Als ich einmal, während wir miteinander sprachen, eifrig gestikulierte, unterbrach sie mich plötzlich: «Stop! Nun hast du so mit den Händen gemacht. Darfst du das? Wenn ich das so mit den Händen mache, sagt der Vater, daß das blöd sei und ich damit aufhören soll. – Aber alle anderen dürfen sowas machen??»

Gehörlose Menschen müssen einen Dolmetscher haben, weil sie die Worte nicht hören können. Susanne müßte einen Dolmetscher haben, um die fast unsichtbaren Zeichen, die ständig wechselnden Situationen und die vielen Bedeutungen zu *sehen*.

Sie erzählt, daß es an ihrem Arbeitsplatz eine Frau gibt, die ihr vieles erklärt. Es wirkt so, als sei Susanne weniger aufmerksam als andere gegenüber sozialen Zeichen, Ereignissen und Situationen. Dies kann von einem Außenstehenden als Egoismus und Egozentrik mißgedeutet werden. Aber es geht doch hier mehr um die Fähigkeit, mitzubekommen, was für andere interessant und von Bedeutung ist.

Wir anderen brauchen in der Regel wenig Energie, um soziale Signale zu übersetzen. Vieles geschieht völlig unbewußt. Für Susanne ist das anders. Für sie ist es sehr anstrengend, zusammen mit anderen Menschen zu sein. Sie muß viel Energie aufwenden, um sozial zu sein.

Als wir einmal darüber sprechen, sagt sie: «Ich *kann* den Leuten in die Augen sehen.» Sie starrt mich zum Beweis intensiv und so lange an, daß ich den Blick mehrere Male abwenden muß. Es wird still, und sie starrt weiter. Zum Schluß sagt sie: «Aber es ist bloß so, daß wenn ich den Leuten in die Augen sehen muß, dann höre ich nicht, was sie sagen!»

Es ist leicht zu verstehen, daß wir unsere sozialen Ansprüche an Susanne nicht übertreiben dürfen.

Während des Kurses schaffte sie es einmal, im Speisesaal zu sitzen und Lunch zusammen mit 200 Menschen zu essen. Das war das erste Mal, und sie war sichtlich angespannt, aber auch stolz: «Nun sollte der Vater mich gesehen haben! Zu Hause esse ich nicht einmal mit der Familie zusammen!»

Susannes Spezialinteressen

Hans Asperger hat treffend beschrieben, was vielleicht das zentralste Problem bei Menschen mit Autismus ist:

«When such a child *wants* to, is able to want to understand the demands of the environments and the world around him, then he understands them very well indeed! The fault ist more central though not in any single function. It is the inability to attend or take an interest. After all «interest» means, in English, ‹is among› and in German ‹to be among› and this is just what they are not able to be.» (Asperger, 1979)

Personen mit Autismus interessieren sich selten für dasselbe wie die meisten anderen in unserer Kultur. Unsere Kultur, unsere Traditionen und Wertsysteme scheinen schwierig zu erfassen zu sein. Soziale und kulturelle Kenntnisse bleiben begrenzt.

Wenn Susanne ihre Freizeitinteressen beschreiben soll, nennt sie «Blutspenden». Gleichzeitig hat sie ein etwas gewöhnlicheres Hobby – den Sternenhimmel und das Nordlicht – Aurora Borealis. Als ich Susanne das erste Mal traf, fragte ich – wie man es üblicherweise macht – mit was sie arbeitet. Sie antwortet erst kurz: «Linsen». Ich sage vorsichtig, daß es ja eine Menge Sorten von Linsen gibt. Welche meinte sie? «Willst du meine Lieblingslinsen sehen?» Rasch zieht sie einen kleinen Beutel aus der Tasche und packt andächtig zwei blanke Fotolinsen aus einer Menge Seidenpapier aus.

Dann erzählt sie eifrig über die Firma und ihre Arbeit. Es ist zu erkennen, daß hier eines ihrer größten Interessen liegt.

Als Susanne mich im Herbst 1994 besuchte, war sie ärgerlich, weil Christopher Gillberg ihr am Tag zuvor so viele dämliche Fragen gestellt hatte, z. B. «Wer ist der Präsident der USA?» – «Wußtest du das?» frage ich. «Nein. Ich weiß aber, daß es einmal einer war, der Erdnuß-Farmer gewesen war. Aber warum ist es so wichtig, das zu wissen? Warum konnte er mich nicht etwas über Astronomie oder etwas anderes, worüber ich viel weiß, fragen?»

Ich versuchte zu erklären, daß dies zur Allgemeinbildung gehört, Kenntnisse, die die meisten in unserer Kultur gemeinsam haben. Sie schrieb später: «Ich weiß eine ganze Menge, nicht nur über Astronomie und Astro-Fotografie. Schließlich habe ich ja das Abitur geschafft, habe norwegisch gelernt und reise alleine ins Ausland.»

Susanne hat mir erzählt, daß sie große Probleme damit hat, zu wissen, was sie sagen soll, wenn Leute sie z. B. fragen: «Was hast du in den Ferien gemacht?» – «Ich weiß doch nicht, was die wissen wollen. Da gibt es doch so vieles zu erzählen!» Sie ist unsicher, was wichtige oder unwichtige Auskünfte sind, was die Hauptsache ist oder was Details sind. Es sind oft die Details, für die sie sich interessiert.

Als ich einmal mit ihr zusammen in ein Lebensmittelgeschäft ging, wurde sie sichtlich irritiert von der Unordnung in den Regalen. Die Erdbeerkonfitüre stand z. B. zwischen der Multebeerkonfitüre. Außerdem war ein Teil der Multebeerkonfitüre bereits über dem Verfalldatum. Da begann sie, in dem Regal aufzuräumen.

Zuviele Eindrücke, zu vieles, auf das man sich gleichzeitig einstellen muß, wirkt auf Susanne stressiger als auf andere Menschen. Sie muß eine Sache nach der anderen erledigen. Sie kann nicht gleichzeitig arbeiten und reden wie die anderen auf der Arbeitsstelle. Sie schafft es auch nie, gleichzeitig zu sprechen und zu essen.

Ich beobachtete einmal, daß sie mit der Teetasse halb in Richtung Mund erhoben mindestens eine halbe Stunde lang so da saß, während wir uns unterhielten. Der Tee war kalt geworden. Ich mußte für eine Weile aus der Küche gehen, damit sie in Ruhe essen und trinken konnte.

Sie schrieb über eine Reise: «Ich kam den ganzen Tag lang nicht zum Essen, weil immer Leute um mich herum waren. … Im Zug fand ich einen Einzelplatz, der mich vor Gaffern schützte, so daß ich in Frieden meinen Liter Eis essen konnte.»

Wenn die Familie versteht

Als ich Susanne das erste Mal traf, war sie noch geprägt von Opposition im Verhältnis zu den Eltern. Während der Zeit, in der ich sie kenne, hat sie ein ständig größeres Verständnis dafür bekommen, wie die Eltern und der Bruder versuchen, sie zu verstehen und ihr zu helfen.

«Nun, da sie es wissen, ist fast nie Zank. Es ist so schön hier.» Die Kenntnisse über Autismus haben das Leben für die Familie verändert. Über den Bruder sagt sie: «Eigentlich ist er älter als ich, obwohl er sieben Jahre jünger ist. Der Bruder ist Susanne davongewachsen.» Sie erzählt über Gemeinsamkeiten mit dem Bruder, z. B. was die Musik betrifft. Der Vater hat ihr bei der Suche nach einer Arbeitsstelle, der Wohnung und größeren ökonomischen Entscheidungen geholfen. Nicht zuletzt spielte er eine ausschlaggebende Rolle während der Zeit, in der Susanne beinahe ihren Arbeitsplatz verloren hätte. Die Familie hat für Susanne große Bedeutung.

Selten habe ich eine junge Frau getroffen, die soviel Schweres im Leben erfahren hat und gleichzeitig eine so große Dankbarkeit gegenüber der Familie zeigt: «Ich habe während meines ganzen Lebens oft Glück gehabt, aber das meiste Glück hatte ich wohl mit der Mutter.»

«Allzu viele völlig unerwartete Dinge und zu viele Entscheidungen, das macht mich so unsicher. Ich weiß nicht einmal, ob ich es weiterhin schaffen könnte, alleine zu wohnen, hätte ich die Eltern nicht mehr – und schon gar nicht ohne meine regelmäßige Arbeit.»

Die Ferien bei der Familie sind die Höhepunkte des Jahres: «Nun habe ich endlich Ferien. Die Mutter geht mit mir auf das Erdbeer-Selbstpflück-Feld und ins Schwimmbad. Ich esse selbstgebackenes Brot, höre CDs und spiele Dudelsack. Und das Herrlichste: Wenn es klare Nächte gibt, kann ich mit dem Fernrohr herausgehen. Ansonsten kann ich tagsüber die Sonne beobachten; dafür muß man spezielle, dichte Graufilter benutzen. Und die Sonne hat immer noch ein paar Flecken, obwohl das Aktivitätsmaximum (das ja damals soviel Nordlicht verursachte) 1989 – 90 war. Jedes elfte Jahr gibt es ein solches Maximum. Und bald reifen schon die ersten Äpfel!»

Struktur, Übersicht und Kontrolle = Sicherheit

«Es ist immer so gut mit einem geplanten Tag,» schreibt Susanne und fügt hinzu: «Auch eine Unterbrechung in der Routine kann verkraftet werden (wenn auch mit Unbehagen), wenn diese voraussehbar ist …

Sicherheit = Ausschluß von verwirrendem Chaos oder Voraussehbarkeit zu dem, was kommt.»

Susannes Mutter hat verstanden, wie wichtig dies ist. In einem Brief erzählt sie mir: «Jeder einzelne Tag, jede einzelne Woche, ja, am liebsten das ganze Jahr sollte voraussehbar sein. Leider ist dies nicht immer möglich. Man muß versuchen zu planen, wo es möglich ist. Wenn Susanne hier bei uns zu Besuch ist, planen wir abends, was wir uns den nächsten Tag vornehmen (z. B. 11 Uhr Schwimmen, danach Mittagspause, 16 Uhr Spazieren, danach Sprechen und Musik …) Ich darf nie vergessen, abends zu besprechen, was am nächsten Tag geschehen soll. Vergesse ich das, wird sie unruhig. Sie schläft sicher besser, wenn sie weiß, was der nächste Tag bringen wird. Es müssen schon zwingende Gründe sein, wenn wir von diesem Plan abweichen.»

Beschäftigung bringt Ruhe in die Seele

Susanne ist von Aktivität abhängig: «Solange ich Beschäftigung habe, schaffe ich (wenn auch mit großen Anstrengungen) sowohl die Feierabende als auch die Wochenenden. Da habe ich immer feste Aktivitäten und Routinen. Aber sobald ich zwei freie Tage nacheinander habe, muß ich bei der Familie sein. Dort paßt die Mutter auf und macht Aktivitätspläne mit mir. Wenn ich etwas zu tun habe, werde ich selten frustriert.»

Dasselbe schreibt Temple Grandin, eine sehr begabte Amerikanerin mit Autismus: «Ich war am nervösesten, wenn ich nichts zu tun hatte.» (Grandin, 1990)

Ferien sind für Susanne mit konkreten Aktivitäten verknüpft, wie: «Beeren- und Dudelsack- und Teleskopferien:»

Selbstverständnis gibt Stärke, an sozialen Ereignissen teilzunehmen

Susanne reist seit mehreren Jahren alleine durch Deutschland und Skandinavien. Mit Verspätungen und anderen unvorhersehbaren Ereignissen unterwegs wird sie nun etwas besser fertig.

Neuerdings telefoniert Susanne auch lange. Dies ist etwas Neues für sie, und sie hat etwas Probleme damit, zu merken, wann es Zeit ist, aufzuhören. «Ist nun Schluß? Soll ich bald auflegen...?» Sie fragt, und sie will lernen.

Sie war deutlich angespannt, als sie die Herausforderung annahm und jemanden außerhalb der Familie besuchte, im Haus von anderen übernachtete und aß. Susanne übt sich in der Bewältigung von Schwierigkeiten, und dies ergibt Resultate. Sie versteht nun besser, warum die Dinge schwierig sind – und das gibt Übersicht und Stärke.

Die leidenschaftlichen Interessen

Susanne ist nicht langweilig. Sie verabscheut leeres Geschwätz («blah – blah», wie sie das nennt). Sie mag es, über wesentliche existentielle Fragen oder über ihre Interessen zu sprechen oder zu schreiben. Ihre schönen Fotografien des Sternenhimmels, des Mondes und des Nordlichtes können andere Menschen erfreuen. Ich habe einige von Susannes Fotografien in meinem Büro hängen und erlebe es, daß die Leute sie sich anschauen und sagen: «Wie hübsch!»

Sie bekam die Gelegenheit, die Interessen, die sie als Kind gehabt hatte, weiterzuentwickeln, so daß das Spielen mit Murmeln zu der Arbeit mit Linsen weiterführte. Das Interesse an der Astronomie hat zu ihren Auslandsreisen und dem Erlernen des Norwegischen geführt.

Sie hat große Freude daran, Früchte, Beeren und Nüsse zu sammeln und liebt es, draußen in der Natur zu sein. Dies gibt ein sinvolles Zusammensein mit der Mutter.

Susanne kann uns etwas über den Wert des Menschen und den Respekt für das, was anders ist, beibringen

«Man hat Susanne gewiß enttarnt …», wisperte sie zu mir, als sie begriff, daß ich erkannt hatte, daß sie Autismus hat. Nach und nach kam sie auf viele Betrachtungen rund um das Thema «zu sich stehen». Nicht zuletzt bewertete sie dies angesichts ihrer Erlebnisse mit Mobbing in der Schule und am Arbeitsplatz.

«Ich mußte immer die Rolle des Normalen spielen. Das ist so furchtbar anstrengend. Da werde ich wohl nicht alt … Ja, es fehlt sicher etwas, irgendein Sinn, vielleicht das, was Gillberg ‹Empathie› nennt. Aber ich kenne es doch nicht anders, da kann ich doch nicht den Verlust von etwas, das ich nie besessen habe, fühlen.»

«Ich glaube, ich will doch lieber derjenige sein, der ich bin, den Autismus eingeschlossen, obwohl das oft sehr schwierig ist ... Seit ich mit dem ‹Erwachsenenleben› begonnen habe, benötige ich alle Konzentration und Energie, um auch nur das Nötigste vom Alltag zu schaffen (und nicht einmal dies geht immer gut). Da bleibt viel weniger als früher für die Astronomie übrig. Vielleicht ist das der Preis, den alle Menschen mit Autismus während ihrer Teilweise-Normalisierung bezahlen müssen.»

«Es ist schwierig zu entscheiden, was wichtiger ist: halbwegs gut in der Gesellschaft zu funktionieren oder in sich selbst glücklich und zufrieden zu sein? Sind beide Teile gleichzeitig möglich? Ich sehe ein, daß man sich den Werten der anderen anpassen muß, aber ich überlege, ob der Preis dafür nicht zu hoch ist.»

Vielleicht könnten wir anderen einen Teil der Rechnung übernehmen?

Kenntnis ist keine Bürde, Toleranz kostet nichts, Vielfalt ist nicht gefährlich.

Was für eine Gesellschaft wünschen wir?

Literatur

Asperger, H. (1979) Problems of infantile autism. *Communication*, 13, 45-52.

Grandin, T. (1990) Needs of high functioning teenagers and adults with autism (tips from a recovered autistic). *Focus on autistic behaviour*, vol.5, no. 1, S. 1-16.

Sinclair, J. (1992) Bridging the gaps: An inside-out-view of autism (or, do you know what I don't know?) I: E. Schopler & G. Mesibov (Eds): *High functioning individuals with autism*. New York: Plenum Press.

Gedanken der Mutter

von Bärbel Schäfer

Ich möchte dieses Kapitel schreiben, um andere Eltern zu sensibilisieren, die vielleicht auch ein etwas «anderes» oder «merkwürdiges» Kind haben. Vielleicht können sie ihrem Kind vieles ersparen.

Wenn Sie Susannes Buch gelesen haben, werden Sie sich sicher fragen, was sie wohl für Eltern hatte, daß sie nichts von der Behinderung ihrer Tochter gemerkt haben. Mit meinen heutigen Kenntnissen über Autismus wäre mir mit Sicherheit vieles aufgefallen, aber damals war noch sehr wenig bekannt.

Selbst in den heutigen Tagen sind die Probleme von gut funktionierenden Menschen mit Autismus und normaler Intelligenz (high functioning Autismus und Asperger Syndrom) hier in Deutschland noch immer ziemlich unbekannt, was ich gerade wieder auf einem Fach-Seminar erlebte. Man denkt wohl, daß die Kinder, die ja sprechen können und eine normale Schule besuchen, nicht so sehr Hilfe brauchen. Diese Kinder oder Erwachsenen bedürfen aber auch sehr dringend der Hilfe ihrer Mitmenschen. Sie sind sogar mehr auf das Verständnis ihrer Umgebung angewiesen als die Menschen, denen man ihre Behinderung ansieht (da geht man doch sowieso ganz anders mit um als mit «normalen» Menschen, die sich nur nicht «in der Norm» bewegen. Die sind dann einfach «blöd, doof, eigenartig, komisch»).

Sicher spielt es oft eine Rolle, wenn das Kind ein erstgeborenes ist, weil da die Vergleiche zu Geschwistern fehlen. Es wird so vieles entschuldigt und anders ausgelegt, als es in Wirklichkeit ist.

Susanne schmuste nicht gern. Da in meiner Familie der Austausch von Zärtlichkeiten sehr sparsam war, fiel mir Susannes Verhalten nicht so sehr auf. Ich kannte es selber nicht anders. Wenn sie ihre Schreianfälle im Kleinkindalter bekam (wenn wir z. B. einen anderen Weg als sonst gingen), bewunderten und beneideten mich meine Freundinnen mit gleichaltrigen Kindern um mein so «willensstarkes» Kind, (daß dies auf Angst und Verzweiflung basierte, weiß ich erst heute). Daß sie sich später nicht durchsetzen konnte, zeigte sich erst, als sie durch Schule und Arbeitsplatz gezwungen war, sich mit anderen Menschen auseinanderzusetzen. Damals war es z. Zt. der anti-autoritäten Erziehung überhaupt nicht schlimm, wenn sich die Kleinen nicht «brav» benahmen und nicht «Händchen gaben». Das hatte Susanne auch nie gemacht, was später dann doch zu Ärger führte.

Susanne konnte mit wenigen Dingen, ein paar Steinen oder Münzen, ausdauernd spielen, was als sehr fantasiereich ausgelegt wurde, während die anderen Kinder von einem Spielzeug zum anderen eilten und sich mit nichts lange beschäftigen konnten. Auch hier gab es Wohlwollen statt Skepsis in der Umgebung. Das Sammeln von runden Gegenständen war sogar richtig originell!

Heute besagen allerdings die pädagogischen Erkenntnisse, daß es eher ein Zeichen von Intelligenz und Kreativität ist, wenn ein Kind ständig nach *neuen* Beschäftigungen und Spielzeugen sucht!

Die Kindergarten- und erste Schulzeit verlief fast normal, wenn man davon absieht, daß die mündliche Mitarbeit immer bemängelt wurde. An den Elternsprechtagen wurde mir auch über ihren schlechten Sozialkontakt berichtet. Durch die schriftlichen Arbeiten hielt sie sich jedoch ganz gut mit den Noten.

Je älter sie wurde, umso schlechter wurde unser Verhältnis. Es gab ständig Krach um nichts, jedenfalls konnte ich nie ergründen, warum es wieder «gekracht» hatte. Viele Probleme gab es immer rund um die Mahlzeiten, bis wir schließlich erlaubten, daß sie allein aß. «Gaff nicht so», war ein Standardwort. Wir wurden natürlich auch immer wütender wegen dieses Verhaltens.

Was sie alles ganz allein für sich erlebte, aufschrieb und litt – davon hatten wir keine Ahnung. Sie zog sich immer mehr zurück. Als wir neulich zusammen den Film «Nell» ansahen, war ich sehr erschüttert, als sie mir danach die Tonaufnahmen in ihrer eigenen Sprache vorspielte und die Fotos aus dem Aartal zeigte. Es war alles sehr erschreckend ähnlich, obwohl dem Film ja andere Ursachen zugrunde liegen.

Eine Freundin oder einen Freund hatte sie nicht. Ich bin allerdings froh, daß sie keine sexuellen Probleme hat, wie das oft in anderen Fällen ist. Sonst hätte es sicher noch größere Schwierigkeiten gegeben. Die Mitschüler, die sich nach unserem Umzug nach Arolsen um sie bemühten, zogen sich nach anfänglichen Kontaktversuchen allmählich zurück. Es folgten Jahre des Unverstehens, ein Nebeneinander-Leben ohne Gemeinsamkeiten. Am besten ließ man sie in Ruhe. Aber immer lag Spannung in der Luft.

Als Susanne nach dem Abitur auszog, um ihre Ausbildung zu beginnen, dachten wir, daß sich nun vieles mit ihr positiv verändern würde. Wir hatten auch den Eindruck, daß alles gut klappen würde. Aber ich wußte nicht, daß viele ihrer Bemühungen, soziale Kontakte herzustellen (Astronomie-Verein, Naturschutz-Bund, Norwegen), vergebliche Versuche ihrerseits waren, ein normales Leben zu führen, nicht «anders als die anderen» zu sein.

In Norwegen sollte sich ihr Leben ändern, als sie Professor Gillberg kennenlernte und er sie diagnostizierte. Für mich war die Diagnose anfangs schwer zu akzeptieren. Es dauerte eine Weile, bis ich überhaupt bereit war, mich mit dem Thema Autismus zu befassen. Dann fing ich an, Fachliteratur von Uta Frith, Christopher Gillberg, Kari Steindal und andere Bücher über Kinder und Erwachsene mit Autismus zu lesen. Gleichzeitig hatte ich mit Susanne lange Gespräche, um vieles aufzuarbeiten.

Es war ein langer, schwerer Weg. Heute sehe ich alles in einem anderen Licht. Und wenn Susanne mir versichert, daß für sie seit der Diagnose ein neues Leben begonnen hat, dann bin ich froh, daß es so gekommen ist. Ihre verständnisvolle Kollegin Bettina, die Susanne so gut versteht und ihr schon viel geholfen hat, hat mir geschrieben, daß Susanne «ein anderer Mensch» geworden sei – im positiven Sinne. Heute kann ich sagen, daß sich unser Verhältnis zum Guten hin sehr gewandelt hat. Ich bin froh, daß ich nun weiß, wie ich mit ihr umgehen kann.

Wenn sie hier in den Ferien ist, weiß ich, daß wir den Tagesablauf planen müssen. Wir haben mittlerweile so vieles gefunden, was wir miteinander unternehmen können und was uns auch Freude macht.

Große Freude bereiten uns im Sommer die Erntezüge, angefangen mit Erdbeerpflücken, Beeren sammeln und dann im Herbst vor allem die Apfelernte. Besonders die Früchteverwertung ist wichtig und die Vorratshaltung für den Winter. Manchmal denke ich, Susanne wäre besser in einer früheren Zeit geboren, als das Leben hauptsächlich aus Nahrungsbeschaffung bestand und es all das nicht gab, was heute für die meisten Menschen wichtig ist. Da wäre sie sicher glücklich gewesen.

Wir haben oft sehr gute Gespräche, dabei fällt mir ihr Gerechtigkeitssinn sehr auf. Mit mehreren Personen gleichzeitig reden, das geht nicht gut. Da kann sie sich nicht richtig konzentrieren, also spricht jeder am besten alleine mit ihr.

Es ist nun nicht so, daß nur noch Freude herrscht. Geduld, Kraft und Nerven sind immer gefordert; denn allzu oft passiert etwas Unvorhergesehenes – und dann ist immer Chaos. Ich bin froh um jeden Tag, an dem nichts Schlimmes passiert.

Pläne, Ruhe, Überschaubarkeit – das sind die wichtigsten Voraussetzungen für ein erträgliches Leben. Dabei sollte man auch berücksichtigen, daß man nicht zu hohe Anforderungen an sie stellt. Eine geregelte Arbeit, die gut bewältigt werden kann, die aber auch unter dem Intelligenzniveau liegen darf, ist am besten für sie. Bei rein geistiger Arbeit mangelt es an Konzentrationsfähigkeit. Gut ist es auch, wenn eine Vertrauensperson oder ein

«Chef» hilft, Entscheidungen zu treffen; denn bei zuviel freier Wahl tritt leicht eine Überforderung ein. Aufgrund der normalen Intelligenz wird Susanne oft überschätzt. Sie hat auch keinerlei Motivationen für eine Karriere. Sie will nur in Ruhe arbeiten.

Wichtig sind dabei auch das Umfeld und die Kollegen. Dabei denke ich, daß es gut ist, wenn die Mitarbeiter über ihr Handicap Bescheid wissen. Vieles wird dann besser verstanden, jedenfalls bei den Menschen, die etwas Verständnis für Behinderungen haben.

Es gibt einige Menschen, die ihr schon sehr beigestanden haben, z. B. Bettina, die ohne das Wissen über Autismus Susanne in richtiger Weise geholfen hat, ihr jetziger Chef Hardy und die Abteilung, die Hausverwalterin Frau Schäfer, die ihr bei Problemen mit Lärm im Haus beisteht und viel Verständnis aufbringt – und so mancher hier ungenannte.

Ich bin allen sehr dankbar, die meinem Kind das Leben ein wenig erleichtern.

Ich hoffe, daß wir die Zukunft gemeinsam bewältigen. Ich möchte, daß sie glücklich ist und ein Leben führen kann, das ihren Bedürfnissen und Fähigkeiten entspricht. Was die Zukunft bringen wird, weiß ich auch nicht. Ich hoffe, daß sie ihre Selbständigkeit bewahren kann, daß sie immer Arbeit hat und daß ihre Mitmenschen zunehmend Verständnis für sie haben. Sie ist ständig in meinen Gedanken, und ich möchte vieles gutmachen, was ihr an Ungerechtigkeiten im bisherigen Leben geschehen ist.

PS *März 1997*

Seitdem ich dieses Kapitel geschrieben habe, ist viel Neues und Bewegendes geschehen. Nach den Aufenthalten im Schlaflabor haben sich verblüffende Erklärungen gefunden, die weit über die Erkenntnisse der Autismus-Diagnose hinausgehen und vielleicht völlig neue Perspektiven bieten.

Ich denke, daß Susannes zweites Buch noch deutlicher die gravierenden Folgen davon beschreibt. Ohne diese Fortsetzungsgeschichte ist ihr Leben nur unvollständig beschrieben.

Wortliste

Aspergers Syndrom:
ein autismusähnlicher Zustand mit dem typischsten Symptombild bei extrem egozentrischen Jungen mit großen Schwierigkeiten betreffend soziale Interaktion, Spezialinteressen, Ritualismus, Beharren auf Routinen und Fehlen von «gesunder Vernunft»: Bei Mädchen kann das Spezialinteresse weniger hervortretend sein und deshalb eine Diagnose oft fehlen. Der Zustand kommt bei ca. 3 – 4 auf 1000 Personen in der Bevölkerung vor. In der Literatur sind bislang fast ausschließlich Jungen mit dieser Problematik beschrieben worden. Viele Fälle von Aspergers Syndrom treten bei normal oder hochbegabten Personen auf. Schwierigkeiten mit «exekutiven Funktionen» (siehe diesen Term) sind das zentrale Problem. In jungen Jahren liegt wahrscheinlich auch ein Problem mit der «Mentalisierung» (siehe dort) vor. Die Symptome sind oft am typischsten bei Kindern im Grundschul- und Jugendalter. Die Erblichkeit ist groß. Hohes Risiko für psychische Krankheiten und Anpassungsprobleme im Erwachsenenalter bei vielleicht der Hälfte aller Fälle.

Autismus, infantiler Autismus, autistisches Syndrom:
ein Syndrom (Symptomkombination), bestehend aus der Triade von 1. starker Einschränkung des Vermögens zu sozialer Interaktion, 2. starker Begrenzung der Fähigkeiten zu verbaler und nonverbaler Kommunikation und 3. Beschränkung von Fantasie und Verhaltensauffälligkeiten (oft mit sogenannten motorischen Stereotypien, d.h. sinnlos wiederholte Bewegungen).
Normalerweise, aber nicht immer, mit gleichzeitiger geisti-

ger Behinderung verbunden. Der Zustand kommt bei einer von 1000 Personen in der Bevölkerung vor, ungefähr dreimal soviele Jungen wie Mädchen sind betroffen. Wahrscheinlich liegt in der Mehrzahl der Fälle eine angeborene Hirnfunktionsstörung vor. Schwierigkeiten mit «Mentalisierung» und «exekutiven Funktionen» (siehe diese Termini) sind zentrale Probleme. Bei fast allen treten die ersten Symptome vor dem 3. Lebensjahr auf. Bei jedem vierten Individuum mit Autismus liegt ein anderer pathologischer Befund vor, der auf die Ursache der Hirnfunktionsstörung hinweist. In den übrigen Fällen ist die Ursache wahrscheinlich erblich. Nur eine geringe Anzahl lebt im Erwachsenenalter ein völlig selbständiges Leben.

Tabelle:
Autistisches Syndrom, diagnostische Kriterien
(DSM-III-R, 1987)

Mindestens 8 der folgenden 16 Kriterien müssen erfüllt sein, wovon mindestens 2 aus A, mindestens 1 aus B und mindestens 1 aus C stammen müssen.

A. *Qualitative Beeinträchtigung der zwischenmenschlichen*
   Beziehungen, was sich wie folgt zeigt:
1. deutlich mangelndes Bewußtsein für die Existenz oder die Gefühle anderer
2. Kind sucht überhaupt keinen Trost bei Schwierigkeiten oder Kummer oder macht dies auf abweichende Weise
3. kein oder schlechtes Vermögen zur Imitation
4. kein Vermögen zum sozialen Spiel oder abweichendes Spielverhalten
5. deutliche Beeinträchtigung der Fähigkeit, sich gleichaltrige Spielkameraden zu suchen

B. *Qualitative Beeinträchtigung der verbalen und nonverbalen Kommunikation sowie der Fantasie, was sich wie folgt zeigt:*

1. Kommunikation weder durch Kleinkindgeplapper, Gesichtsausdruck, Gestik, wortlose Mimik noch durch Sprechen
2. abnorme nonverbale Kommunikation betr. Blickkontakt, Gesichtsausdruck, Körperhaltung oder Gesten, um zwischenmenschliche Beziehungen zu beginnen oder zu gestalten
3. keine Fantasiespiele – wie z. B. Erwachsene imitieren, Fantasie- und Rollenspiele, mangelndes Interesse an Fantasiegeschichten
4. Auffälligkeiten beim Sprechen wie Lautstärke, Tonhöhe, Betonung, Geschwindigkeit, Rhythmus und Intonation
5. Auffälligkeiten in Form oder Inhalt des Sprechens, z. B. stereotyper oder wiederholter Sprachgebrauch
6. beeinträchtigte Fähigkeit zum Anknüpfen oder Führen von Konversationen mit anderen – trotz adäquaten Sprachvermögens.

C. *Deutlich eingeschränktes Repertoire von Aktivitäten und Interessen, was sich wie folgt zeigt:*

1. stereotype Körperbewegungen, z. B. Handbewegungen in alle Richtungen, Drehen des Körpers, Nickbewegungen, komplexe Bewegungen des ganzen Körpers
2. beharrliche Faszination an Details von Dingen
3. deutlich unglücklich über kleine Veränderungen in der Umwelt, z. B. wenn eine Vase von ihrem üblichen Platz entfernt wird
4. besteht ohne nachvollziehbaren Grund darauf, daß Routinen immer exakt gleich ausgeführt werden, besteht z. B. darauf, daß beim Einkaufen immer derselbe Weg eingehalten wird
5. deutlich eingeschränkte Interessen und Beschäftigung mit einem engen Interessengebiet, interessiert sich z. B. nur für

die Aneinanderreihung von Objekten oder die Sammlung von Fakten über Metereologie oder hält sich für eine Fantasiegestalt.

D. *Beginn im Kleinkind- oder Kindesalter*

E. *Nebenmerkmale*
Nebenmerkmale treten umso wahrscheinlicher auf, je ausgeprägter die Störung ist.

1. Auffälligkeiten in der Entwicklung kognitiver Fähigkeiten. Spezifische Fähigkeiten sind – ungeachtet der allgemeinen Intelligenz – meist unterschiedlich gut ausgeprägt. Häufig wird gleichzeitig eine meist mäßige geistige Behinderung diagnostiziert.

2. Auffälligkeiten der Körperhaltung oder Motorik wie z. B. Sterotypien (heftiges Bewegen der Arme, Springen, Grimassen schneiden) als Zeichen der Erregung, eigentümliche Hand- und Körperhaltung und schlechte motorische Koordination.

3. Sonderbare Reaktionen auf sensorische Reize, wie z. B. Ignorieren von Sinneswahrnehmungen (z. B. Schmerz, Kälte, Hitze), Ausdruck von Übersensibilität gegenüber bestimmten Sinneswahrnehmungen (Zuhalten der Ohren, um Geräusche nicht zu hören, Widerwillen gegen Berührung) und Faszination bei einigen Sinneswahrnehmungen (z. B. übertriebene Reaktion auf Licht oder Gerüche).

4. Auffälligkeiten beim Essen, Trinken oder Schlafen (z. B. Beschränkung auf wenige Nahrungsmittel, exzessive Flüssigkeitsaufnahme, ständiges Erwachen in der Nacht).

5. Auffälligkeiten der Stimmung (z. B. labile Stimmung, Kichern oder Weinen aus unersichtlichem Grund, offensichtliches Fehlen emotionaler Reaktionen, Mangel an Angst vor wirklichen Gefahren, übermäßige Ängstlichkeit gegenüber harmlosen Objekten und Vorfällen, allgemeine Angst und Angespanntheit).

6. Selbstschädigendes Verhalten, z. B. Kopfschlagen, Finger-
beißen, Hand- oder Handgelenkbeißen.

Exekutive Funktionen:
mentale Funktionen, die uns u.a. die Fähigkeit zur Planung,
zum Beibehalten und Wechseln unserer Aufmerksamkeit und
des Zeitgefühls verleihen. Diese Funktionen entsprechen vermutlich den Nervenkreisen im Gehirn, die hauptsächlich in
den Stirnlappen lokalisiert sind (Dysfunktion).

Katatonie:
neurologisch-psychiatrisches Sympton, welches beinhaltet,
daß der Patient eine Tendenz dazu hat, in eigenartigen Körperhaltungen oder Bewegungen zu erstarren oder sogar darin zu
verharren. Der Patient kann verbale oder handgreifliche Hilfe
benötigen, um die erstarrte Haltung zu brechen.

Katatonie, parakinetische:
bei der es ohne Erregung und als Dauererscheinung zu einer Ver-
zerrung der Motorik kommt. Erst bei äußerer Anregung tritt eine
Unruhe auf, die sich auf parakinetischen Bewegungen aufbaut.

Mentalisierung, «Theory of mind»:
mentale Funktion, die u. a. das Vermögen, sich das innere
Leben, die Gedanken und Gefühle von anderen Menschen
vorzustellen, beinhaltet. Die Funktion entspricht vermutlich
Nervenkreisen im Gehirn, die hauptsächlich in den Stirn- und
Schläfenlappen lokalisiert sind. Wahrscheinlich von zentraler
Bedeutung für die Entwicklung von Empathie.

Narkolepsie:
Schlafkrankheit. Siehe den in Vorbereitung befindlichen Fort-
setzungsband: *Das Penner-Syndrom. Narkolepsie – ein Erfah-
rungsbericht über Lachschlag, Schrecklähmung und Schlafen in
Pappkartons.*

Parakinese:
unregelmäßige, schlecht koordinierte, in ihrer Harmonie gestörte Bewegungen.

Schlaf-Wach-Muster, bicirdianes:
Circadianer Rhythmus von ca. 12 Stunden, also zwei Schlaf-Wach-Perioden innerhalb eines 24-Stunden-Tages. D. h. insgesamt besteht für den Zeitraum von 24 Stunden das Bedürfnis an genau so vielen Stunden Schlaf wie beim Gesunden, nur daß sie auf zwei komplette Zyklen verteilt sind, die sich zusätzlich täglich noch um 1 – 2 Stunden vorverschieben können.

Vermutlich Sonderform der «Schlaf-Wach-Störung bei Abweichung vom 24-Stunden-Rhythmus», die in der Literatur meist nur als «circadianer Rhythmus von *mehr* als 24 Stunden» beschrieben wird.

Hierbei lebt der Patient abhängig von der persönlichen Phasenlage, meist nicht im zeitlichen Einklang mit der Umgebung. Bei Versuchen der Adaptierung an den sozialen Tag werden Symptome wie Merkfähigkeitsstörungen, Konzentrationsstörungen, depressive Verstimmung, Kopfschmerzen, Appetitlosigkeit, herabgesetzte Fahrtüchtigkeit, Sprachstörungen, Tagesmüdigkeit bis hin zu zwanghaftem Schlaf und Insomnie entwickelt. Die Spitzenleistungen liegen oft in der Nacht, auch wenn der vorausgehende Schlaf schlecht war.

Wenig erprobte Behandlungs-Ansätze: Lichttherapie, Verabreichung von Vitamin B12 oder Melatonin.

Schlaf-Wach-Rhythmusstörungen, circadiane:
Sammelbegriff für Störungen des Schlaf-Wach-Zyklus, der beim gesunden Menschen 24 – 25 Stunden beträgt. Es werden vor allem folgende vier Störungen unterschieden:

Verzögertes Schlafphasen-Syndrom; Vorverlagertes Schlafphasen-Syndrom; Schlaf-Wach-Störung bei Abweichung vom 24-Stunden-Rhythmus; Unregelmäßiges Schlaf-Wach-Muster

Quellen:

DSM-III-R, 1987 – Das autistische Syndrom
Gillberg, Christopher – persönliche Kommunikation
Wiener Medizinische Wochenschrift «Chronobiologische
Grundlagen der Schlafmedizin» S. 423 – 430.

Persönliche Literaturtips

von Susanne und Bärbel Schäfer

Frith, Uta (1989): *Autism. Explaining the Enigma.* Oxford: Blackwell publishers
Frith, Uta (1991): *Autism and Asperger syndrom* Cambridge: University Press
Gillberg, Christopher (1989): *Diagnosis and Treatment of Autism.* Plenum Press, New York
Gillberg, Christopher (1988): *Autism och autismliknande tillstand.* Stockholm: Natur och Kultur
Steindal, Kari (1994): *Aspergers Syndrom.* Oslo: Autismeforeningen i Norge (Deutsche Ausgabe 1996): Bundesverband Hilfe für das autistische Kind, Vereinigung zur Förderung autistischer Menschen e.V.
Wendeler, Jürgen (1984): *Autistische Jugendliche und Erwachsene – Gespräche mit Eltern.* Beltz-Verlag, Weinheim u. Basel

Diese Liste ist keineswegs eine vollständige über erhältliche Autismusliteratur, sondern eine kleine, ganz persönliche Auswahl, die wir für besonders informativ und lesenswert halten. Leider sind die besten Texte oft nur auf englisch erhältlich. Die genannten Bücher haben uns ein großes Stück weitergeholfen.

... *to be continued* –
und die Geschichte geht weiter!

Oktober 1996.

Die diesjährige Ernte ist fast eingebracht, bis auf das große Apfelpflücken im November in Arolsen.

Die totale Mondfinsternis im September war die schönste, die ich je beobachten konnte. Bei der partiellen Sonnenfinsternis gestern war der Himmel leider zu bedeckt, als daß man etwas hätte erkennen können.

Herr Lin vom Verlag Freies Geistesleben hat mich diese Woche angerufen und gesagt, daß sie mein Buch auf Deutsch drucken wollen. Es sieht tatsächlich so aus, als ob wir im Zentrierraum das «Faß» bald aufmachen können. Derweil scheinen sich die Ereignisse hier weiterhin dauernd zu überschlagen – wie die Mama zu sagen pflegt: «Mit Susanne wird es nie langweilig; dauernd ist etwas Neues los!»

Während ich dieses Buch jetzt endgültig abschließe, weil man irgendwann nun mal einen «Punkt» machen muß, habe ich schon wieder neue «wahre Abenteuer» – Stories auf Lager.

Noch in dieser Nacht – natürlich, es ist wieder mal Nacht, in der ich meine wenigen, kostbaren «wachen» Stunden zum Schreiben nutze – werde ich mit dem ersten Kapitel eines neuen Buches beginnen. Das Thema «Schlaf & Co.» ist z. B. in meinem ersten Buch vor lauter Autismus viel zu kurz gekommen.

Liebe Leser, vielleicht «sprechen» wir uns in gar nicht allzu langer Zeit schon wieder. Bis dahin alles Gute, und vor allem: Bleiben Sie gesund!

Susanne